스포츠가 역사를 말하다

– 정치·계급·젠더 –

스포츠가 역사를 말하다
– 정치·계급·젠더 –

초판인쇄 2016년 11월 03일
초판발행 2016년 11월 15일

편 저 자 박원용·박상욱·정영주·김정욱·우정미·김인선·최성곤
발 행 인 윤석현
발 행 처 제이앤씨
책임편집 최인노
등록번호 제7-220호

우편주소 서울시 도봉구 우이천로 353 성주빌딩 3층
대표전화 02) 992 / 3253
전 송 02) 991 / 1285
홈페이지 http://jncbms.co.kr
전자우편 jncbook@hanmail.net

ISBN 979-11-5917-030-0 93900 정가 17,000원

스포츠가 역사를 말하다

– 정치 · 계급 · 젠더 –

박원용 · 박상욱 · 정영주 · 김정욱
우정미 · 김인선 · 최성곤 공저

엮은이의 말

책의 소개 글을 쓰는 바로 오늘 아침 브라질 리우에서 31회 하계 올림픽 개회식이 열렸다. 이 책이 세상에 나올 무렵에는 올림픽에 출전했던 한국 선수들의 활약을 보면서 일희일비했던 한국 사회의 뜨거웠던 열기도 어느 정도 식어 있을 것이라고 짐작해 본다.

스포츠가 현대인의 여가시간에서 적지 않은 비중을 차지하고 있다는 사실은 부정할 수 없다. 스포츠 동아리에 가입하여 스포츠를 직접 즐기는 사회 구성원의 수는 적지 않다. 직접 참여를 하지 않은 사람들의 일상도 스포츠와 분리되어 있지 않다. 대중매체의 일정 부분은 매일 스포츠 관련 기사들을 우리에게 전해 준다. 자신이 응원하는 스포츠 팀의 경기가 있는 날에 많은 사람들은 시간을 할애하여 경기장을 직접 방문하기도 한다. 올림픽 또는 월드컵과 같이 국가

대항의 국제 경기들이 열리는 기간에는 중계방송을 보며 밤잠을 설치기도 한다. 경기에 직접 참여하며 스포츠를 즐기든 아니면 경기를 벌이는 선수들을 통해 대리만족을 얻는 관중으로 남든지 간에 스포츠는 우리의 일상에 깊이 침투해 있다. 대부분의 사람에게 쉽게 다가 있는 이러한 일상성 때문에 스포츠 관련 소식들은 현대인에게 처음 만남의 어색함을 해소하는 소재로도 쉽게 활용된다. 유학 시절 박사과정의 동료들이 'ice-braker' 소재로 필자에게 꺼낸 대화의 소재는 뉴욕 양키스의 전날 전적이었다.

현대 사회의 대중의 삶과 긴밀히 연결되어 있는 스포츠는 표면적으로는 여가라는 자유시간의 영역을 각 개인이 선택적으로 활용하는 것이라고 볼 수 있다. 피상적으로 관찰한다면 스포츠는 정치권력의 내밀한 의도와 연관 없는 자유로운 선택의 영역이라고 볼 수도 있다. 그렇지만 한국 현대사의 몇 장면만을 떠 올리더라도 이러한 규정이 본질을 놓치는 피상적 관찰이라고 쉽게 지적할 수 있다. 광주 민주화투쟁의 염원을 짓밟은 5공화국이 권력에 대한 비판의 목소리를 약화시키기 위해 동원한 방법 중의 하나가 프로 스포츠의 활성화였다. 보통 사람들의 일상의 삶에 스포츠의 승패에 대한 관심을 연일 불러일으킴으로써 정치에 대한 비판의식을 약화시키려 했던 것이다. 스포츠를 매개로 한 여가시간의 소비는 이런 측면에서 개인의 자유의지에 의한 선택으로만 볼 수 없었다.

시점을 현대에서 과거로 돌려도 스포츠와 정치권력의 결합은 어렵지 않게 확인할 수 있다. 제3제국을 출범시킨 독일의 히틀러에게

1936년 베를린 올림픽은 스포츠를 통한 전 세계인의 화합이라는 올림픽의 이상만을 구현하는 무대는 아니었다. 1차 세계대전의 패배를 딛고 도약하는 독일 제국의 영광을 세계에 알리는 무대이자 자신의 권력에 대한 독일 국민의 지지를 알리는 무대이기도 했다. 사회주의 체제의 지도자 스탈린에게도 스포츠는 적지 않는 정치적 함의를 가지는 도구였다. 국제무대에서 사회주의 체제를 대표하는 선수들의 승리는 자본주의 체제에 대한 사회주의 체제의 우수성을 과시할 수 있는 수단으로 여겨졌다. 스포츠는 예나 지금이나 정치권력과 분리될 수 없는 여가활동의 영역이라고 말할 수 있다.

스포츠가 정치권력의 의지를 실현하기 위한 도구 중의 하나라는 사실을 다시 확인하는 것만으로는 이 책의 발간 목적을 설명하기에 부족하다. 사회 구성원 개개인에 대한 상부구조의 지배 가능성을 강조하는 구조결정론을 반복하는 데 지나지 않기 때문이다. 정치권력에 의한 스포츠의 활용 가능성을 인정한다고 해서 그것을 스포츠를 즐기는 대중의 수동성과 단순하게 등치시킬 수는 없다. 강고한 정치사회구조 속에 인간이 놓여 있다고 해서 그러한 구조를 통제하는 소수의 의도대로 사회 구성원 모두가 움직이지는 않는다. 부연하자면 스포츠를 즐기는 대중에게 정치권력의 의도가 작동하더라도 자신들만의 독자적 영역을 구축할 수 있는 가능성도 존재하는 것이다.

이 책에 실린 글들은 이러한 문제의식을 가지고 나온 글들이다. 독자들이 책의 목차를 살펴보면 금방 알아차리겠지만 1920-1930년대를 배경으로 한 논문들이 가장 많다. 나와 이 책의 일부 필자들은 서양현대사를 연구한다는 공통의 관심으로 부정기적 연구모임을 가지고 있었다. 그러한 연구모임의 와중에서 우리는 앞서 지적한 문제의식을 공유할 수 있었다. 문제의식을 공유한 이후 우리는 그것을 구체적 연구성과로 발표해 보자고 의기투합 했다. 공동연구 수행을 위한 최초 단계에서 각자의 전공영역인 미국, 영국, 독일, 러시아의 스포츠 문화를 1920-30년대라는 시대적 배경을 중심으로 살펴보자는 방향설정을 이루어냈다. 다음 단계에서 독일, 미국, 영국, 러시아와 같은 서양의 스포츠 문화만이 아니라 동양의 스포츠 문화도 포함시키는 것이 세계사적 전망을 가능케 할 수 있다고 우리는 생각했다. 그리하여 일본의 스포츠 문화에 관한 연구가 우리의 공동연구에 최종적으로 들어왔다. 1920-30년대 유럽 및 아시아의 스포츠 문화에 중점을 둔 이 책의 글들은 이러한 배경에서 가능했다.

공동연구를 시작할 때부터 우리들은 각자의 연구성과를 학술지 논문이라는 한정된 공간에만 남겨두지 말고 보다 많은 사람들이 접할 수 있도록 단행본의 형태로 출판하자는 계획을 가지고 있었다. 단행본의 형태로 책을 내려고 하니 일차적 난관은 5명 필자의 학술지에 게재된 논문만으로는 단행본으로서의 분량이 다소 적어 보였다. 공동연구에 참여했던 필자들이 보다 많은 독자들이 쉽게 읽을 수 있도록 내용을 보충하기로 했지만 그것만으로 우리가 출간할 단행본의 매력을 높일 수는 없었다. 일본의 국민 스포츠로 얘기하는 스모, 축구 종가인 영국의 스포츠 문화를 스코틀랜드의 민족주의와 연관해서 설명한 글이 포함된 단행본에 미국 스포츠 의 일면을 다룬 글이 빠져 있었기 때문이다. 미국 스포츠 산업을 대표한다고 해도 과언이 아닌 미식축구를 미국 사회의 계급 경계의 유동성이라는 측면에서 훌륭하게 분석해 낸 인천대 김정욱 교수의 글은 이런 측면에서 우리 단행본의 품격을 높이기에 모자람이 없었다. 이 책에 게재를 허락해 준 김정욱 교수에게 다시 한번 감사의 뜻을 전한다.

계명대 최성곤 교수의 글도 이 책의 가치를 높이는 데 없어서는 안 될 글이다. 일본 무도문화의 정수라고 할 수 있는 가라테의 세계화과정을 설명한 글을 통해 우리는 가라테의 태동과 변천, 유파 등에 관한 다양한 측면을 알 수 있었다. 특히 가라테의 세계화 과정에 기여했던 인물인 오야마 마스타쓰(본명 최배달)에 대한 기술은 '바람의 파이터'라는 만화만을 통해 그를 알고 있었던 대부분의 독자들에게 신선한 충격을 선사할 것이다. 아울러 해방 이후 한국에 정착한 가라테가 태권도에 끼친 영향을 언급한 그의 글은 다소 논쟁의 소지를 안고 있기는 하지만 한국 태권도의 세계화에도 적지 않은 함의를 가질 수 있다고 생각한다.

박상욱과 박원용은 1930년대 독일과 소련의 스포츠 문화를 통해 전체주의 사회의 또 다른 일면을 제공한다. 히틀러와 스탈린의 전체주의 사회는 체제를 구성하는 개개인의 일상생활에 대한 전면적 통제가 가능한 사회로 알려져 있다. 그러나 1930년대 스타디움에서 벌어진 대중의 '스포츠 관람문화'라는 구체적 분석틀을 통해서 바라보면 전체주의 사회의 통제는 생각처럼 그렇게 성공적이지 못했다는 것을 두 사람의 글은 보여주고 있다. 나치 체제의 관중들은 자신들의 기호에 맞지 않는 “정당경기” 즉 체제의 정당성 내지는 이념을 선전하기 위한 경기를 외면하고 자신들이 선호하는 선수들이 나오는 경기를 보기 위해 운집했다. 스탈린 체제에서 스타디움은 제한적으로나마 체제에 대한 민중의 반감 내지 적대감을 보여주는 공간이었다. 독자들은 이러한 두 사람의 글을 통해 전체주의 체제의 다면적 성격을 느낄 수 있을 것이다.

젠더와 스포츠의 문제를 연결하여 고찰한 김인선의 글도 흥미롭다. 김인선은 1920년대 미국사회의 소비주의 확산을 여성 스포츠 기자의 확산과 연결시켜 스포츠 보도라는 금녀의 ‘공간’에 진출한 여성들을 살펴본다. 어떤 면에서 여성들은 소비주의의 확산에 편승하여 자신들을 ‘도구’로 이용하려는 편집자의 의도를 충족시키는데 머물지 않고 새로운 ‘젠더 공간’을 창출해 나갔다는 것이다. 현재의 스포츠 문화 형성에서 여성들의 적지 않은 영향력을 생각할 때 김인선의 글도 시사하는 바가 크다고 할 수 있다. ‘공간’에 대한 보다 확대된 개념 규정을 통해 일본의 국민 스포츠인 스모의 발전과정을 서술한 우정미의 글도 독자들의 흥미를 끌만 하다. 우정미는 ‘공간’의 개념을 “물리적인 공간”에 한정하지 않고 “법제나 규칙”도 스모가 발전할 수 있었던 하나의 공간으로 보고 있다. 즉 스모는 전간기에 걸쳐 근대적인 의미에 부합하는 법제나 규칙을 정비하여 일본의 국민 스포츠로 발전할 수 있었던 것이다. 일본 국민의 자발적 의지만으로 스모가 국민 스포츠로 정립할 수는 없는 것이었다.

정영주의 글은 축구 종주국인 영국의 스포츠 문화를 이해하는 데 많은 도움을 준다. 얼마 전 끝난 UEFA 2016의 예선뿐만 아니라 월드컵 예선도 영국은 '유나이티드 킹덤'이라는 대외적으로 영국을 상징하는 호칭을 가지고 참여하지 않는다. 정영주는 그 이유에 대한 하나의 대답이라고 할 수 있는 영국 축구의 뿌리 깊은 민족주의 정서를 독자들에게 제공한다. 정영주의 글은 브렉시트가 가시화 된 현 시점에서 볼 때 스포츠문화만을 얘기하고 있지 않다. 브렉시트에 반대하는 스코틀랜드의 정서를 간접적으로 이해할 수 있는 매개이기도 한 것이다.

독자들은 따라서 이 책을 통해 스포츠 문화라는 매개물을 통해 정치, 젠더, 계급 경계, 문화 교류 등의 다양한 측면에 대한 확대된 인식을 가지게 될 것이다. 물론 이 책을 그러한 인식 확대를 위한 결정물이라고 말할 수는 없다. 이 책의 필자들은 인식확대를 위한 첫 발자국만을 떼었다고 말할 수 있을 뿐이다. 첫 발자국에 동참해 준 필자들에게 다시 한번 감사의 말을 전한다. 아울러 한국 사회의 어려운 출판여건에서 책의 출판을 허락해 준 제이앤씨의 윤석현 사장에게도 감사의 말을 전한다. 모쪼록 이 책이 현대인의 여가문화에 적지 않은 비중을 차지하고 있는 스포츠 문화를 심층적으로 이해하는데 기여할 수 있기를 바란다.

2016년 8월 폭염의 여름날

필자들을 대표하여 박 원용

목차

제1장

1930년대 러시아 스포츠 관람문화

– 축구를 중심으로 –

| 박 원 용 |

박 원 용

부경대학교 사학과 교수
서울대학교 학사, 석사
미국 인디애나 대학교 박사(러시아사 전공)

주요논저

「소련의 1952년 하계 올림픽 참가」, (2015)
「E.H. 카와 소비에트 러시아」, (2015)
『서양사강좌』, (공저 2016)
『현대 러시아의 해부』, (공저 2014)
『E,H. 카 평전』, (역서 2012)

01 머리말

사회주의 러시아에서의 '스포츠'는 자본주의 사회에서의 그것과는 의미와 형태가 일치하지 않았다. 사회주의 체제에서 시합에서의 승패를 중시하는 자본주의 체제의 스포츠 문화는 경멸의 대상이었다. 승리 지상주의 자본주의의 스포츠 문화는 축구와 같은 팀 간의 경기에서조차 승리에 결정적으로 기여하는 '스타플레이어'만을 부각시킨다. 이러한 스포츠 문화에서는 스타플레이어의 득점을 가능케 한 동료들의 지원과 도움은 상대적으로 경시된다. 그 결과 스타플레이어가 되기 위한 팀 내에서의 경쟁은 치열해지고 전체를 중시하는 공동체의식보다는 개인주의가 확산된다. 일 대 일의 기량을 겨루는 권투와 같은 경기도 해롭기는 마찬가지였다. 부상의 위험을 감수하면서 개인 기량의 우수성을 과시하는 권투는 노동계급 전체의 단결력과 공동체 의식의 증진에는 아무런 도움도 주지 못한다. 권투는 따라서 사회주의 러시아에서 배척되어야 하는 경기였다.[1]

노동자와 농민이 주인이라는 사회주의 체제를 출범시키는 데 성공한 볼셰비키 정부의 입장에서 스포츠를 개인의 기량을 뽐내는 수단으로 활용하려는 태도는 경계 대상이었다. 차르라고 불린 절대적 통치자를 1917년 10월 혁명으로 권좌에서 물러나게 했지만 권력의 미래를 낙관할 수만은 없었다. 혁명에 반대하는 세력과 1918부터

1 К. Мехношин, "Физическое воспитание трудящихся", *Физическая Культура*, no. 3-4(1923), c.2

1921년까지 내전을 치르면서 권력의 방어에 가까스로 성공했지만 체제의 존속을 위협하는 세력을 완전히 몰아냈다고 자신할 수 없는 상황이었다. 이럴 때 경쟁을 강조하는 자본주의 체제의 스포츠 문화를 허용한다면 체제 수호에 필요한 집단정신과 공동체의식의 함양은 기대할 수는 없는 것이었다. 스포츠를 체제 수호에 필요한 강인한 체력을 지닌 전사 양성의 도구이자 전체를 위해 개인을 희생할 수 있는 새로운 인간형 창조에 기여하는데 필요한 도구로 활용하기 위해서 스포츠에 대한 보다 혁신적 개념이 필요했다. 건전한 육체활동과 사회활동을 전개함으로써 매춘과 같은 타락한 생활 유형을 거부하고 소비에트 체제의 이념에 충실한 인간형 창조를 위한 '신체문화(физическая культура)'의 이념이 이러한 맥락에서 제시되었다. 신체문화는 체육, 스포츠 등을 통해 신체 발달을 도모함과 동시에 그러한 활동이 일상적 삶의 구석구석에 자연스럽게 녹아들어감으로써 체제에 부합하는 인간형 양성에 기여한다는 포괄적 삶의 지침이었다.[2] 신체의 단련을 통해 건전한 정신을 함양한다는 '체육' 이상의 의미를 신체문화의 이념은 내포하고 있었다. 신체문화의 이념에는 체제의 이데올로기적 가치를 구현하는 인간형 양성이 들어가 있었던 것이다.

신체문화와 같은 색다른 이념을 통해 스포츠를 단순한 여가활동 이상의 의미로 활용하려고 했다고 해서 소비에트 체제에서 혁명 이전부터 지속되어 왔던 스포츠가 일거에 사라졌다는 의미는 아니다.

2 박원용, 「'소비에트 인간형'의 창조: 네프기 '신체문화' 정책을 중심으로」 『러시아연구』 16권(2006), pp.213-243.

서구 문화와 접촉기회가 많았던 키예프, 오데사와 같은 항구도시나 모스크바의 대도시에서는 중산층을 중심으로 축구와 같은 운동경기가 혁명 전 여가활동의 중요한 양태 중의 하나였고[3] 혁명 이후에도 승패를 가르는 스포츠는 일상생활의 한 부분으로 여전히 남아 있었다. 신체문화의 이념적 측면에 부합하는 경기, 즉 "제국주의자로부터의 구출", "혁명적 문헌 해외로 반출하기" 등의 경기 방식[4]으로는 여가시간을 통해 인민들이 얻고자 하는 재미와 긴장해소를 제공할 수 없었기 때문이다. 1920년대의 스포츠 정책은 이런 맥락에서 "신체문화와 스포츠의 공존시대"였다. 이러한 공존은 권력의 기반을 확실하게 다지지 못한 볼셰비키 정권이 인민의 요구를 한편으로 수용하면서 다른 한편으로 체제를 강화하기 위한 장기적 정책노선을 추진해야 하는 딜레마의 산물이었다고 얘기할 수도 있을 것이다. 물론 이러한 딜레마는 급변하는 소비에트 체제에서 오랫동안 지속하지 않는다. 권력의 기반이 훨씬 강화되었다고 믿는 스탈린 체제의 공고화가 진행되면서 원칙적인 의미의 신체문화 정책은 보다 퇴조하고 승패를 강조하는 스포츠 문화가 우세해졌기 때문이다. 직접적인 참여보다는 보다 우수한 자질의 선수들이 승패를 다투는 경기를 관람하는 삶의 양식도 이런 배경에서 등장하였다.

1930년대의 스포츠 관람문화가 외형상으로 볼 때 전 시대에 비해

3 다음을 참조. 데이비드 골드블라트 지음, 서강목, 이정진, 천지현 옮김, 『축구의 세계사』(서울: 실천문학사, 2014), pp.227~235.

4 James Riordan, *Sport in Soviet Society: Development of Sport and Physical Education in Russia and the USSR* (London: Cambridge University Press, 1977), p.102.

이념적인 측면을 다소 후퇴시키는 방향이었다 하더라도 그 내용을 둘러싼 체제 내부에서의 논의는 지속되었다. 나는 그러한 구체적 양상을 드러내기 위해 1930년대 스탈린 체제의 스포츠 관람문화를 '형성', '소비', 그리고 '공간'의 관점에서 접근하고자 한다. 스포츠 사회학에서 소비라 함은 "어떤 욕구를 충족시키기 위한 수단으로 스포츠를 선택하고 … 거기에서 무언가의 충족을 얻는 행동"으로 정의한다.[5] 어떤 욕구를 충족시키기 위해 스포츠를 선택한다고 할 때 그것은 스포츠에 직접 참가한다는 의미일 수도 있고 승패를 겨루는 경기 관람을 한다는 의미일 수도 있다. 적극적인 참여를 통한 의식의 발전을 도모하였던 신체문화의 관점에서 수동적인 관람행위는 당연히 배척될 수밖에 없는 행위였다. 그렇지만 앞서 지적하였듯이 1930년대에 들어와 승패를 다투는 스포츠 경기의 관람은 무조건 배척할 수만은 없는 여가형태 중의 하나였다. 적극적인 참여 대신에 소극적인 관람을 용인하면서 소비에트 권력은 현실적인 필요 이유 이외의 정당성을 또한 확보할 필요도 있었다. 즉 스포츠를 '관람'한다는 '소비'행위를 허용함으로써 소비에트 권력이 가지고 있었던 내밀한 의도는 무엇이었는가? 그리고 선수와 관중 사이에 소비가 일어났던 '공간', 즉 경기장 같은 공간을 조성하는 과정에서 제시되었던 구체적 이념과 현실적인 어려움은 무엇이었는가? 또한 그러한 소비를 가능하게 만들었던 주체, 즉 관중과 선수들은 소비에트 권력의 내밀한 의도에 대해 어떻게 반응하였는가? 나는 이러한 질문들에 대한 해답

5 김영준, 「스포츠 소비자의 개념과 유형」 『한국스포츠행정 · 경영학회지』 제3권, 2호(1990), p.151.

의 실마리를 여기에서 찾아보려고 한다. 이러한 시도는 1930년대 소비에트 스포츠사에 대한 기존 연구를 보완한다는 의미도 가진다. 앞선 연구에서 나는 스탈린 체제의 출범과 더불어 가능했던 엘리트 선수 양성정책으로의 변화를 살펴보았다.[6] 여기에서는 그러한 정책 변화를 가능케 했던 주체와 객체의 상호작용에 논의를 집중하여 1930년대 스탈린 체제 스포츠 문화의 또 다른 일면을 보고자 한다.

02 스포츠 관람문화의 생산주체 - 국가권력과 스포츠 스타

1920년대에 소비에트 형 인간을 형성하기 위한 삶의 전반적 지침으로서 제시된 신체문화의 이념은 스포츠 관중의 확대와는 배치되는 이념이었다. 신체문화의 이념에서는 경기를 관람하는 수동적 태도가 아니라 집단적 참여를 통해 공동체적 의식과 정치의식의 함양을 강조하기 때문이다. 그렇지만 대중 모두를 신체문화의 이념에만 부합하는 활동에 묶어둘 수는 없었다. 노동자들은 이념적 성격을 강하게 드러내는 놀이형태보다는 작업장별 운동시합을 훨씬 즐겨하였기 때문이다.[7] 자본주의 체제의 타락한 문화형태, 즉 팍스트롯과 같은 춤 문화, 바(bar)에서의 음주문화가 네프기에 대도시를 중심으

6 박원용, 「'신체문화'에서 '선수 양성공장'으로-소비에트 러시아의 체육정책 변화」 『서양사론』 91호(2006), pp.193-220.

7 Riordan, *Sport in Soviet Society*, p.91.

로 살아나고 있는 마당[8]에 이념적 성격이 강한 스포츠문화만을 고집할 수는 없었다. 문화정책의 면에 있어서 1920년대는 이념적 내용을 중시하는 '강성 문화'와 이전 시대의 문화적 양태를 인정하는 '연성 문화' 사이의 취약한 균형관계가 성립해 있었다고 할 수 있다.

네프의 기조를 부정하는 스탈린의 '위로부터의 혁명'으로 네프 시기의 부르주아적 문화의 잔재는 더 이상 설자리가 없어 보였다. 소비에트 체제의 이상적 인간형을 구현하기 위한 이념으로서의 신체문화 정신도 이러한 분위기에서 유리한 고지를 차지할 것같이 보였다. 그러나 1928년 당 중앙집행위원회 산하의 신체문화 최고협의회가 발행하는 기관지를 통해 볼 때 스탈린의 '문화혁명'이 신체문화의 정신에 전적으로 부합하는 정책의 실시와 등치관계는 아니었다. 기관지에 실린 '문화혁명과 신체문화'라는 글은 작업장 내의 써클과 조직들 사이의 운동시합에서 승리를 위한 경쟁은 국가 혹은 사회의 집단적인 이해보다는 부분적 이해를 중시하는 활동에 불과하므로 이러한 양태를 더 이상 허용해서는 안 된다고 주장하고 있다.[9] 그러나 같은 잡지의 또 다른 글은 스포츠 경기의 승자들은 비난의 대상이 아니며 오히려 뛰어난 기량을 과시하는 그러한 승자들을 소비에트 러시아는 필요로 한다고 지적하고 있다.[10] 인민의 수동적 참여를 허용하는 관람 스포츠와 집단적 참여를 중시하는 신체문화 사이에

8 Anne E. Gorsuch, *Youth in Revolutionary Russia: Enthusiasts, Bohemians, Delinquents* (Bloomington: Indiana University Press, 2000), pp.116-166.

9 Д. Разенко, "Культурная революция и физикультура", *Физкультура и спорт,* но. 20(Мая, 1928), с.1.

10 "Нужны ли нам чемпионы?" *Физкультура и спорт,* но. 18(Мая, 1928), с.11.

서 '문화혁명'의 초기는 아직 확고한 방향 설정을 하지 못하였다. '위로부터의 혁명'으로 스탈린 체제의 고착화가 확실해지자 변화의 조짐이 보이기 시작했다.

'위로부터의 혁명'의 핵심내용이라고 할 수 있는 농업 집단화와 경제개발 5개년 계획은 농민의 희생으로 마련된 재원을 바탕으로 소비에트 러시아를 농업국가에서 공업국가로 변모시키겠다는 스탈린의 전략이었다. 농업에서 공업으로 산업의 기반을 변화시켜 사회주의 체제의 핵심 지원세력이라고 할 수 있는 노동계급의 생활수준 향상을 또한 목표로 내걸었다. 그렇지만 이러한 급격한 정책 전환이 노동계급 전체의 생활수준 향상을 단번에 가져올 수는 없었다. 임금수준의 면에서 공장 노동자의 경우 1925년 1월과 1928년 12월을 비교할 때 최고 임금과 최저 임금의 격차는 44.39루블에서 49.23루블로 늘어났다. 사무직 노동자의 경우 격차는 더 확대되어 30.44루블에서 71.60루블로 늘어났다.[11] 인민의 평등을 명목상으로 강조하며 스탈린이 '위로부터의 혁명'을 단행했을 때 노동에 대한 차별적 보상은 여전하였다. 일상생활을 꾸려나가는 데 필요한 소비의 측면에서 이러한 불평등은 스탈린 체제가 공고해진 1930년대 중반 이후에 가면 더욱 분명해졌다. 명령경제의 작동과정에 직접적 영향력을 행사하는 고위 관리들, 혹은 그들과 관계를 맺고 있는 보통 사람들은 캐비아나 샴페인 등의 '사치품'마저도 소비할 수 있었지만 대부분의 인민들은 '생필품'의 확보를 위해 상점 앞에서 몇 시간이나 기다려

11 *Ежемесячный статистический бюллетень* (январь, 1925), отд.5, таб.2, с. 12-13: (декабрь, 1928), отд.5, таб.2, с.13.

야 했다.[12]

스탈린은 급격한 정책 전환을 통해 도시 노동자들 삶의 수준을 끌어 올리겠다고 공언했지만 그들의 실질적 생활수준은 개선되지 않았다. 이런 상황에서 스포츠 관람에 대한 민중의 욕구를 무시하고 이념성을 강조하는 신체문화의 정책만을 강조할 수만은 없었다. 그들의 일상생활에서 발생할 수 있는 불만을 해소시킬 만한 대체수단도 필요하였던 것이다.

소련에서 일정한 공간을 갖춘 경기장에 다수의 관람객을 끌어 들일 수 있는 유인을 갖는 스포츠는 축구가 유일했다. 소련은 올림픽과 같은 국제 스포츠무대에 1952년에 가서야 진출하였기 때문에 국가 간의 승패를 겨루는 장면을 보면서 인민들이 열광할 기회는 그 이전에는 거의 없었다. 육상종목에서 뛰어난 기록을 보유한 선수들에게 환호를 보내기는 했지만 축구만큼 다수의 관중을 불러 모으지는 못했다. 1901년부터 시별 대항 축구리그가 시작되었다. 1907년에는 러시아를 대표하는 모스크바와 페테르부르그 간의 연례 축구시합에 열광한 경험이 있는 노동자들에게 축구야 말로 소비에트 체제에서도 여전히 많은 관중의 동원가능성이 있는 관람 스포츠였다.[13]

축구의 대중적 인기를 유지하기 위해서라도 시합에 나서는 팀들은 우수한 기량의 선수를 확보하기 위해 노력했다. 자신들에게 응원

12 Jukka Gronow, *Caviar with Champagne: Common Luxury and the Ideals of the Good Life in Stalin's Russia* (Oxford, 2003).
13 Robert Edelman, *Serious Fun: A History of Spectator Sports in the USSR* (New York: Oxford University Press, 1993), p.30.

을 보내는 관중의 기대에 부응하지 못하는 축구팀이 많은 관중을 불러 모을 수는 없기 때문이다. 그러한 선수를 확보하기 위한 팀 간의 물질적인 보상 경쟁이 스탈린 체제의 출범과 더불어 더욱 가속화되었다. 사실 제한적 의미에서 시장경제체제를 허용했던 네프 시기에도 금전적 보상을 통한 선수확보의 경쟁은 뜨거웠다. 1926년 간행물 기사에 따르면 "유명한" 선수들은 높은 이적료를 제시하는 팀만 있으면 시기에 관계없이 소속 팀을 변경하려는 의사를 가지고 있었다.[14] 스탈린의 급격한 정책전환으로 이러한 경향은 잠시 주춤하였지만 1930년대 초반의 정치경제적 상황 변화로 이러한 경향은 되살아 날 수 있었다.

경제개발 5개년 계획에서 강조하는 생산력 강화를 위해 노동자들은 '사회주의적 경쟁'을 받아들여야 한다는 주장이 제기되었다. 사회주의적 경쟁은 보다 많은 생산물 산출을 위한 경쟁의식을 노동자들에게 갖도록 하여 그에 따른 임금의 차별적 지급까지도 받아들여야 한다는 내용을 가지고 있었다. 실례로 1930년 무렵에 성과급 임금을 받는 노동자의 비율은 전체의 29% 정도였지만 1932년에 그 비율은 68%로 증가했다.[15] 성과급 체계를 도입함으로써 사회주의 체제의 평등이라는 이상은 허울에 불과했다. 생산현장에서 성과에 근거한 차별적 대우가 허용되는 마당에 더 많은 물질적 유인책을 제공하여 우수한 기량의 선수를 확보하려는 팀 간의 경쟁을 막을 명분은 줄어들었다.

14 *Красный спорт* (май 2, 1926).
15 Tony Cliff, *State Capitalism in Russia* (Surrey: Pluto Press, 1974), p.19.

1935년 국가 챔피언의 타이틀을 놓고 벌이는 축구 리그 개최, 1936년 보다 규모가 학대된 전 소련 축구리그와 컵 대회의 개최 상황에서 승리를 위한 선수확보의 경쟁은 더욱 치열해졌다. 자본주의 체제의 프로선수들과 같은 물질적 혜택은 소비에트 체제에서도 낯선 현상이 아니었다. 이미 1920년대부터 축구 선수로서 명성을 날리고 있었던 스타로스틴(Старостин) 형제(알렉산드르, 니콜라이, 안드레이, 표트르)는 축구 스타로서 남다른 혜택을 누리던 대표적 선수들이었다. 1930년대 중반을 기준으로 선수들의 기본 월급은 800 루블정도였지만 이들 형제들은 매달 2,000 루블 정도를 받았다. 여기에 이들이 해외 원정시합에 나가 받았던 선물, 연습장 근처에 위치한 개인 별장이라고 할 수 있는 다차(Дача) 이용권리 등까지 감안한다면 축구선수로서의 스타로스틴 형제의 생활은 고위 당 간부 못지않은 특혜를 누리는 생활이었다.[16] 소비에트 축구를 대표하는 인물들이 가난뱅이와 같이 살아야 할 하등의 이유도 없다면서 이들 형제들은 자신들의 생활을 합리화하였다.

자본주의 체제의 직업 운동선수들이 누리는 바와 같은 차별적 대우를 스탈린 체제가 용인하였다 하더라도 그것이 선수들이 가져야 하는 정치적 책무를 면제시킨다는 의미는 아니었다. 스탈린 체제는 노동자들 중에서 돈바스의 탄광 노동자 스타하노프(Алексей Стаханов)와 같이 기준 작업량을 초과달성한 노동자들에게 각종 특혜를 부여하여 생산성 배가운동을 전개했다. 스타하노프 운동가라고 불리는

16 Robert Edelman, Spartak Moscow: *A History of the People's Team in the Workers' State* (New York, Cornell University Press, 2012), Kindle Edition, location 2086.

이들 노동자들은 보통의 노동자들과는 달리 안락한 생활공간, 자동차의 소유와 같은 물질적 혜택을 누릴 수 있었다.[17] 스타하노프 운동가들의 정당성은 그들이 생산현장에서 높은 생산성을 달성함으로써 소비에트 체제의 생산력 발전에 기여한다는 것이었다. 스타하노프 운동가들의 체제에 대한 이러한 기여를 전제로 스탈린은 1935년 11월 스타하노프 운동가 제1차 전국협의회에서 "동지들, 우리의 삶이 보다 좋아졌고 보다 즐거워졌다"[18]고 자랑스럽게 선언할 수 있었다. 스탈린은 스타하노프 운동가들에 대한 차별적 대우를 그들의 높은 생산성을 근거로 합리화하였던 것이다. 스타로스틴 형제들과 같은 스포츠 스타들이 자신들에게 부여된 물질적 혜택을 체제의 발전과는 무관하게 사적인 쾌락을 위해 이용한다면 비난에서 자유로울 수는 없었다.

세계기록을 보유하여 국제적으로 명성을 얻고 있는 스포츠 스타는 "운동복을 입은 외교관"으로서 체제의 가치를 대외적으로 과시하는 모범적인 역할을 수행해야 한다는 인식이 있었다. 국제무대에 진출할 정도의 기량을 가진 선수들 중에는 정신적으로 미숙하여 기분에 따라 행동을 제어하지 못하는 선수들도 있었다. 신체문화와 스포츠 국가위원회의 선전국은 이러한 선수들에 대한 정치교육의 필요성을 강조하였다. 정치교육을 받지 않고 이들이 '부르주아 자본주

17 Lewis H. Siegelbaum, *Stakhanovism and the Politics of Productivity in the USSR, 1935-1941* (Cambridge: Cambridge University Press, 1990).

18 И. В. Сталин, "Речи на I всесоюзном совещании Стахановцев", Сочинения 1[XIV] 1934-40, ed. by Robert H. McNeal (Stanford, Calif: Hoover Institution, 1967), p.85.

의 국가들'의 선수, 관중, 언론인 등과 접촉할 때 이들이 소비에트 체제의 이데올로기에 합당한 정치적 행동, 예를 들어 방문국가에 있는 공산당 내지 전쟁 기념관 등을 방문하며 체제의 이데올로기를 대표하는 외교사절로서의 모습을 보일지는 자신할 수 없기 때문이다.[19]

"운동복을 입은 외교관"에 어울리는 행동이 스타로스틴 형제와 같은 대중적 스타에게는 더욱 요구되었다. 그들은 스포츠 분야의 '스타하노프'로 남다른 특혜를 누리는 만큼 개인의 사사로운 이익을 초월할 것이라는 기대가 있었다. 그러나 형제 중의 맏이인 니콜라이가 프랑스 방문 중에 보인 행동은 이러한 기대에서 현격하게 벗어나 있었다. 1500 미터와 10,000 미터 달리기의 소비에트 기록보유자로서 니콜라이와 동행했던 즈나멘스키 형제는 니콜라이가 "사사로운 이익을 추구하는 스포츠 단체의 소유주"처럼 행동하는 부르주아적 모습과 닮아 있었다고 고발하였다. 즉 니콜라이는 공장노동자에게 수류탄 던지기 등을 가르치면서 신체문화의 정신을 프랑스 노동자에게 전파하기 보다는 관람 스포츠문화의 확산에 더 많은 관심을 가지고 있었다는 것이다. 그를 보기 위해 많은 관중이 운집한다면 그에게는 이에 합당한 수익이 보장되기 때문이다. 니콜라이의 둘째 동생 안드레이 또한 소비에트를 대표하는 사절단의 일원에 어울리지 않는 처신을 하기는 마찬가지였다. 그는 평범한 보통 사람들의 한 달 치 월급에 맞먹는 돈을 들여 새벽까지 이어지는 음주파티를

19 Evelyn Mertin, "Presenting Heroes: Athletes as Role Models for the New Soviet Person", *The International Journal of the History of Sport,* vol.26, no.4 (2009), pp. 470-472.

동료들과 벌이곤 하였다.[20] 스포츠 관람이 대중에게 즐거움을 선사하기 위해서 스타로스틴 형제와 같은 '스포츠 스타'에게 남다른 혜택을 부여했다 하더라도 그들이 그것을 체제의 가치와 부합하지 않는 방향으로 활용한다면 그에 대한 비판은 피할 수 없었다.

스타로스틴 형제의 활약이 중요했던 스파르탁(спартак)의 결성 과정을 보면 이렇듯 체제의 공적 가치를 이들 형제가 상대적으로 소홀히 할 수 있는 여지는 내포되어 있었다. 이미 1920년대부터 축구와 아이스하키 두 종목에서 남다른 기량을 선보이며 전국적으로 유명세를 타고 있었던 이들 형제는 1920년대부터 등장하고 있었던 지역 차원의 스포츠 조직을 전국 규모로 확대하고 싶어 하였다. 즉 비밀경찰의 후원을 받는 디나모와 적군 중앙클럽과 구별되는 별도의 조직을 상정하였던 것이다. 이 조직에는 축구와 같은 인기종목 분만 아니라 육상, 하키 등의 종목 선수도 포함하여 모든 스포츠 종목을 아우르는 대표적 스포츠 단체로 발전시킨다는 것이 니콜라이의 야심이었다.[21]

니콜라이가 자신의 의도를 구현하기 위해 제휴한 조직은 콤소몰이었다. 스포츠는 소비에트의 신세대의 체력증진과 가치관 함양을 목표로 하는 신체문화의 한 부분이기 때문에 스포츠에 대한 콤소몰의 관심은 당연하였다. 1930년대 초 스포츠 분야의 책임자였던 이반 하르첸코(И. Харченко)가 콤소몰의 부서기였다는 점을 보더라도 스

20 Edelman, *Spartak Moscow,* location 2893, 2916.

21 Jim Riordan, "The Strange Story of Nikolai Starostin, Football and Lavrentii Beria", *Europe-Asia Studies,* vol.46, no.4(1994), pp.681-682.

포츠 분야에 대한 콤소몰의 영향력은 지대하였다. 특히 콤소몰의 서기 알렉산드르 코사레프(А. Косарев)는 스포츠의 발전과 관리에 콤소몰이 더 많은 역할을 할 수 있기를 원했다. 니콜라이와 코사레프가 두 손을 맞잡는 데 필요한 계기가 마련된 셈이다.

스파르탁의 창설에 있어서 코사레프가 정치적 후원을 했다면 경제적 후원자로 니콜라이가 의도한 인물은 이반 파블로프(И. Павлов)였다. 파블로프는 네프기 제한적 시장 상행위의 허용으로 점차 늘어나고 있었던 상인, 서비스업 종사자, 수공업자 등을 주축으로 하는 상공협동조합(промкооперация)의 수장이었다. 상공협동조합은 1930년대에 상공 인민위원부 산하조직으로 편입되었지만 사회주의 체제의 이념에서 핵심적 위치를 차지하고 있는 공장노동자들이 주축이 되는 조직은 아니었기 때문에 국가기구의 관심에서 벗어나 상대적인 자율권을 보다 많이 누릴 수 있었다. 네프기에 비해 감소하긴 했지만 조직의 상인[22]들은 무시못할 정도의 자금을 축척하고 있는 상태였다. 니콜라이는 이런 조직의 수장과 개인적 친분을 맺어 경제적 지원을 받는다면 자신이 의도했던 조직의 창설을 앞당길 수 있을 것으로 생각하였다.[23] 1934년 여름, 니콜라이는 코사레프, 파블로프를 초대하여 사냥을 하며 친목을 다지는 자리를 마련하였다. 사

22 투기, 매점매석을 통한 네프기 상인들의 부의 축척과 이에 따른 경제적 불평등에 대한 묘사는 다음의 연구를 참조. Alan M. Ball, *Russia's Last Capitalists: The Nepmen, 1921-1929* (Berkeley: University of California Press, 1987).

23 니콜라이는 이런 맥락에서 연줄을 이용해서 비공식적으로 이익을 챙기는 블라트(блат)의 중요성을 인식하고 있었다고 얘기할 수 있다. 블라트의 구체적 모습에 대해서는 다음을 참조. Sheila Fitzpatrick, *Everyday Stalinism: Ordinary Life in Extraordinary Times* (Oxford: Oxford University Press, 1999), pp.62-66.

냥으로 획득한 동물들의 피를 마시며 니콜라이는 그러한 개인적 유대감을 조성하기 위해 애를 썼다. 그 덕분인지 스파르탁의 우승에 필요한 우수한 자질의 선수를 스카우트 하는데 필요한 자금지원을 파블로프는 약속했다.[24] 코사레프와 파블로프라는 든든한 지원군을 확보한 니콜라이는 1934년 9월 22일 스파르탁의 창설을 공표하였다.[25] 형성과정에서 국가기구의 주도에서 벗어난 스포츠 조직의 등장이었다. 로마의 노예반란 지도자 스팔타쿠스의 이름을 연상시키는 스파르탁이라는 조직의 명칭에서도 인민친화적인 성격을 강조하려는 의도가 간접적으로 드러나고 있었다.

성립의 주체라는 문제에 초점을 맞춘다면 디나모(динамо)는 스파르탁과 달랐다. 디나모에서는 니콜라이 스타로스틴 같은 개인이 창단과정을 주도하지 않았다. 1923년 4월 18일 디나모의 출범에 주도적 역할을 수행한 것은 비밀경찰을 포함한 경찰조직이었다. 스포츠를 체제의 공고화에 어떻게 이용할 것인가에 관심을 가졌던 국가조직이 디나모의 출범에 처음부터 깊이 관여하였다는 의미이다. 그리하여 디나모는 신체의 단련을 체제 방어의 과제와 연결시켜 생각하였던 총 군사훈련국의 기본구조와 인적자원의 상당 부분을 계승하였다. 총 군사훈련국은 내전이 아직 종결되지 않았던 1919년 레닌의 주도로 만들어진 조직이었다. 체제를 지켜낼 수 있는 강인한 적군(赤軍) 병사 양성이 조직의 목적이었다. 이에 따라 18세와 40세 사이의 모든 노동자 · 농민은 8주에 걸쳐 총 96시간에 달하는 기존 체

24 Ibid., location 1757.
25 Ibid., location 1770.

력단련과 군사훈련을 받아야 했다.[26] 디나모는 총 군사훈련국의 체제 수호 이념을 국가 주도의 스포츠 조직에 연결시키려 했던 것이다. 또한 처음에는 그렇지 않았지만 얼마 지나지 않아 디나모는 가입자격을 내무 인민위원부의 직원으로 한정하였다.[27]

출범과정에서 드러나듯이 디나모는 국가권력과의 밀착 정도가 스파르탁에 비해 상대적으로 강하였다. 국가권력의 이러한 지원은 지역 차원에서 활동하고 있던 다른 조직들과는 비교가 무의미할 정도로 막강한 것이었다. 디나모 소속 축구팀은 지역의 공장이나 노동조합이 지원하는 축구팀이 상상하기 힘든 많은 특권을 누릴 수 있었다. 1928년 소비에트 러시아 최초의 현대식 스타디움이 같은 이름으로 건설되었다는 사실만으로도 디나모가 누렸던 혜택을 짐작할 수 있다.[28] 1920년대 말까지 디나모에 필적할 만한 스포츠 조직은 출현하지 않았다.

1930년대 초반까지 디나모의 상대적으로 우월한 지위는 지속될 수 있었다. 스탈린 체제에서 비밀경찰의 위상이 확대되어 나가는 상황에서 그것은 더 많은 예산을 확보할 수 있었다. 늘어난 예산 배당액을 기반으로 디나모는 우수한 기량의 선수를 확보하기 위해 노력했다.[29] 그렇지만 스타로스틴 형제와 같은 대중적 스타를 디나모는

26 И. Г. Чудинов ред. *Основные постановления, приказы и инструкции по вопросам советской физической культуры и спорта 1917-1957* (Москва, 1957), сс. 7-9.

27 Edelman, *Spartak Moscow,* location 1377.

28 스포츠 공간으로서 디나모 스타디움이 갖는 의미에 대해서는 이 글의 4장 참조.

29 Edelman, *Spartak Moscow,* location 1699.

확보할 수 없었다. 네프기의 상대적으로 보다 자율적인 축구 클럽의 분위기에서 성장했던 이들 형제는 국가권력의 의지가 강하게 작용하는 조직에서 자신들의 기량을 발휘하고 싶지 않았다. 비밀경찰보다 정치적 위상이 낮은 콤소몰과 연계하여 새로운 조직에서 활동하는 것이 자신들의 대중성을 더욱 높이는 방법으로 생각하였다.[30] 디나모는 이런 배경에서 성장한 스파르탁을 1930년대 중반 이후에는 압도하지 못했다. 1936년부터 시작한 전 소련 축구리그와 컵 대회에서 디나모는 1936년에는 리그경기에서, 1937년에는 컵대회에서 승리를 하여 체면을 유지하는 듯 보였다. 그렇지만 1938년과 1939년에 디나모는 컵대회와 리그경기 모두에서 스파르탁에 챔피언의 자리를 내주고 말았다.[31]

국가권력을 상징하는 팀과 재정지원의 측면에서도 차별성을 지닌 스파르탁은 1930년대에 들어와 디나모에 대해 확실한 대립구도를 형성하였다. 특히 국가 비밀경찰의 폭력이 점증하는 1930년대의 스탈린 체제에서 디나모와 스파르탁의 축구 경기는 억눌렸던 인민의 감정표출 기회였다. 두 팀의 경기를 보기 위해 많은 관중이 모인 것도 이러한 맥락에서 이해할 수 있다. 1938년 컵 대회 결승에서 맞붙게 된 디나모와 스파르탁의 경기를 보기 위해 모여든 관중은 경기장 내로 수용할 수 없을 정도로 많은 인원이었다.[32]

스파르탁과 디나모의 대립구도는 스탈린 시대의 스포츠 관람문

30 Ibid., location 1236.
31 Ibid., location 7056.
32 Edelman, *Serious Fun,* p.62.

화가 확산될 수 있는 한 요소였다. 승리를 위해 최선을 다하는 선수들의 모습을 보면서 관중은 일상생활에서 느끼기 힘든 위안을 잠시라도 얻고 싶었을 것이다. 그렇지만 두 팀의 승부를 정정당당한 기량만으로 결정하기는 어려웠다. 앞서 지적했듯이 스탈린 체제의 폭력적 억압을 대표하는 국가기관의 권위가 두 팀의 경기에 관여하고 있었기 때문이다. 베리아는 1939년 그루지아의 티빌리시에서 열린 컵 대회 준결승전에서 디나모가 스파르탁에 패하고 스파르탁이 결국 결승에서 우승컵을 자치한 결과를 그대로 승복할 수 없었다. 정당하게 확정된 경기결과를 뒤집는다는 생각을 할 수 있을 정도로 베리아의 권위는 막강하였다. 새로운 심판을 배정한 상태에서 디나모와 스파르탁의 재경기가 열렸다. 그럼에도 불구하고 결과는 베리아에게 치욕적이었다. 스파르탁이 3대2로 승리 하였던 것이다. 스타로스틴의 회고에 따르면 베리아는 패배가 확정되자 분을 참지 못하여 의자를 박차며 경기장을 떠났다고 한다.[33] 이후에도 비밀경찰의 수장 베리아는 디나모의 운영방식, 예를 들어 코치의 선임, 선수기용 등의 문제에 지속적으로 관여했다.[34] 베리아의 이러한 개입은 최고 권력기구 중의 하나인 비밀경찰의 지원에도 불구하고 콤소몰의 지원을 받는 스파르탁과의 경기에서 패하는 디나모에 대한 불만의 표출이었다.

디나모의 패배는 단순히 스포츠 분야에서 경쟁상대인 스파르탁

33 Николай Старостин, *Футболь сквозь годы* (Москва: Советская Россия, 1989), c.54.

34 Riordan, "The Strange Story of Nikolai Starostin", pp.683-684.

에 대한 패배가 아니었다. 국가 비밀경찰이라는 막강한 조직이 지원하는 디나모가 패배한다는 것은 인민에 대한 권위 상실의 의미로 비칠 수도 있었다. 사회주의 초기의 신체문화 원칙에 어긋나는 스포츠 관람을 허용하면서 스탈린 체제의 지도자들은 그러한 공간에서 자신들이 지원하는 클럽 팀이 우승하는 모습을 통해 최고 권력기관의 권위를 지켜내고 싶었다. 그러한 확인을 통해 관람 스포츠 문화의 공간에서도 인민에 대한 통제는 이루어질 수 있다고 생각하였던 것이다. 그렇지만 그러한 공간에 집결한 인민들이 국가권력의 의도에 충실히 부합했는가는 검토해야 할 사항이다.

03 스포츠 관람문화의 소비주체 - 관중

스파르트탁과 디나모의 대립 구도는 스탈린 체제에서 민중을 경기장으로 향하게 만든 하나의 요소였다. 디나모가 국가 권력을 상징하는 '그들의 팀'이라면 스파르트탁은 '우리의 팀'이라는 인식이 있었기 때문에 스파르트탁의 승리는 암혹한 현실을 잠시 잊게 만드는 위안이었다. 스파르트탁에 대한 이러한 태도는 사실 소비에트 체제의 성립과 더불어 갑자기 등장하지는 않았다. 노동자들의 밀집 거주지역인 모스크바의 프레스냐에서 축구는 혁명 전부터 그들의 삶에 침투해 있었다. 영국의 노동계급에게 그랬던 것처럼 축구는 경제적 면에서 상대적으로 빈곤한 노동자들이 공간만 확보한다면 손쉽게 접근할 수 있는 스포츠였다. 물론 노동자들의 교육수준과 여가활동을 즐길만한 임금수준이 유럽의 노동계급에 비해 상대적으로 낮았기 때문에 축구가 대도시를 제외한 전국 곳곳에 보급되었다고 말할 수는 없다. 그렇지만 축구가 모스크바와 같은 대도시와 오데사 등의 항구도시에서 외국인 거주자들에 의해 알려지기 시작하면서 그것은 다른 스포츠 종목에 비해 노동자들에게 친숙하게 다가왔다. 코트와 라켓, 티 없이 하얀 경기복 등을 갖춰야 하는 귀족적 취향의 테니스에 비해 축구는 제한적이긴 했지만 분명 서민적 스포츠였다.[35] 노동자들이 밀집해 있던 모스크바의 프레스냐 지역에서는 이러한 친숙성을 바탕으로 뛰어난 기량을 가진 선수들을 갖춘 축구팀이 출현하였다. '크라스냐 프레스냐'라는 이름의 이 팀에 스타로스틴 형제들은 1920년대부터 활동하였다. '크라스냐 프레스냐'에서 뛰면서 노동계급에게 일찍부터 친숙하였던 스타로스틴 형제들이 스파르타크의 창단에 주도적 역할[36]을 하면서 스파르타크은 디나모와는 달리 '우리의 팀'이라는 친근함을 가질 수 있었던 것이다.

스파르타크의 이러한 이미지는 공개적인 장소에서 모임의 기회를 좀처럼 갖기 힘든 인민들을 스타디움에 집결시키는 요인이었다. 체제에 대한 인민의 충성도를 확신할 수 없었던 경찰의 입장에서 다수 인민의 집결은 쉽게 허용할 수 없는 사건이었지만 디나모로 대표되는 '그들'의 팀이 스파르타크을 이긴다면 국가권력의 권위를 또한 공

35 1차 세계대전 이후 유럽을 중심으로 노동계급에게 대중적인 스포츠로 축구가 정착되는 과정은 『축구의 세계사』, pp.243-307을 참조.

36 Edleman, *Spartak Moscow,* location 1751, 1760, 1769

식적으로 확인할 수 있는 기회였기 때문에 그것을 의도적으로 막을 필요는 없었다. 두 팀이 겨루는 모스크바의 스타디움에 모인 관중의 수는 스탈린 시대의 붉은 광장에서 벌어졌던 신체문화 축제 퍼레이드, 노동절 및 혁명 기념일 퍼레이드와 같은 국가적 규모의 사회주의적 의식(儀式)[37] 참가자들에 뒤지지 않았다. 아래의 표는 두 팀의 경기가 갖는 이러한 인기도를 잘 보여준다.[38]

〈표 1〉 스타르탁과 디나모의 관중 동원 추이

	스파르탁		디나모	
연도	모스크바경기	모스크바외부경기	모스크바경기	모스크바외부경기
1936	29,500	23,300	30,000	24,000
1937	34,000	30,000	37,800	28,700
1938	27,700	19,500	22,300	18,900
1939	46,800	27,800	39,500	23,500
1940	53,900	25,900	44,400	26,000

위의 표에 의하면 디나모와 스파르탁이 모스크바에서 경기를 가질 때 관중 수는 축구 종가인 영국 클럽 팀의 그것에 뒤지지 않았다. 1939년 스파르탁과 디나모의 모스크바 경기에 모인 관중의 수는 각각 46,800명과 39,5000명이었다. 스파르탁과 디나모 모두 모스크바를 연고지로 가지고 있었기 때문에 모스크바 외부 경기에 모인 관중

37 대대적인 참가자를 동원한 국가적 규모의 이러한 의식이 갖는 정치사회적 의미에 대해서는 다음을 참조. Karen Petrone, *Life Has Become More Joyous, Comrades: Celebrations in the Time of Stalin* (Bloomington, IN: 2000), pp.23-45.

38 Edelman, *Spartak Moscow,* location 2073.

의 수는 이보다는 적었다. 1938-1939년 시즌에 영국 리그의 아쉬톤 빌라가 매 경기마다 끌어들인 관중 수는 39,932명이었고 아스날의 그것은 39,102명 이었다. 리그 챔피언이었던 에버튼의 그것은 35,040명이었음을 고려[39]한다면 모스크바에서 디나모와 스파르탁이 각각 어느 팀과 경기를 벌이든 그것은 영국 클럽 팀의 경기에 뒤지지 않는 인기를 누리는 이벤트였다고 말할 수 있다. 스파르탁과 디나모의 관중 수만 비교한다면 1937년 이후 스파르탁의 모스크바 경기는 디나모를 항상 능가하였다. 이러한 수치도 '우리'의 팀이라는 스파르탁에 대한 인식이 반영된 결과라고 말할 수 있다. 그렇다면 이렇게 모인 관중의 정체성을 어떻게 규정할 수 있을까?

'우리' 팀이라는 인식을 가능케 만든 스파르탁을 응원하기 위해 모인 관중의 집단적 정체성을 쉽게 규정할 수는 없다. 그렇지만 발리 닭싸움의 관중을 "일시적 동질성의 집단(focused gathering)"이라고 묘사한 기어츠의 표현[40]에서 하나의 시사점을 얻을 수 있다. 즉 그들은 아무런 연관이 없는 군중은 아니고 그렇다고 조직화된 집단도 아니었다. 적어도 경기가 진행되는 스타디움 내에서 스파르탁의 승리를 위해 응원하는 동안 그들은 유대감을 느낄 수 있었다. 물론 그러한 유대감을 경기장 밖으로까지 그들이 가져가지는 않았다. 경기장 내에서 흥분하며 단합하였던 관중들은 경기가 끝나자 다시 일상에서 원자화된 개인으로 돌아갔다. 그렇다고 스타디움의 경험이

39 Ibid., location 2059.

40 Clifford Geertz, "Deep Play: The Balinese Cock fight", in *The Interpretation of Culture* (New York: Basic Books, 1973), p.434.

그들에게 무의미한 것은 아니었다. 스포츠사 연구에 사회학적 이론을 도입하여 연구의 지평을 넓힌 던닝(Dunning)은 다음과 같이 지적한다. 던닝에 따르면 관중의 정서적 유대는 일시적이었지만 경기장 안에서 그들은 서로에 대한 공동체 의식을 형성하면서 자신들을 통제하려고 하는 권력자들의 의도를 회피하여 "자율의 외딴 섬"을 창조해 내었다고 한다.[41] 일상의 공개적 장소에서 자발적으로 모일 수 있는 기회를 가지기 힘들었던 스탈린 시대의 인민에게 스타디움은 잠시나마 권력의 영향에서 벗어나 자신들의 감정을 분출할 수 있는 기회로 다가왔다.

당시 간행물에는 권력의 통제에서 벗어난 관중에 대한 묘사가 등장한다. 기사의 작성자는 소비에트 체제의 스포츠와 관련하여 여러 차례 기사를 게재한 바 있는 미하일 롬(Михаил Ромм)이었다. 롬은 1936년 시즌 마지막 경기인 스파르타크과 적군 중앙클럽의 경기에서 나온 관중의 행동을 다음과 같이 기술하였다.

> 전반전이 끝난 휴식시간에 펜스 뒤에 있었던 관중이 운동장으로 한꺼번에 쏟아져 들었다. 수 천 명의 사람이 눈사태처럼 운동장으로 밀려와 빈틈없는 벽처럼 사이드라인을 따라 운동장을 둘러쌌다. 그들은 잠시 후 골대 주변을 둘러싸 직사각형의 운동장을 타원으로 만들었다.[42]

41 Eric Dunning, *Sport Matters: Sociological Studies of Sport, Violence and Civilization* (London: Routledge, 1999), pp.3-4.
42 *Красный спорт* (ноябрь 1, 1936).

후반전이 끝나고 흥분한 관중의 일부는 골대 하나를 부셨다. 스파르탁이 이 경기에서 3-1로 승리했기 때문에 관중의 이러한 행동이 경기결과에 대한 불만은 아니었다. 권력기관으로부터 상대적으로 독립해있던 '우리' 팀인 스파르탁의 유대를 기반[43]으로 팬들은 이러한 한정된 공간에서나마 질서와 권위에 대한 복종을 요구하는 권력에 대해 작은 저항의 몸짓을 하였던 것이다. 이 점은 영국 언론인에게 스파르탁의 팬이 소비에트 체제 내에서 가질 수 있는 의미를 설명하였던 아르메니아 출신 인류학자 레본 아브라미안을 통해서도 확인된다. "사회주의 체제에서 … 인민이 지지하는 축구 팀은 인민 스스로가 가입을 선택하였던 공동체였다. 체제는 어느 특정 팀을 지지하라고 인민에게 보내지 않았다. … 그것은 인민이 공동체를 선택하는 유일한 기회일 수도 있고 또한 그 공동체 안에서 인민은 그들이 원하는 데로 자신들을 표현할 수 있었다. … 서로 다른 사회계급을 대표하는 여러 팀들이 당시에 있었다. … 대부분의 스파르탁 팬들은 하층계급 출신이었고 … 다소 과격하였다."[44] '우리' 팀이라는 스파르탁에 대해 갖는 정서를 바탕으로 인민은 당 혹은 국가에 대한 반감을 상대적으로 자유롭게 스타디움에서 표출하였던 것이다.

그렇다고 관중을 스타디움 외부의 일상적 질서와 권위를 조롱하

43 특정 축구 팀에 대한 지지와 집단적 정체성 형성과의 관계에 대해서는 다음을 참조. Bill Murray, *Football: A History of the World Game* (Aldershot, England: Scolar Press, 1994), pp.1-50; Rogan Taylor, *Football and Its Fans: Supporters and Their Relations with the Game, 1885-1985* (Leicester, England: Leicester University Press, 1992), pp.3-13.

44 Simon Kuper, *Football against the Enemy* (London: Orion, 1994), p.46.

며 파괴시키려는 저항세력으로 규정하자는 의미는 아니다. 일시적으로 공적 담론을 전복시키는 민중문화의 가능성을 바흐친이 지적한 바 있듯이[45] 스탈린 체제의 관중에게서도 그러한 모습을 제한적 공간과 한정적 시간을 전제로 발견할 수 있음을 지적하고 있는 것이다. 스타디움의 관중은 경기장 밖에서 다시 "원자화된 개인"으로 돌아가 조직적인 저항세력으로 결집하지는 못하였다. 그렇지만 스타디움에 입장하는 순간부터 그들은 정해진 규칙과 질서를 무시하는 방법을 알고 있었다. 특히 스파르타과 디나모가 경기를 벌이는 날처럼 많은 관중이 몰렸을 때 규칙 위반은 보다 용이하였다. 당시의 경험을 올레슈크(Ю. Олещук)는 다음과 같이 회고한다.

> 바보만이 검표원을 혼자 통과하려고 한다. … 집단적으로 통과하는 다른 방법이 있다. 우리에게는 "증기기관"이라고 불리는 믿을 만한 다른 방법이 있다. 표를 사지 않은 30, 40, 혹은 50여명이 출입구 중의 한 곳에 무절제하게 모여 있다가 신호를 교환하여 정해진 순간에 출입구 쪽으로 엄청난 힘으로 몰려 들어간다. 검표원은 소리를 지르며 우리를 잡으려고 하지만 우리를 멈출 수는 없다.[46]

올레슉의 회상에 따르면 권위를 행사하려는 검표원은 관중에 의

45 M. M Bakhtin, *Rabelais and His World,* translated by Helen Iswolsky (Cambridge, Mass.: MIT Press, 1968), pp.197-199.

46 Юри Олещук, "Фанаты Времен Боброва", *Спортекспресс журнал,* no. 10(1999), c. 86, Edleman, *Spartak Moscow,* location 2203에서 재인용.

하여 무시당하고 있다. 일상의 영역에서 국가권력이 강제하는 질서와 권위를 좀처럼 부정하기 힘들었던 관중은 스타디움이라는 한정된 공간에서나마 권위에 대해 "작게나마 저항하는" 그들의 방식을 가지고 있었다.[47]

우승을 다투는 스파르탁과 디나모의 선수들 못지않게 각각의 팀을 응원하는 관중 사이의 적대감도 만만치 않았다. 그들 사이의 싸움을 방지하기 위해 응원단의 좌석은 완전히 분리되었다. 스파르탁의 팬들은 상대적으로 값이 싼 스타디움의 동쪽 편의 자리에 모였다. 디나모의 팬들은 북쪽과 남쪽 스탠드에 자리 잡았다. 스파르탁 팬들의 좌석이 서민의 것이었다면 디나모 팬들의 좌석은 '귀족'의 것이었다. 스타디움 좌석 배치에서 권력의 위계질서를 감지하였던 스파르탁의 팬들이 디나모 선수들을 권력의 대리자로 생각하며 공격적 언사를 발설하는 행동도 이러한 맥락에서 이해할 수 있다. 스파르탁 팬들의 구호는 "경찰 혹은 군인을 때려잡자"였다.[48] 스파르탁의 팬들은 디나모에 대한 승리를 자신들을 억압하는 경찰, 혹은 군대에 대한 보복으로 생각하였던 것이다.

스탈린 체제에서 관중은 이와 같이 제한적 공간에서 벌어지는 스포츠를 통해 자신들의 목소리를 미약하게나마 발설하였다. 관중의 이러한 행동이 스탈린 체제의 노동자들이 수동적인 방관자로 남아있지만은 않았다[49]는 하나의 암시로서 해석될 수도 있지만 관중의 정확

47 인용은 앞의 책, Kuper, *Football against the Enemy,* p.40.

48 Robert Edelman, "A Small Way of Saying "No": Moscow Working Men, Spartak Soccer, and the Communist Party, 1900-1945", *American Historical Review* (November, 2002), pp.1454-1455.

한 사회적 구성을 드러내는 증거자료로 보강되지 않는 한 신중하게 평가할 필요는 남는다. 다만 분명한 것은 신체문화의 원칙과 어긋나는 '보는 스포츠'를 스탈린 체제의 인민들이 한정된 공간에서 향유하면서 그러한 공간 내에서 그들은 순종적인 인민으로 남아 있지 않았다는 점이다. 스타디움 밖에서의 저항으로까지 진전시키지 못하는 한계를 가지고 있었지만 스타디움 내에서의 인민은 체제의 통제를 저항 없이 받아들이는 수동적인 존재는 아니었던 것이다. 이런 의미에서 스탈린 체제의 인민에게 어떻게 그러한 의미를 갖는 공간이 제공되었는가를 살펴볼 필요가 있으며 이는 다음 장의 주제이다.

04 스포츠 관람문화의 공간 - 스타디움

20세기 스포츠 산업의 선두주자라고 할 수 있는 미국에서 스포츠문화의 형성공간인 스타디움은 특별한 가치를 지니는 장소였다. 1910년대 아이비리그 소속 대학교간의 경쟁에서 스타디움의 건설을 통한 시합의 유치는 대학이 위치하고 있는 소도시의 이름을 언론을 통해 미국전역에 알릴 수 있는 기회였다. 대도시에 연고를 두고 있는 메이저리그 소속팀의 경우 콘크리트와 같은 견고한 소재로 지어진 거대한 규모의 야구장은 경기의 승패와 무관하게 도시의 상대

49 Ibid.

적 우월성을 과시할 수 있는 장소이기도 하였다.[50] 스타디움은 단순히 경기의 승패를 가르기 위한 장소라는 일차적 기능을 넘어 복합적인 기능을 수행할 수 있는 장소라는 인식을 당시 미국의 스포츠 문화 형성자들은 가지고 있었다.

스타디움과 관련하여 1930년대 유럽에서 전개된 논의는 미국에서의 그것과 맥락상 일치하지는 않았다. 프랑스에서는 상업적인 이해와 결부된 스타디움 건설을 부정적으로 보는 시각이 남아 있었다. 이러한 시각에 따르자면 다목적의 거대한 스타디움은 보다 많은 관중을 단순히 구경꾼으로 전락시킴으로써 상업적인 이해에만 봉사할 뿐이다. 스포츠를 통한 전 국민의 육체적 능력 증진은 이러한 방식으로 성취될 수 없었다. 그러나 다른 한편에서 스타디움은 1936년 베를린 올림픽이 보여주었듯이 독일 국민들에게 자긍심과 위대함을 심어줄 수 있는 유대의 장소로서 활용될 수 있었다. 다수가 참여할 수 있는 거대한 매스게임의 장소, 그리고 전체가 하나와 같이 움직일 수 있는 규율의 장소로서 스타디움이 활용된다면 스타디움은 소수의 참가자만이 기량을 과시하는 부정적 공간이 아니었다. 스타디움이 단순히 적극적인 참여를 생각한 바 없는 관중을 위한 공간이라는 시각은 따라서 재고되어야 하는 것이었다.[51]

50 Robert Trumbour, "Epilogue- Cathedrals of Sport: Reflections on the Past, Present and Future", *The International Journal of the History of Sport,* vol.25, no.11 (2008), pp.1584-85.

51 Joan Tumblety, "Rethinking the Fascist Aesthetic: Mass Gymnastics, Political Spectacle and the Stadium in 1930s France", *European History Quarterly,* vol.43, no.4 (2013), pp.718-720.

소비에트 체제에서 여가활동을 위한 공간조성의 필요성은 정치 및 사회경제의 현안에 밀려 최우선적 해결과제는 아니었지만 완전히 방치되지는 않았다. 특히 체제가 혁명 직후의 내전의 위기 상황을 극복한 1921년부터 체제의 인민들을 위한 여가활동을 위한 공간 조성의 필요성은 이미 제기되고 있었다. 이러한 노력은 마침내 1928년 모스크바 레닌언덕[52]에 문화 및 여가를 위한 고리키 중앙공원(Центральный парк культуры и отдыха имени Горького)으로 결실을 맺었다. 그렇지만 고리키 공원은 자본주의 체제 대도시의 녹지공간과 같이 도시의 삭막한 외관에 초록의 공간을 제공한다는 기능에만 머물러 있을 수 없었다. 스탈린 체제가 출범하면서 고리키 공원은 소비에트 체제의 가치를 인민들이 주입하는 장이자 체제의 안정성을 과시하기 위해 기획된 축제의 장으로도 활용되어야 하였다.[53] 물론 이러한 초기의 의미부여는 스탈린 체제 후반기로 갈수록 상당부분 퇴색한 것도 사실이지만 여가활동을 위한 공간을 소비에트 체제는 새로운 인간형 창출이라는 목적과 어느 정도 결부시키려고 하였음을 보여주는 사례였다.

스포츠를 위한 공간조성은 다수 인민이 쉽게 접근할 수 있는 공원과는 다른 맥락에서 논의되어야 하였다. 혁명 이전 도시의 하층계급은 스포츠를 즐길 수 있는 공간에 접근할 수는 있었지만 그러한 공

52 소비에트 시대의 레닌언덕은 현재 참새언덕으로 그 이름이 바뀌어 모스크바 시 전경을 보려는 시민들과 관광객들이 즐겨 찾는 장소이다.

53 Calire Shaw, “A Fairground for “Building the New Man”: Gorky Park as a Site of Soviet Acculturation”, *Urban History*, vol.38, issue 2 (2011), pp.324-344.

간이 '사회적 융합'의 장은 아니었다. 도시의 노동계급이 스포츠에 참여할 수 있는 공간은 도시 외곽에 위치하는 경우가 많았고 도시 내의 스포츠 시설을 이용하기 위해 그들은 오랜 시간을 기다려야 하는 경우도 있었다.[54] 인민의 평등을 체제의 이상으로 내 건 소비에트 체제는 이러한 문제점을 해결한 '붉은 스타디움'을 건설해야 했다. '붉은 스타디움'은 인민 모두가 스포츠를 소비할 수 있는 평등의 공간이어야 했다.

'붉은 스타디움'은 또한 수동적인 소비의 측면이 강했던 자본주의 체제의 스타디움과는 구별되어야 했다. 이미 언급한 바 있듯이 소비에트 권력 초기에 관중을 앞에 두고 승리를 최고의 가치로 삼는 스포츠 문화는 부정적으로 받아들여졌다. 그렇지만 '보는 스포츠'의 즐거움을 혁명 이전과 같이 도시의 중상층에게만 한정시킬 수는 없었다. 이념적 원칙을 중시하는 신체문화만을 가지고서는 노동계급 전반을 끌어들일 수 있는 유인이 부족했기 때문이다. 소비에트 권력은 노동계급의 흥미를 유발할 수 있는 공간은 허용은 하되 그러한 공간이 단지 수동적인 소비의 공간이 아니라 보다 창조적인 기능을 수행하기를 원했다. 부연하자면 그러한 공간을 통해 새로운 '소비에트 인간형'이 생성될 수 있는 가능성을 볼셰비키 정부는 찾고 싶었던 것이다.

1920년대에 붉은 스타디움의 건설과 관련한 다양한 제안은 이

54 Ekaterina Emeliantseva, "Sports Visions and Sports Places: The Social Topography of Sport in Late Imperial St. Petersburg and Its Representation in Contemporary Photography (1890-1914)", in Nikolaus Katzer, Sandra Budy, Alexander Kohring, Manfred Zeller eds., *Euphoria and Exhaustion: Modern Sport in Soviet Culture and Society* (New York: Campus Verlag, 2010), pp.32-35.

러한 맥락에서 등장하였다. 1922년 결성된 붉은 스타디움 건설협회는 2년 후인 1924년에 적합한 설계도를 찾기 위한 공모전까지 개최하였다. 전 복싱선수이자 대중집회의 조직가인 하르람피에프(А. Харлампиев)는 새로운 스타디움은 주변의 자연환경과 단절되지 않는 개방적 구조를 가져야 한다고 주장했다. 사회주의 체제의 스타디움이 이렇게 자연환경에 열려있는 개방적 구조를 가져야 대중집회를 열고 싶은 인민의 욕구에 부합할 수 있다고 그는 주장했다. 그는 또한 '붉은 스타디움'이 스포츠를 위한 공간만이 아니라 문화 전반을 포괄하는 기능과 정치적 기능까지 수행할 수 있도록 설계되어야 한다고 주장했다. 그렇지만 그는 그러한 복합적인 기능을 수행할 수 있는 구체적 방법을 제안하지는 못했다.[55]

공모전을 통해 이상적인 스타디움의 구체적 모습을 확보하지는 못했지만 이와 관련된 논의는 지속되었다. 고등예술기술학교(Вхутемас)의 건축학과 교수인 라도프스키(Н. Ладовский)가 스타디움 건설 위원회의 위원장을 맡으면서 논의를 이끌어 나갔다. 라도프스키의 제안에도 스타디움 건설을 위한 구체적 재원마련의 방법이라든가 대중을 끌어들이기 위해 스타디움이 갖추어야 할 편의시설에 대한 논의는 빠져 있었다. 육체와 정신의 조화로운 발전을 달성해 내기 위한 스타디움의 구조, 타원형의 스타디움 외관이 이러한 조화를 달성하는 데 유용한 이유 같은 다분히 추상적인 논의가 라도프스키 논의의 중심에 자리잡고 있었다.[56] 스타디움 건설을 위한 적

55 Alexander Köhring, "Exploring the Power of the Curve: Projects for an International Red Stadium in the 1920s Moscow", in *Euphoria and Exhaustion,* pp.45-47.

극적인 움직임은 이러한 추상적인 논의 수준에서는 가시화 될 수 없었다.

자본주의 체제의 스포츠 문화에 대한 소비에트 지도부의 부정적 견해는 새삼스러운 것은 아니지만 네프 말기에 보다 빈번하게 등장하였다. 저명한 소설가 막심 고리키는 1928년 당 기관지 『프라브다』에 다음과 같은 견해를 표명하였다. “부르주아 스포츠는 분명한 하나의 목적이 있다. 인간을 원래 상태보다 어리석게 만드는 것 … 부르주아 국가에서 스포츠는 제국주의 전쟁을 위한 병졸들을 생산하기 위해 이용된다.”[57] 교육 인민위원부의 수장 루나차르스키 또한 개인주의, 기록 지상주의, 경쟁적 원리 등을 내용으로 하는 자본주의 스포츠 문화는 억제해야 할 악으로 규정하였다.[58] 노동계급의 국제적 연대를 강화하는 동시에 사회주의 모국으로서 소비에트 러시아의 위상을 강화시킬 수 있는 국제적 스포츠 제전의 개최는 이러한 부정적 측면을 해소할 수 있는 대안으로 부각되었다. 볼셰비키 정부는 올림픽에 대응하는 스파르타키아드라는 국제적 제전을 4년마다 개최하여 승리 지상주의에 빠져있는 자본주의 체제의 스포츠 문화를 극복해야 된다는 것이었다. 스파르타키아드가 열리지 않는 중간시기에는 소비에트의 각 공화국, 주 및 노동조합을 대표하는 선수들이 모이는 소비에트만의 스파르타키아드를 개최하여 인민들의 내적 결속력 또한 강화시키자는 제안 또한 등장하였지만 1930년대 중

56 Ibid., pp.47-49.
57 *Правда* (14 август, 1928), с.3.
58 А. Луначарский , *Мысли о спорте* (Москва, 1930), сс.42-44.

반 이전에는 실현되지 못하였다.[59]

다수의 군중이 참여하는 의식(儀式)을 중요한 선전수단의 하나로 활용함으로써 인민의 정치의식의 사회화를 달성하려고 하였던 소비에트 체제[60]로서는 국제적 스포츠 행사에 필요한 공간의 확보는 더 이상 추상적 차원의 논의로만 끝낼 수 없는 문제였다. 10월 혁명의 성취 10주년을 경과한 시점에서 "경제적, 문화적 업적"의 산 증거이자 선전장으로 활용할 수 있는 공간을 확보한다면 사회주의 조국에 대한 애국심과 대외적 자긍심 향상에도 기여할 것이라는 전망도 제시되었다.[61] 건축가 알렉산드르 랑그만(А. Лангман)과 레오니트 체리코베르(Л. Чериковер)의 설계도를 바탕으로 한 디나모 경기장이 1928년 그 위용을 드러낼 수 있었던 것도 이러한 배경에서였다. 디나모 경기장은 35,000개의 좌석과 입석으로 12,000명을 더 수용할 수 있는 공간을 갖추고 있었기 때문에 뉴욕의 양키 스타디움이나 로스엔젤레스의 콜로시움에 필적할 수 있는 소비에트의 최고 스포츠 시설이었다.[62]

디나모와 같은 소비에트 체제의 최고의 스포츠 공간을 4년마다 열리는 스파르타키아드만을 위해 사용할 수는 없었다. 정치적 의미

59 Арон Иттин, "Плановость в проведении Соревновании", *Известия физической культуры*, no.1(1926), c.5. 이틴은 국제 스파르타키아드가 열리지 않는 중간 시기에 소련의 챔피언 타이틀을 놓고 금속노동자, 철도노동자 노조 등 노동계급을 대표하는 단체들의 지역 혹은 전국 스파르타키아드를 제안하였다.

60 Christel Lane, *The Rites of Rulers: Ritual in Industrial Society: The Soviet Case* (Cambridge: Cambridge University Press, 1981), pp.8-11.

61 Н. Знаменский , "Навстречу зрителю", *Спартакиада*, но.3(1928), с.4.

62 Robert Edelman, *Spartak Moscow*, location 1610.

를 내포하고 있는 행사를 위해 디나모를 활용할 필요도 있었지만 스포츠 경기를 통해 얻을 수 있는 일상적 즐거움을 제공하는 공간으로 활용할 필요도 있었던 것이다. 더구나 디나모 경기장 가까이에 콤소몰보다 어린 나이의 청소년들이 주축이 되는 피오네르 소년단을 위한 스포츠 종합단지가 1932년 완성되었기 때문에 이 일대를 4년마다 열리는 국제적 행사를 위한 공간으로만 방치할 수는 없었다. 요컨대 디나모를 중심으로 한 이 공간을 1930년대 신체문화의 이념을 구현하기 위한 중심장소로 만들자는 발상이 힘을 얻을 수 있었다.[63] 인민 대중을 디나모 스타디움으로 쉽게 접근하도록 하기 위한 디나모 지하철역의 건설 또한 이 공간을 4년마다 벌어지는 국제적 행사를 위한 공간 이상으로 활용하겠다는 의지의 표현이었다.

디나모를 중심으로 한 공간조성이 1930년대 신체문화의 이념을 구현하기 위해 실현되었지만 구체적 양상은 1920년대와 동일할 수 없었다. 1930년대에 신체문화의 원론적 의미만을 추구할 수는 없었기 때문에 디나모 같은 스타디움은 다수의 참여를 전제로 하는 매스게임이나 퍼레이드 이외에도 '보는 즐거움'을 제공해야 했다. 승패를 다투는 우수한 기량의 선수들을 보면서 스타디움에 모인 관중은 즐거움을 얻고 싶었다는 의미이다. 디나모 지하철 내부에는 관중의 이러한 욕구에 부합이라도 하려는 듯 운동선수의 뛰어난 기량을 형상화하는 장식물들이 배치되었다. 얕은 부조의 형태를 띠고 있는 이들 장식물들은 신체문화의 원론적 의미에서 강조하였던 집단적 이

63 Mike O'Mahony, *Sport in the USSR: Physical Culture-Visual Culture* (London: Reaktion Books, 2006), p.114.

미지보다는 스포츠의 다양한 종목에서 기량을 보이는 개인을 형상화하고 있다. 허들을 뛰어 넘는 민첩한 이미지의 육상선수, 날렵하면서도 발달한 근육을 가지고 있는 여자 투포환 선수, 우아한 곡선미를 통해 예술적 기량을 뽐내려는 여자 피겨 스케이팅 선수를 이들 이미지는 표현하고 있다.[64]

디나모라는 새로운 공간을 통해 디나모 건설 이전부터 '보는 스포츠'로 가장 인기가 높았던 축구 선수를 볼 수 있는 기회는 늘어났다. 디나모 건설 이전에 모스크바에서 가장 큰 스포츠 공간은 피쉐빅 스타디움이었다. 이름에서 드러나듯이 피쉐빅(пищевик) 스타디움은 식품 노동자조합이 1926년에 건설한 공간으로 15,000명의 관중을 수용할 정도의 규모였다. 노동조합의 지도자 이름을 따라 톰스키 스타디움으로 개명한 피쉐빅 스타디움은 그 정도의 공간이 존재하지 않았던 1926년 이전의 상황과 비교할 때 하나의 축복이었다. 대부분의 축구팀은 이보다 훨씬 작은 규모의 스타디움에서 경기를 치러야 했기 때문이다. 가장 많은 팬을 가지고 있는 축구팀도 외야에 무너져 내릴 듯한 5,000 석을 보유한 경기장에서 시합을 치른 것과 비교해 보면 톰스키 스타디움은 축구 경기를 즐겨하는 관중의 욕구를 어느 정도 해소했다.[65] 수용능력이 더 확대된 디나모 스타디움은 '관람 스포츠'의 즐거움을 확대시켰던 공간이었다.

선수들에게 디나모 스타디움은 보다 많은 관중 앞에서 자신들의

64 Isabel Wünshe, "Homo Sovieticus: The Athletic Motif in the Design of the Dynamo Metro Station", *Studies in the Decorative Arts,* vol.7, no.2(2000), p.80.
65 Edelman, *Serious Fun,* p.48.

기량을 과시한다는 의미 이외에도 선수로서 이전에 누리지 못했던 다양한 특혜를 누리는 공간이었다. 디나모 스타디움 건설 이전에 선수들의 라커룸은 시합 전후에 경기를 준비할 수 있을 정도의 시설을 구비하고 있지 않았다. 운동복을 갖춰 입을 수 있는 공간이라든가 경기 후에 온수로 샤워 할 수 있는 시설이 완비되지 못한 경기장이 대부분이었다. 디나모 스타디움에서 선수들은 이제 온수로 샤워를 할 수 있고 각자에게 제공된 락커를 사용할 수 있었다.[66] 디나모 스타디움이 가지고 있는 이러한 편이성은 디나모를 가장 인기가 높은 팀 간의 경기를 위한 장소로 빈번히 활용하는 이유이기도 하였다.

디나모 스타디움의 완성은 1920년대부터 성장하고 있었던 '관람 스포츠'의 확산에 일정 정도 기여하였다. 스탈린은 1931년 러시아 사회주의연방 신체문화 군(郡), 주, 공화국협의회에서 이러한 공간의 확보가 소비에트의 노동자에게 모든 종류의 "문화적 필요"를 제공하는 필요조건이라고 언급하였다. 즉 "소비에트의 노동자는 모든 종류의 물질적, 문화적 필요"를 확보한 상태에서 살기를 원하는데 "노동자들은 그러한 권리를 가지고 있고 소비에트 권력은 그러한 조건을 제공해야만 한다"는 것이었다.[67]

"문화적 필요"라는 포괄적 용어를 사용했지만 신체문화 협의회라는 특정의 목적을 지닌 회합에서 나온 용어임을 고려할 때 신체문화의 이념을 실현할 수 있는 공간의 확충을 의미한다고 지적할 수 있다. 그런데 디나모와 같은 공간은 인민의 직접적 참여를 통해 신체

66 Ibid.
67 *Физкультактивист*, но.8(1931), с.81.

문화의 이념을 구현하는 공간이기보다는 '관람 스포츠'를 위한 공간의 기능이 강해졌다. 물론 디나모의 출발은 스파르타키아드와 같은 정치적 행사를 통해 소비에트의 국제적 위상을 강화하는 것이었지만 4년마다 열리는 행사만을 위해 다수 인민의 즐거움을 희생할 수는 없었다. 소비에트 지도부는 공식 석상에서 새로운 공간의 창조가 신체문화의 이념을 구현하기 위한 필요한 조건이라고 언급하면서도 그러한 공간에서 인민이 신체문화의 이념을 적극적으로 구현하는 주체로 '탄생'할 수 있는 가능성은 많지 않았다. 관람 스포츠가 확산되어 가는 스포츠문화에서 신체문화의 이념을 구현하자는 구호는 점점 더 공허하게 들렸다. 스타디움이라는 제한적 공간에서긴 하지만 '우리'와 '그들'이라는 사회적 차별을 강하게 느끼게 된 인민도 체제와의 일체성보다는 그것에 대한 작은 저항의 몸짓을 드러내고 있었다.

05 맺음말

스탈린 체제에서 관람 스포츠가 문화의 한 양태로 정착했다고 했을 때 이는 일차적으로 사회주의 체제 출범 초기에 제시되었던 신체문화 원칙의 포기라고 비칠 수도 있었다. 관람 스포츠 문화에서는 성원 전체의 적극적 참여를 통한 의식함양과 신체의 단련을 기대할 수 없기 때문이다. 관람 스포츠 문화를 수용하되 자본주의 체제의 그것과는 구별되는 의미부여가 필요하였다.

스탈린 체제는 신체문화의 원칙에 어긋나는 스포츠 관람문화를 허용함으로써 그러한 새로운 문화형태에 내포된 가능성을 주목하였다. 관중에게 국가권력이 후원하는 스포츠 팀의 승리는 지배체제의 권위를 확인할 수 있는 순간이었다. 국가권력을 상징하는 디나모의 승리는 따라서 단순히 경쟁 팀에 대한 승리만이 아니라 스타디움에서 국가권력의 권위를 확인하는 순간이었다. 또한 관중이 열광하는 스포츠 스타가 체제의 우수성과 가치를 전파하는 모범적인 역할을 수행한다면 그러한 행동으로부터 교화를 받을 수도 있는 것이었다.

관람 스포츠 문화의 형성을 위해 필요한 존재인 스포츠 스타에 대한 차별적인 역할부여는 이런 맥락에서 등장하였다. 자본주의 체제의 스포츠 스타는 개인적인 이득을 극대화하기 위해 움직이는 존재이다. 단순화시키자면 체제의 발전을 위한 기여는 그의 고려 사항이 아니었다. 그렇지만 소비에트 체제에서 스포츠 스타는 보통의 인민을 상회하는 물질적 혜택을 누리는 남다른 존재이기 때문에 체제에 대한 기여를 통해 그러한 혜택을 합리화해야 했다. 생산현장의 스타하노프와 같이 이들 또한 평등의 원칙을 위배한 차별성을 체제에 대한 기여로 해소시켜야 했다. "운동복을 입은 외교관"으로서 이들은 대외적인 경쟁의 장에서 체제의 우수성을 증명함과 동시에 체제의 가치를 전파하여야 하였다. 여기까지 보면 소비에트 체제에서 스타로스틴 형제들과 같은 스포츠 스타들은 체제를 위해 봉사하는 도구와도 같은 존재였고 스포츠 문화 또한 소비에트 체제의 전체주의적 성격을 드러내는 하나의 지표에 불과하였다.[68]

스포츠 스타들의 일상은 그렇지만 체제의 가치에 전적으로 부합하지 않았다. 스타로스틴 형제와 같은 이들은 자신들에게 주어진 특별한 혜택을 보통의 인민이 상상하기 힘든 소비를 위해 이용하였다. 또한 지나친 음주와 도박 등을 벌여 사회주의적 의식을 구현하는 대표 선수로서의 역할을 져버리기도 했다. 물론 이러한 기대를 완수하지 못한 대가로 그들은 혹독한 시련을 스탈린 정권 말기에 받았다.[69] 이러한 탄압은 그들이 전체주의적 통제에 대해 한계가 있긴 했지만 일상의 작은 영역에서 저항했고 국가권력을 상징하는 디나모에 패배의 치욕을 여러 차례 안겨준 결과였다.

관람 스포츠 문화를 소비하는 주체인 관중 또한 국가권력의 통제를 벗어나려는 제한적 가능성을 스타디움에서 보여주었다. 스파르탁과 디나모의 경쟁 구도는 관중 형성을 위한 밑거름이었다. 스탈린 시대의 강력한 국가기구였던 비밀경찰이 후원하는 디나모에 대해 '우리의 팀'이라는 인식을 가능케 했던 스파르탁의 승리는 국가권력의 권위에 대한 스타디움 내부에서의 저항이었다. 스타디움에서 국가권력의 패배를 목격한 관중은 규율을 준수하고 수동적인 집단으로만 머물러 있지 않았다. 입장권 없이 집단의 힘을 활용한 스타디움으로의 입장, 관중석을 이탈하여 경기장으로의 집단적 난입, 국가

68 스포츠를 매개로 소비에트 체제의 전체주의적 성격을 논한 대표적 연구서로는 다음이 있다. Henry W. Morton, *Soviet Sport: Mirrors of Soviet Society* (New York: Collier Books, 1963).

69 1942년 3월 니콜라이는 그의 형제들과 더불어 루뱐카의 비밀경찰의 본부에 수감되어 혹독한 고문을 당했다. 강제노동수용소의 생활을 이겨내고 이들 형제는 1954년에 가서야 모스크바로 돌아왔다. Riordan, "The Strange Story of Nikolai Starostin", pp.684-687.

권력을 상징하는 디나모 선수들에 대한 욕설 등으로 관중은 자신들의 제한적 저항의지를 표현하였다.

스탈린 시대의 관람 스포츠 문화를 생산한 주체로서 국가권력과 스포츠 스타를 일차적으로 거론할 수 있다. 그렇지만 신체문화의 원칙을 이념적으로 고수하는 상태에서 스포츠 스타의 존재는 국가권력의 허용 없이는 불가능했기 때문에 스포츠 관람문화의 궁극적 주체는 국가권력이라고 할 수 있다. 스포츠 관람문화가 형성되는 공간으로서 스타디움의 확보도 국가권력의 의지와 지원이 필수적이었기 때문에 '생성 주체로'서의 국가권력의 역할은 더욱 분명해 진다. 이렇게 형성된 스포츠 관람문화를 '소비하는 주체'로서의 관중은 스타디움이라는 한정된 공간에서였지만 국가권력에 대해 수동적인 집단으로만 머물러 있지 않았다. 일시적인 집단 정체성이라는 한계를 내포하고 있었지만 그들은 그러한 정체성을 기반으로 국가권력에 대한 작은 저항의 몸짓을 보이고 있었다. 스포츠 관람문화는 이런 면에서 스탈린 체제가 일상의 세세한 측면에 이르기까지 전체주의적 통제를 확립하지 못했다는 또 하나의 지표인 것이다.

이글은 「1930년대 러시아 스포츠 관람문화－축구를 중심으로－」『역사와 경계』92(2014.9)를 기초로 수정 보완하여 작성한 것이다.

제2장

1930년대 독일 나치 정부시기의 축구 관람 문화

– 스타디움에서 축구관람문화의 생산과 소비를 중심으로 –

| 박 상 욱 |

박 상 욱

부경대 인문대학 사학과 강사
동의대 연구교수 역임
독일 국립 알렉산더 프리드리히 대학교 석사(역사학, 사회학, 철학)
독일 국립 드레스덴 대학교 박사(역사학)

주요논저
「대중적 역사현상의 이론적 메카니즘」, (2016)
「1930년대 독일 나치정부시기의 축구관람문화」, (2015)
「나치의 대중행사 포스터에 나타나는 프로파간다 이미지 1933-39」, (2015)
「협력과 동원의 사각지대: 제 1차 세계대전의 전쟁 희생자 복지문제」, (2013)

01 머리말

1930년대의 독일은 나치정부의 정권 위임이후 대중적 여가활동과 그 문화에 대한 광범위한 개입과 통제가 이루어진 시기였다. 특히 1933년 대중적 스포츠 여가문화에 대한 나치정부의 개입과 통제는 스포츠 대중문화적인 위상 강화에 부응하여 이전 시대보다 두드러지게 증가하였다. 본 논문에서는 독일의 대중적 여가 문화 중에 중요한 영역이었던 스포츠 관람 문화가 1930년대에 어떠한 변화와 발전을 겪고 있는가를 주로 스타디움이라는 공간에 한정하여 분석하고자 한다. 구체적인 분석의 대상은 축구이다. 축구는 당대 가장 인기 있었던 대중 스포츠 종목 중에 하나였으며, 당대의 나치 정부가 개입을 시도하였던 주요한 대중문화 영역 중에 하나였기 때문이다.

나치 시기 독일 축구에 대한 연구는 아직도 빈틈이 곳곳에 존재하지만, 특히 2005년 닐스 하버만의 연구 발표 이후에 독일 학계에서 논란의 대상이 되었다. 쟁점은 무엇보다도 나치시기 독일축구협회(DFB로 축약)의 역할에 대한 부분으로 좁혀지는데, 특히 DFB의 간부들과 나치권력층의 관계 그리고 이에 대한 DFB 간부들의 의도에 집중되었다.[1] '자율적인 순응', '암묵적인 접근', '전략적인 적응'과

1 Markwart Herzog, "".Eigenwelt" Fu*β*ball: Unterhaltung fü die Massen", in Markwart Herzog, ed, *Fuβball zur Zeit des Nationalsozialismus. Alltag-Medien-Küste-Stars*, (Stuttgart 2008), pp.29-31; Dietrich Schulze-Marmeling, "Von Neuberger bis Zwanziger-Der lange Marsch des DFB", in Peiffer/Schulze-Marmeling, ed.

'계획적인 획일화' 등의 다양한 의견들이 제시되었다.[2] 2005년 이전까지 논쟁의 초점은 주로 이념비판에 집중되어 왔었다. 즉 DFB의 간부들이 나치의 이념적/정치적인 의도에 승복하고 추종한 동기가 이념적인 동질성에 있었는가, 또한 상호간의 차이점은 있었는가에 있었다. 그러나 최근의 연구(주로 2005년 이후)에서는 DFB가 주로 나치에 접근한 이유가 재정적인 이유, 즉 이 단체의 대표들이 나치를 통하여 이익을 얻겠다는 실리적인 태도로 요약될 수 있다. 첫 번째 테제의 주창자(2005년 이전)들은 DFB의 대표자들이 공화국이라는 정부의 형태를 거부하고, 대신 전체주의적인 지배형태를 선호하는 반민주적인 태도를 가지고 있었다고 주장하고 있다. 그 이외에도 이 첫 번째 논의는 축구 대표자들의 민족주의적인 태도에서 "우파진영과 반민주세력에서 대변되었던 것과 동일한 민족공동체 이념이 모든 구성요소들에서 다시 발견된다"고 주장한다.[3] 경제테제를 포인트로 하는 두 번째 테제(2005년 이후)에서는 DFB의 목적이 이념보다는 나치 독일에서 이 '시민적' 단체(DFB)의 유지라는 실리적 차원에 있었다고 주장한다.[4] DFB의 태도에는 단체의 생존을 위한 실용적 입지가 강하게 드러나고 있다는 것이다. 또한 이 기관에서는 어떠한 정치적 이념적인 방향성도 나타나지 않았으며, 반면에 일

Hakenkreuz und rundes Leder, (Goettingen 2008), pp.576-585.

2 Hardy Gruene, *100 Jahre Deutsche Meisterschaft.* Die Geschichte des Fussalls in Deutschland, (Goettingen 2003), p.192.

3 Arthur Heinrich. *Der Deutsche Fuβball-Bund: Eine politische Geschichte,* (Köln 1999) p.62.

4 Nils Havemann, *Fuβball unterm Hakenkreuz: Der DFB zwischen Sport, Politik und Kommerz.* (Frankfurt am Main/New York 2005), p.43.

종의 "정치적, 공동체적인 흐름에 순응하려는 분명한 준비와 능력"을 읽을 수 있다고 주장한다.[5] 그러나 이러한 논쟁에도 불구하고 "비정치적인 스포츠를 정치시스템의 영향에서 벗어나게 하고자 했던" DFB의 시도는 그 자체가 "오류"였음을 증명하는 역사적 사례였다.[6]

그러나 본 연구가 기존의 선행연구와 차별화하여 연구 분석하고자 하는 분야는 여가문화로서의 관람문화라는 관점에서의 접근구도이다. 20세기 초 산업사회와 대중사회라는 특징적 구조로 인하여 여가는 단순한 긴장해소 차원의 활동을 넘어 여가 자체가 재화의 소비를 동반하는 독립된 대중문화 영역으로 발전한다. 왜냐하면 근대적 노동과의 유착 관계가 여가를 일상생활에서 중요한 부분으로 만들었기 때문이다. 이처럼 여가는 근대 인간의 삶과 불가분의 관계를 맺어 왔기에 그것이 갖는 의미에 관한 다각도의 연구가 진행되어 왔다.[7] 이러한 연구 성과를 바탕으로 본 논문에서 여가의 개념은 근대

5 Havemann, Ibid., p.44.

6 Stefan Goch, "FC Schalke 04: Vorzeige fuer aller im Mainstream", in Peiffer/Schulze-Marmeling, ed. *Hakenkreuz und rundes Leder,* (goettingen 2008) p.414.

7 책임연구자 박원용, 『전간기 스포츠 관람의 '공간'과 '소비'』 한국연구재단 공동프로젝트 연구계획서, (부경대 2013년 6월), "여가의 개념과 관련한 보다 세부적 논의로 들어가면 연구자들에 따라 다음과 같은 세 가지 방향성이 감지된다. 우선 그로스(Gross)와 룬드버그(Lundberg) 같은 학자들은 여가를 노동하는 시간 이외의 '자유시간'으로 정의한다. 반면 뒤마제디어(J. Dumazedier)의 경우 자유시간의 활동 가운데서 경제적 목적과 각종 의무로부터 자유로운 활동만을 여가로 간주해야 한다고 주장한다. 한편 맑스주의 학자들은 여가를 '자유의 영역'에 속하는 활동이라고 정의한다. 이것은 칼 마르크스가 삶의 영역을 '필연의 영역'과 '자유의 영역'으로 구분한 분류에 따른 것인데, 이 개념에 따르면 여가가 '자유의 영역'에 속한다. 하지만 자율적 통제가 불가능한 자본주의적 노동과정에서 노동자들은 소외된 노동을 할 수밖에 없으며 자유시간에도 창조적이고 생산적인 여가활동에 참여

적 대중문화의 일환으로써 "생계를 위한 필요성이나 의무에서 벗어나 스스로 만족을 얻고자 자유 시간에 행하는 활동"[8]으로 정의한다. 이러한 여가문화의 근대적 재현형태 중 하나가 관람문화이다. 관람문화는 이미 인류의 역사와 그 뿌리를 같이하고 있다. 인류 역사상 관람문화가 형성되었던 대표적인 사례는 의식과 제례였으며, 이는 이후 연극의 형태로 발전되었다.[9] 종교와 정치에서 의식과 제례 그리고 이후 연극에서 형성되었던 관람문화들은 시대와 환경에 따라

할 수 없다. 따라서 자본주의 사회에서 여가는 소외되어 있으며 자유의 영역에 속하지 않다고 보는 것이 이들의 견해이다.
서구에서 현대적 의미의 여가문화의 형성은 산업사회의 형성에 그 뿌리를 두고 있다. 산업혁명을 거치면서 귀족의 전유물이었던 여가는 부르주아 계급으로 확산되는 경향을 보인다. 뒤마제디어와 로젠과 같은 학자들에 의하면 노동운동과 산업화로 인한 생활수준의 향상으로 노동시간이 단축되면서 노동자에게도 여가 향유의 기회가 차츰 확대되었다. 더 나아가 리즈만(Riseman)은 여가가 빼앗긴 사회적 자유성 대신 개인적 자율성을 추구하고 삶의 의미를 되찾는 원천을 제공할 것이라고 긍정적으로 평가한다. 그러나 여가의 근대화와 대중화 이론에 대한 반론도 존재한다. 브레이버만(Braverman)은 현대사회의 여가가 가지는 상품논리와 향유계층의 소외문제를 비판하였고, 아도르노 역시 여가산업이 자본주의에서의 대중기만의 한 형태에 불과하다고 본다. "아도르노와 호르크하어머는 현대사회에서 여가 역시 노동의 연장이라고 주장한다. 이들의 관심은 여가의 개념을 따로 정의하는데 있다기보다는 소외된 여가를 극복하려는 시도에 있다. 이들은 현대사회의 인간이 노동의 영역에서든 여가의 영역에서든 한결같이 타율성에 내맡겨져 있다고 보면서 여가활동의 상품화와 소외된 여가의 극복을 촉구한다. 이외에도 여가의 개념에 대한 부분은 다음의 서적을 참고: T. Adorno and M. Horkheimer, *Dialectic of Enlightement,* (London: Verso, 1979). Thorstein Veblen, *The Theory of Leisure Class: An Economic Study,* (London, Routledge, 1899); 소스타인 베블런, 『유한계급론』, 서울: 우물이 있는 집, (2012). Chris Rojek, *Capitalism and Leisure Theory,* (London: Tavistock Publication, 1985), pp.18-21. David Riseman, "Leisure and Work in Post-Industrial Society," in Eric Larrabee, ed. *Mass Leisure,* Glencoe: Free Press, 1958. Harry Bravaman, *Labor and Monopoly Capital - The Degradation of Work in Twentieth Century,* Monthly Review Press, (1974); 이한주, 강남훈 옮김, 『노동과 독점자본–20세기 노동의 쇠퇴』, 서울: 까치, 1989.

8 책임연구자 박원용, 『전간기 스포츠 관람의 '공간'과 '소비', Ibid.

9 에드워 월스, 앨빈 골드패르브, 김동욱 역, 『세계 연극사』(한신문화사 2000), p.6.

서 차별화된 특징들을 가졌지만, 공통분모 역시 분명하게 존재하여 왔다. 그것이 이른바 메텍시스 Methexis (μέΘεξις, 共有(Teilhabe), 關與(Teilnahme))[10], 즉 집단 공감대이다. 고대의 제례는 이를 주관하는 제사장뿐만이 아니라 집단 구성원들의 참여와 공동의식 그리고 집단창조, 즉흥적인 퍼포먼스에 기반을 두며, 궁극적으로는 모든 참여자들이 제사의 장소에서 공감대를 형성하였다.[11] 근대의 관람문화는 대중의 출현과 더불어 고대 메텍시스와 같은 직접적인 참여와 활동은 제한되었지만, 그럼에도 불구하고 일체감이라는 메텍시스의 의미는 전승되고 있다. 이러한 맥락에서 본 논문은 나치시기 독일 축구관람문화를 이 메텍시스와 대중문화라는 차원에서 재해석하고자 한다. 근대의 관람문화, 특히 1930년대 독일 축구 관람문화는 관객들의 메텍시스가 분명하게 존재하지만, 시기와 장소 상황에 맞추어 차별화된 표현양상을 가진다고 보는 것이다. 즉 1차 대전 이후의 간전기와 경제공황을 전후한 시대적 상황 그리고 나치의 집권과 관람문화의 정치 도구화, 아마추어 신체문화에서 프로로의 과도기에서 나타난 독일적 문제점 그리고 무엇보다도 독일 축구관객들의 대중 문화적 변화들은 메텍시스와 직결되면서도 근대적인 요소들이 복잡하게 상호작용하며, 관람문화의 새로운 양상을 이끌고 있기 때

10 서양의 지적전통에서 소크라테스는 메텍시스를 에이도스, 즉 '나누어 지님' (Me, qexij))이라는 개념으로 이해한다. Gloy Kares *Einheit und Mannigfaltigkeit,* (Berlin & Newyork, 1981), pp.25-82.

11 이러한 메텍시스의 전통이 서양의 연극에서는 공연주체와 일반 참여자간의 뚜렷한 구분이 형성되는 관람자와 관람문화를 형성하지만, 간접적으로나마 무대 위의 공연 주체들과 일체감을 형성하여 희로애락을 경험한다는 측면에서는 메텍시스의 의미가 전승되고 있는 것이다. Ibid.

문이었다.

이러한 맥락에서 문제제기를 정리하면 다음과 같다. 대중 사회에서 개인의 자유로운 여가시간의 활용이라는 근대적인 여가문화는 독일의 1930년대 나치 정권하에서 일종의 '보이지 않는 규율'과 어떻게 상호작용하고 있었던 것일까? 나치정부의 관람문화 정책은 구체적으로 어떻게 생산되고 연출되었으며, 이는 관람자들에게는 어떠한 영향력을 행사하고 있었을까? 또한 나치정부의 정책적 드라이브에도 불구하고 축구에 대한 대중적 관람문화가 갖는 독자적인 변화와 발전의 모습은 존재하였던 것일까, 즉 축구에 대한 관람자들의 소비는 어떻게 이루어 졌으며, 그 결과는 무엇인가 그리고 마지막으로 이러한 관람문화의 생산과 소비는 메텍시스라는 맥락에서 어떻게 재해석될 수 있는가는 본 논문을 구성하는 주요한 문제제기이다. 이러한 문제제기는 지면적인 한계로 인하여 주로 독일 국내 축구 경기(분쟁지역을 포함)[12]와 '축구 스타디움'이라는 '구체적인 장'에 제한하여 연구 분석 될 것이다.

12 1938년까지는 가우의 수는 변함이 없었다. 그 후에 수가 늘어나기 시작하였는데 예를 들어 엘사스, 오스트리아 주데텐란드의 독일 편입이 이루어지면서 부터였다.

02 스타디움에서의 관람문화 생산

1930년대 축구는 대중들에게 인기가 있었다. 매주 주말마다 수많은 관객들이 축구장으로 몰려 왔고, 라디오에서는 스타디움에서 벌어졌던 상황이 세세히 중계되었다. 그 대중적 성격 덕분에 축구는 나치 프로파간다의 대상영역으로서 선정되었다. 축구장을 찾는 관람객들은 "정기적이고, 돈도 별로 안들며, 정부 정책의 최고 청취자"가 될 수 있는 프로파간다의 모든 전제를 충족시켰기 때문이었다.[13] 히틀러는 축구가 국민통합을 위한 도구로 유용할 뿐만이 아니라, 독일민족의 능력을 전방위로 과시할 수 있는 프로파간다 수단이라는 점을 인정하고, 재빠르게 인식을 전환하였다.[14]

1933년 나치의 집권과 함께 동반되었던 전 사회의 '획일화' 과정은 축구 분야에서도 적용되었다. 축구를 매개로하여 프로파간다를

13 Stefan Goch, "Aufstieg der Konsumgesellschaft - Niedergang der Milieus? Viele Fragen", in Michael Prinz ed. Der lange Weg in den Überfluss. Anfänge und Entwicklung der Konsumgesellschaft seit der Vormoderne, (Paderborn 2003), p.426.

14 초창기 히틀러는 개인적으로는 수입된 경기문화였던 축구에 큰 관심이 없었으며, 따라서 축구를 통하여 독일 정체성 형성을 위한 프로파간다를 실행하는 것에 대하여 특별한 기대를 하지는 않았었다. 이러한 축구에 대한 일종의 선입관은 히틀러의 인식전환 이후에도 지속되었던 것으로 보인다. 왜냐하면 히틀러는 개인적으로 축구가 영국에서 수입된 것에 대하여 불만이었고, 1936년의 베를린 올림픽까지 축구 경기를 거의 관람하지 않았던 것으로 전해졌다. 그러나 히틀러가 관람했던 첫 공식 축구 경기였던 베를린 올림픽에서 우연치 않게도 독일이 패배하게 되면서, 히틀러는 축구에 대한 관심을 더욱 상실하였던 것으로 보인다. Michael John, "Donaufussall und Ostmarkpolitik; Fussallstile und nationale Identitaeten", in Peiffer/Schulze-Marmeling, ed. *Hakenkreuz und rundes Leder,* (Goettingen 2008) p.210.

구현할 때 가장 매력적인 부분은 관객들의 감성적인 면을 자극하여 거부감을 최소화하면서 나치가 원하는 국가 정책과 이미지를 국민들에게 선전할 수 있기 때문이었다. 스포츠 선전에서 자주 활용되는 집단 정체성은 국민들을 설득하고, 동의를 구하는데 용이하다. 왜냐하면 스포츠와 같은 경기 문화는 하나의 민족에 잠재되어 있는 정체성을 활성화하여 국민들의 분열을 방지하고, 통합을 촉진할 수 있는 적절한 도구로 작용하기 때문이다.[15] 특히 축구는 단순히 건강을 위한 '운동'의 차원이 아니라, 개별 지역이나 민족 혹은 집단 간의 '승부 차원'에서의 '경기'이기 때문에 선수뿐만이 아니라 관객들의 치열한 감정이입을 수반하였다. 특히 1930년대 스타디움에서의 스포츠 관람은 관객들이 경기에 직접적인 참여가 없었다고 하더라도, 현장에서 생산되었던 다양한 대중적 행사들, 즉 의식과 제의, 담화문과 연설, 축사, 그리고 스타숭배를 통하여 집단적인 환각상태에 가까운 고대의 메텍시스적 효과를 극대화 할 수 있었던 전형적인 스포츠문화였다.

나치가 공동체 전반의 다양한 조직들을 장악해나가는데 주로 활용하였던 수단은 인적 쇄신과 다양한 형태의 비상조치들이었는데 축구 역시 예외는 아니었다. 1933년 4월 28일 나치돌격대(SA)출신의 한스 폰 짜머 운트 오스텐(Hans von Tschammer und Osten: 짜머로 약칭)이 제국 스포츠 관구장으로 임명되면서, 축구에서 역시 조직

15 Katharina Wuetinger, *Sport als Medium der Politik. Die Instrumentalisierung des (Medien)Sports zu Zwecken der politischen (Selbst)Darstellung am Beispiel der Olympischen Spiele, unter besonderer Berueksichtigung der Olympiade 1936*, (Wien 1998), p.36.

장악을 위한 나치 '획일화 과정(Gleichschaltung)'이 시작되었다.[16]

이 축구의 획일화 과정에서 나치 정부의 중심축은 제국내무부에 직속으로 되어 있던 이른바 '전문 관청(Fachamt)'과 '지도자 원칙(Führerprinzip)'이었다. 지도자 원칙에 따라 스포츠 분야에서는 제국스포츠지도자 짜머의 통솔 하에 각 분야 마다 수많은 '스포츠 전문 관청'들이 조직되었고, 축구 역시 이와 같은 형태로 '축구 전문 관청(Fussball Fachamt)'이라는 일종의 통합적인 공조직이 신설되었다.[17] 그 결과 이전까지 독일 축구의 비교적 자유로운 연방적 조직체계가 지도자 원칙과 '축구 전문 관청'이라는 정부 조직을 축으로 중앙집권화 되었다.

'축구 전문 관청'이 주로 나치의 축구정책을 기획하고 관리하는

16 독일 스포츠 상위 기구였던 독일제국 체육위원회 (Deutscher Reichsausschuss für Leibesübungen: DRA로 축약)는 짜머의 임명 이전에 이미 충성선서를 해놓은 상황이었다. Heinrich, Fuβballbund, p. 122. DRA의 비정기 집회에서 에드문트 노이엔도르프(독일체조연맹 회장 Deutsche Turnerschaft: DT로 축약), 펠릭스 리네만(DFB 회장) 그리고 하인리히 파울리(독일조정협회 회장 Deutsche Ruderverbands: DRB)로 축약의 3명으로 구성된 사업위원회가 정부와 DRA의 미래를 협상할 임무를 가지고 창립되었다. Peiffer/Schulze-Marmeling, Chronologie, S. 31. 결국 이 위원회는 1933년 5월 초에 주요 스포츠 대표들과의 회동 후에 DRA의 해체를 선언하였다. 짜머는 임시로 스포츠 기구들을 15개의 분과협회를 가진 제국상위기구로 통합하였고, 축구는 크리켓과 럭비를 포함하여 독일축구협회(Deutscher Fussball-Verband: DFV로 약칭)라는 분과기구로 공식 명명되었으나 실제로 DFB의 존재는 유지되었다. Hajo Bernett, *Der Weg des Sports in die nationalsozialistische Diktatur. Die Entstehung des Deutschen (Nationalsozialistischen) Reichsbundes für Leibesübungen,* (Schorndorf 1983), p.15.

17 1933년에 다양한 스포츠 분야에 이른바 "전문 지주"제도가 도입되었다. DFB는 국가적인 차원에서 소위 "축구 전문 지주"의 역할을 마게 되었다. 1934년 '전문 지주'의 명칭이 '전문 관청'으로 변경되었다. 체육 분야가 '전문 관청 1'이었고, 축구는 '전문 관청 2'의 담당으로 정해졌다. 이 '전문 관청 2'가 이른바 '축구 전문 관청'으로 통칭되었다. Deutscher Fuβball-Bund, ed. *100 Jahre DFB-Die Geschichte des Deutschen Fuβball-Bundes.* (Berlin 1999), pp.141-144.

기구라면, 이를 수행하는 실질적인 기구는 독일축구연맹(DFB로 약칭)이었다. 특히 나치는 축구의 국제적인 확대를 발판으로 새로운 권력 집단으로서 국제적인 고립을 극복하고, 단계적으로 외교적 영역에서의 입지를 마련하고자 했다.[18] 국가 간 경기의 조직과 실행, 각각의 국가대표 선발을 위한 국제적인 기준과 절차는 DFB의 영역이었으므로 나치는 DFB의 도움이 필요했다.[19] 또한 당시 축구 경기의 특성상 나치 정부는 1936년에 열리는 올림픽 경기 준비를 위하여 경험이 풍부한 조직과 전문가의 도움이 필요한 상황이었기 때문이다.

따라서 DFB는 다른 스포츠 기관이나 조직들에 비해 나치 획일화에서 부정적 측면이 최소화되었으며, 오히려 유리한 고지를 확보 할 수 있었다.[20] 우선 DFB는 오랜 난제였던 프로축구선수 허가문제를 유리한 방향으로 해결 할 수 있었으며, 두 번째로는 사회민주 계열의 "노동자 체육 스포츠 연맹(Arbeiter-Turn- und Sportbund: ATSB로 축소)"과 공산주의 노동 운동 계열의 "붉은 스포츠 통합을 위한 투쟁공동체"(KG)와 같은 국제적인 경쟁 기구들의 해체로 인한 반사이익을 확보 할 수 있었다.

18 Heinrich, *Fuβballbund,* p.135.

19 DFB는 오랫동안 국가 간 경기 운영에 대한 축적된 경험과 유럽 축구 구단들의 정보 및 연락에 대한 네트워크가 이미 형성되어 있었다. 물론 여기에는 나치가 자신의 입장에서 어느 정도 정치적인 의미가 있었던 DFB 선수들의 경기를 모든 수단을 동원하여 정치도구화하려고 했는지 여부는 분명치 않다. 닐스 하버만에 따르면, DFB는 나치집권이전까지 상대를 선택 할 때 정치외교적인 영향보다는 재정적인 성과가 보다 중요한 기준이 되었다. Havemann, *Hakenkreuz,* p.139.

20 Havemann, *Hakenkreuz,* S. 114.

이러한 유리한 고지를 바탕으로 '제국 축구 분과위원장'으로 임명된 리네만(Linnemann)은 조직 내부를 인적 구조적으로 개조하여 갔다. 리네만은 바이마르 시기부터 유래되었던 연방적 구조를 제거하고, 대형 직할 지점들을 바탕으로 강력한 중앙집권화를 이루어갔다.[21] 결국 축구 경기 체제가 나치식의 지역행정구조(가우지역행정)를 근간으로 하는 가우리그로 변환되는 주춧돌이 마련되었다. 축구 환경의 인위적 변화는 나치가 축구를 정치도구화하기 위한 대표적인 사전 포석이었다. 이러한 경기운영방식의 변화는 독일 축구 경기에 모두 통용되어 적용되었지만, 특히 독일 국내 경기였던 짜머포칼과 마이스터샤프트 그리고 히틀러 포칼[22]의 경기 진행에서 일반적인 관행이 되었다. 이러한 스포츠 기구 특히 축구협회의 중앙집권화 및 가우리그 운영방식의 새로운 질서[23]는 독일 클럽축구의 관람문화에 큰 변화를 가져왔다.

여기서 주목하여야 할 나치시기 축구 관람문화의 변화에는 다음

21 이러한 DFV의 중앙집권화에 대항하였던 기구는 유일하게 수상스포츠협회(Wassersportverein: WSV로 축약)였다. 이러한 대체상태가 해결된 것은 이 WSV가 해산되면서였다. 이 지역 연맹들은 16개로 분할된 스포츠 지역분과를 지휘하고 이 분과는 다시 소단위 행정지역의 상위기구로서 체계를 갖추어 나갔다. 이를 통해 실제로는 DFB의 리네만에 의하여 축구에 관한 모든 사항들이 결정되었다. Ibid., pp.117-126.

22 히틀러 포칼은 이전 까지 '연방포칼(Bundespokal)'로 명명되어 전승되었던 연방 차원의 지역 경합 축구경기를 히틀러의 수상취임 이후에 임시적으로 명칭을 바꾸었다. Hardy Grüne, *Matthias Weinrich, Deutsche Pokalgeschichte. Enzyklopädie des deutschen Ligafußballs*, Band 6, Sportverlag (Kassel 2001): pp.7-9.

23 그들 조직의 존재는 유지되었으나, 즉 DFV에 소속된 축구클럽들이 적어도 형식적으로는 해체되지는 않았으나, 어느 정도의 실질적인 획일화과정을 감수하여야 했다. Havemann, *Hakenkreuz*, p.130.

과 같은 중요한 특징들이 담겨있다. 특히 행사의 시작과 끝 그리고 특별한 정부의 이벤트를 위한 다양한 제의와 제식, 기념행위, 참석한 관람객들의 공동행위 및 유명정치인의 담화문 낭독 및 전파과정, 합창과 찬가였다.

가장 전형적인 사례는 1933년 8월 6일 뮌헨의 그륀발더의 경기장에서 개최되었던 '히틀러 포칼'의 결승전이었다. 왜냐하면 바로 이 히틀러 포칼이 나치 집권이후 처음으로 전 독일 연방 차원에서 개최되었던 대규모의 축구행사였고, 그래서 나치 입장에서는 이 경기 자체가 축구프로파간다의 주요한 전제를 형성하였기 때문이었다. 더구나 당시 독일을 둘러싼 국내외적 상황 때문에 스타디움에서의 메텍시스 재현을 위한 조건은 이미 조성되어 있었다고 볼 수 있다.[24]

이 경기의 결승전에서 베를린 및 브란덴부르크 지역의 선발팀과 바이에른 지역의 선발팀이 어웨이와 홈 경기의 방식으로 진행되었으며, 베를린에서 열렸던 결승전 첫 번째 경기가 2 대 2로 무승부였다. 결국 바이에른 팀의 홈인 뮌헨에서의 두 번째 경기가 대회의 우승자가 가려지는 실질적인 결정전이었다. 따라서 선전 효과에 대한 나치 정부의 기대감과 경기에 대한 관객들의 관심 역시 최고로 고조

24 특히 1933년 8월을 전후한 독일의 국내외 상황은 이미 주지하고 있듯이 나치가 몰고 왔던 전체주의적인 변혁의 소용돌이 속에 있었다. 8월 첫째 날 전쟁에 반대하여 시위하던 공산주의자들이 베를린에서 전격 체포되었으며, 2일에는 나치 돌격대가 쾨니히스베르크에서 "동방의 울림"이라는 잡지를 운영하던 공산당(KPD)조직을 검거하였고, 이와 연루된 50여명의 공산당(KPD)당원들이 체포되었다. 브뤼셀에서는 7월 말에 끝난 국제노조연맹 회의의 결과로 8월 3일에 반파시스트를 주창하였다. 뉘른베르크에서는 유대인들의 공중목욕탕의 사용이 공식 금지되는 상황이 발생했다. Hardy Grüne, Matthias Weinrich, *Deutsche Pokalgeschichte*, pp.9-10.

되었던 상황이었다.

이 뮌헨의 경기에서 고대 메텍시스와 유사한 관람문화가 나치에 의하여 생산되고 연출되었다. '뮌헨 최신 뉴스'라는 신문에서는 이 경기를 다음과 같이 보도하고 있다. "새로운 제국에서 스포츠 행사들은 암울한 전후 시기 국민이 분열되었던 과거와는 다른 의미를 갖는다. 대중들이 도처에서 '새 독일의 경례'를 하며 기뻐하고 열광하였으며, 이와 함께 호르스트 베셀 가요를 극도로 경건하게 합창하였다."[25] 이러한 "합창"은 결국 "위대한 독일 민족공동체에 대한 공감대이며 모든 독일인들에게 불가결한 공동의 선(Gemeingut)이다"라고 적고 있다. 물론 나치 지향적 성격을 강하게 가지고 있었던 이 신문 기사 내용을 모두 사실로 믿을 수는 없다.[26] 얼마나 관객들이 이른바 '새 독일의 경례'와 '호르스트 베셀' 가요에 대하여 실재로 기뻐하고 열광하였는지 알 수 없다는 것이다. 그러나 분명한 점은 '새 독일 경례'와 '호르스트 베셀 가요' 합창과 같이 모든 관객과 선수, 임원들에게 종용되는 새로운 형태의 관람문화가 창출되었다는 사실이다. 또한 이러한 새로운 형태의 관람문화는 최소한 경기를 지켜보았던 스타디움의 관객들에게 집단적인 행동에 직접적인 호응과

25 "Bayern - Sieger im Hitler Pokal", Muenchner Neueste Nachrichten, 7. 8. 1933.

26 이 신문은 바이에른 지역의 주요 신문 가운데 하나였다. 특히 나치 돌격대 지도자였던 에른스트 룀 (Ernst Röhm NSDAP, 1887-1934)이 바이에른의 수석비서관이 되고도 출판과 인쇄에 관심을 가지고 통제하고 있는 상태였다. 그의 자리에는 룀의 의도를 잘 알고 있던 에른스트 호헨스타터(Ernst Hohenstatter 1883-1954)가 대신했다. Peter Langer, "Paul Reusch und die Gleichschaltung der "Münchner Neuesten Nachrichten" 1933" in Vierteljahrshefte für Zeitgeschichte Heft 2, (2005), p.203

동참을 요구하였고, 이를 통하여 관객들은 집단에 대한 공감대와 동질감을 경험 할 수 있는 환경과 기회가 조성되었다는 점이 주목되어야 한다.[27]

이러한 공감대와 동질감의 수단이 나치의 민족공동체였다. 민족공동체라는 이념은 관객들에게 집단적인 일체감을 정당화할 수 있는 매개체였다. 새로운 관람문화의 생산자였던 나치와 그 소비자였던 관객은 축구를 통하여 그 역할을 분담하고 있으며, 동시에 이러한 분담은 의식과 행사의 진행에 따라 집단적인 일체감의 환경과 조건을 형성하고 있다는 의미에서 메텍시스의 시대적 재현으로 볼 수 있다.

물론 이러한 새로운 형태의 관람문화는 다양한 형태로 체계화되고, 진화하며 생산되었다. 이를 정리하여 보면 다음과 같다. 축구 관람문화는 이미 경기장 이전부터 시작되었다. 왜냐하면 지역 및 전국 차원의 수많은 축구경기와 대회의 특별한 개최명이나 그 결정자는 나치 정치가였기 때문이었다. 예를 들어 히틀러 포칼의 정식 명칭은 아돌프 히틀러 포칼이었으며, 히틀러의 성과 이름에 따라 지어진 것과 짜머 포칼 역시 스포츠 지도자였던 짜머의 이름을 따라서 명명된 것이 이 대표적인 예이다.[28] 주요한 경기의 횃불 주자의 행렬이 이어

27 이는 마치 우리가 어떤 행사에서 태극기에 대한 예의를 갖추고 애국가를 합창할 때 느끼는 감정과 유사 할 것으로 추측된다.

28 Walter M. Iber, Harald Knoll, Alexander Fritz, "Der steirische Fuβball und seine Traditionsvereine in der NS-Zeit 1938–45. Schlaglichter auf erste Forschungsergebnisse", in David Forster, Jakob Rosenberg, Georg Spitaler ed. Fuβball unterm Hakenkreuz in der 'Ostmark', (Göttingen 2014), pp.186-200, ein Forschungsbericht, in: Johannes Gieβauf, Walter M. Iber, Harald Knoll ed. *Fuβball, Macht und Diktatur: Streiflichter*

지는 것 역시 자주 있는 일이었다. 주요 행사의 전날 저녁에는 경기장에 봉화되는 횃불이 각각의 전달 장소마다 중계되며 설치되었고, 이는 분위기를 더욱 고조시켰다.[29] 경기가 있는 날 스타디움에 관중들이 모이고, 유명 지역정치인들이 관람객들의 환영을 받으며 명예석에 착석하면, 나치의 관람문화는 본격적으로 시작되었다.[30] 베를린에서 열리는 경기에서는 대규모의 행사가 준비되었고 제국 지도부의 괴벨을 비롯한 다른 구성원들은 관객들로부터 환호 받도록 계획되었다. 그 이외에 각 가우지구의 화려한 경기장에서는 지역의 나치 지도자들이 이러한 제국지도부의 역할을 대신하였다. 곧이어 이 지역 유명 정치인들의 담화문 발표 및 이에 대한 지지선언이 이어졌다. 관객들 역시 제식의 수행에 답례하며 참여하였다. 이 제식행위는 관중들의 하켄크로이츠 나치 깃발에 대한 기립으로 시작되었다. 이어서 관중들은 기립한 상태로 한 손을 들고 하는 '독일식 경례'(이른바 히틀러 경례: Deutsche Gruss)를 하였다.[31] 특히 국제경기가 시작되기 전에 독일국가인 호르스트 베셀이 불려졌다. 그리고 짧은 시간에 히틀러 유겐트, SS 또는 SA의 합주단군악대 등이 관중 앞에서 퍼레이드와 공연을 진행하였다. 이 공연이 절정에 도달하였을 때는 관중들은 구호와 합창을 통하여 합주와 퍼레이드에 빠져든다.

auf den Stand der historischen Forschung, (Innsbruck, Wien 2014), pp.333-355.

29 "Eine grossse Kundgebung der Fussballer", *Der Kicker* 14(1933), "Aufmarsch der Zehntausends", 17.06.1934.

30 Hardy Grünes, *100 Jahre Deutsche Meisterschaft Gebundene Ausgabe,* (Goettingen 2003), p.188.

31 Rudolf Oswald, *Fußball-Volksgemeinschaft. Ideologie, Politik und Fanatismus im deutschen Fussball 1919-1964,* (Frankfurt, New York 2008) pp.137-139.

경기 시작 직전에 심판진을 포함한 축구 선수들과 관객 및 심판관들도 '독일식 경례'를 하도록 요청되었다.[32] 특별한 경우에는 이러한 의식을 반복하기 위해서 경기가 중단되기도 하였다. 1933년 5월 28일의 "슐라게터 기념일(Schlageter)" 또는 1934년부터 "영웅기념일(Heldengedenktag)"이 대표적이다.[33] 1933년 독일 축구 선수권 대회(마이스터샤프트)부터는 협회간부 요셉 클라인의 발의 하에 관객들은 바이마르 시기의 스포츠 인사였던 "스포츠 안녕"을 정치 성격이 명백한 "신성 승리"라는 구호의 삼창으로 대체하였다.[34] 동시에 관중들의 주목을 집중시키는 정치적인 성격의 성명서가 발표되거나, 정치 이벤트들이 경기에 앞서 개최되었다. 축구경기 때문에 모여들었던 대중들은 최상의 프로파간다(성명서 발표를 위한) 대상이었기 때문이다.

특히 주목할 만한 사례는 프랑스에 점령된 자알란드를 되찾기 위한 프로파간다 행렬이었다.[35] 1933년과 34년에 나치정부는 축구의 높은 대중적 인기를 이러한 분쟁지역을 되찾기 위한 정치적 투쟁의 수단으로 이용하였다. 매년 독일제국으로부터 한 팀을 구성하고 자알랜드에서 다른 한 팀을 구성하여 경기의 파트너가 구성되었다. 이 과정에서 항상 프로파간다의 전형적인 제식과 상징이 구현되었는

32 Ibid.

33 Ibid.

34 나치 임원 요셉 클라인 (Josef Klein)의 발의로 스포츠 안녕이라는 인사를 신성 승리로 대체하였다. 이는 다분히 정치적인 의도가 드러난 변화였다. Grüne, Meisterschaft, p.202.

35 Oswald, *Fußball-Volksgemeinschaft,* p.139.

데, 대표적인 것이 나치 하켄크로이츠가 곁들여진 인플레이션 차트와 '독일식 경례'를 실행하고, "독일은 자르" 또는 "바덴바일러 행진곡"과 같은 노래를 합창하게 하는 것이었다.[36] 깃발, 연설, 지도자에게 외쳤던 (나치가 외쳤던 축복의 환성으로서) "신성 승리" 그리고 공동으로 가요 열창 ("호르스트 베셀 가요", "독일은 자르이다", "바덴바일러 행진곡")등과 함께 이 행사의 관객들은 집단적으로 이 분쟁지역의 독일 복귀선언에 동참하였다. 비슷한 형태로 동프로이센, 슐레지엔, 북부 보헤미안과 오스트리아 팀들과의 대전에서도 역시 정치적인 성명서들이 삽입되었다.[37]

경기장에서의 이러한 정치적인 연출의 최고봉은 "월동구호단을 위한 독일 축구의 희생일"이었다.[38] 축구경기가 나치의 복지정책을 위한 도구로도 활용되었던 것이다. 심지어는 월동구호를 위한 친선경기에서 경기의 규정 및 일정들은 월동구호단의 복지 일정에 맞추어졌다. 이러한 정치적인 친선경기의 개최는 관객동원을 위하여 매년 대부분의 경우 종교적인 '참회 및 기도일 (Buss- und Betttag)'에 맞추어 이루어졌다. 연설과 성가가 관객들에게 국민통합의 감정을 야기하도록 기획되었다. 여기에 유명한 선수들과 당 고위급들도(괴링과 괴벨) 동원되어 관중들과 함께 섞여 월동구호를 위하여 저금통

36 Ibid.

37 Grüne, *Meisterschaft,* p.203.

38 이러한 아이디어는 당시 DFB 회장이었던 리네만 펠릭스에게서 나왔다. Hubert Dwertmann, "Sportler-Funktionäre-Beteiligte am Massenmord: das Beispiel des DFB-Präsidenten Felix Linnemann", in *Sport Zeiten* 5. Nr.1, Die Werkstatt, (Göttingen 2005), pp.123-134.

이나 지갑의 동전을 헌금하였으며, 이렇게 경기장은 나치 민족공동체 체험의 장이 되었다. 실제로 이런 형식의 자선행위 연출은 피부로 느낄만한 민족공동체의 감동을 일깨우는 것이었다.[39]

경기의 최종라운드에서 지역의 나치 고위직 또는 정당관료들이 정치적 동기를 가진 발언을 하고 마지막 경기에서는 주로 트로피 수여를 맡았다.[40] 이를 통하여 정당 지도부와 국민 간에는 일종의 '형상적인 공동체'가 구성되는데, 이는 "운동에 필요한 전형적인 경기 제식들을 수단으로 스타디움이라는 공적인 공간을 (정치적으로)강화"하기 위해 원래부터 계획되어진 구성요소였다.[41] 비록 나치가 민족공동체에서 대중연출을 목적으로 그들의 아이디어를 실천할 때, 이미 1920년대 체육과 스포츠 조합들이 사용했던 스타일의 소재들을 소급하여 활용하였지만, 이러한 연출의 메커니즘을 나치는 축구와 같이 관중들이 많은 경기에서 주로 활용하였다.[42]

스타디움이라는 대중적 공간의 정치화는 이 시기 축구의 구조적인 변화에서 비롯되었다. 즉 나치 획일화 과정을 통하여 축구 행정과 경기 운영방식에서도 적지 않은 변화를 가져왔기 때문이었다. 특히 주목하여야 할 부분은 "제국전반을 통합적으로 구조화한 리그 피라미드"인 이른바 '가우리그'의 등장이었다.[43] 이를 구현하는 과정

39 Ibid.

40 Oswald, *Fuβball-Volksgemeinschaft,* p.138.

41 Ibid., p.137.

42 Ibid., pp.141-145.

43 원래 독일 전 지역을 대상으로 하는 제국리그 도입이 예정되어 있었으나 관철되지 못하였다. 이 새로운 형태의 컨셉은 16개의 나치행정 구획인 가우(Gau)라는 말을 따서 이른바 '가우 리그'로 칭해졌는데, 각 '가우리그'마다 10개의 클럽이 소속되

에서 리그 기획자들은 기존의 전통적인 유대관계와 지역의 여건들을 무시하였기 때문에 해당 지역 클럽들의 항의와 문제제기가 쏟아졌지만, 이는 전혀 고려되지 않았다.[44] 결국 가우리그 제도가 도입되면서 이루어진 일종의 선별과정을 통하여 이른바 일등급으로 선별되었던 클럽의 수는 이전에 비하여 급격하게 줄어드는 분명한 변화가 나타났다.[45] 특히 독일 마이스터샤프트의 결승전에는 리그와 토너먼트를 혼합하는 새로운 방식이 도입되면서 관중들의 비상한 관심이 집중되었다[46] 이에 대한 많은 비판들이 있었지만 공식적으로는 나치의 관점에서 새로운 선발방식의 긍정적적인 효과만이 홍보되고 공개되었다. 초창기에 기대심리를 자극하여 인기 경기들이 생겨났고, 이는 관람객들의 가파른 증가세로 이어졌다. 관람자들의 입장에서는 이 새로운 경기방식 덕분에 매우 박진감 있는 경기 흐름을 기대하여 볼 수 있었기 때문이었다.

그러나 나치가 이렇게 인기 클럽들의 경기를 통하여 군중을 동원하는 궁극적인 목적은 프로파간다의 장을 마련하기 위함이었다. 대표적인 사례가 바로 '독일제국 짜머 포칼'이었다. 이른바 '짜머 포칼'은 오직 중립지역에서만 결승전이 개최되는 특별한 대회였다.[47] 이

는 것을 골자로 하였다. Grüne, *Meisterschaft,* p.200.

44 Grüne, *Meisterschaft,* p.201.

45 이 각 구장마다 2개 또는 3개의 클럽들이 있는데, 이들 중 하나의 클럽만이 가우리그의 자리를 얻을 수 있기 때문이었다. Oswald, *Fuβball-Volksgemeinschaft,* p. 149.

46 우선 16가우의 승자들은 다시 4개의 집단으로 배분된다. 여기서 상호 경기를 통하여 4개 집단의 승자가 가려진다. 이후에 중립적인 장소에서 준결승이 치루어 지는 방식이었다. Grüne, *Meisterschaft,* p.203.

47 이러한 축구경기의 중립지역 개최(연고지가 아닌 제3지역) 덕분에 극성팬들의 분

러한 클럽 열광주의의 해소장치는 이전의 고질적인 지역 간 갈등구도를 일신하는 새로운 관람문화의 기반을 마련하였지만, 이는 갈등구도의 해소 자체가 목적이라기보다는 정치적인 연출을 위한 장애요인을 제거하고 환경을 마련하기 위한 부산물이었다. 왜냐하면 '짜머 포칼'은 1935년부터 나치가 프로파간다를 스타디움에서 공식적으로 실행시키고자 하는 의도에서 도입하였기 때문이다. 나치의 이러한 의도는 독일제국 축구대회의 이름에 제국스포츠 지도자 짜머의 이름이 붙여진데서 알 수 있다. 그 명칭뿐만이 아니라 대회의 진행의식과 경기방식 그리고 경기 개최지까지 이미 프로파간다적인 포석이 깔려 있었기 때문이었다.

03 관람문화의 소비: 관객

이 시기 나치가 주도권을 가지고 관람문화를 생산하고 있었던 하나의 축이라면, 관람문화의 또 다른 축은 바로 생산되어졌던 관람문화를 소비하는 관객이었다. 따라서 나치가 생산하였던 관람문화의 성공여부는 당연히 관객들에게 절반 이상의 비중이 달려있다. 최고로 연출되고 준비된 관람문화라고 하더라도 관객들의 반응이 없다면 무용지물이나 마찬가지이기 때문이다. 나치가 생산하였던

산 효과를 볼 수 있어서, 관람객들 간의 폭력행위가 명백하게 감소되었다. Oswald, *Fuβball-Volksgemeinschaft*, pp.275-282

정치적 관람문화에 대한 관객들의 관심과 반응은 한마디로 냉담했다.

1933년 8월 6일 집권 이후 최초의 전국 대회 히틀러 포칼의 결승전이었던 뮌헨의 경기는 이미 관객들의 관심도 하향에 대한 전조를 보이고 있었다. 전장에서 언급하였듯이 이 경기는 나치가 집권한 후에 처음 열렸던 독일 연방 축구의 결승전으로 나치와 관객 모두에게 기대가 컸던 경기였다. 그럼에도 불구하고 이 축구경기 관객의 수는 3만으로 이미 감소추세였다.[48] 이는 6만 여명의 관객을 수용 할 수 있는 스타디움 규모로 보면 절반 정도에 불과한 수치였다. 더구나 5월 1일 노동자의 날에 불의 사고로 희생되었던 광산 희생자를 추모하는 의미로 마련되었던 '노동의 희생(Opfer der Arbeit)'[49]이라는 히틀러의 성명서를 추종하고 선전하기 위한 관객 동원이라는 맥락에서 본다면, 순수하게 경기에 관심을 가졌던 관객의 수는 보다 적었다고 볼 수 있다. 더구나 지역의 클럽축구와 비교하여 볼 때 이 히틀러 포칼은 클럽보다는 큰 규모의 지역 대표의 성격을 갖고 있어서 클럽축구보다는 관객들의 관심과 동원도가 높았음에도 불구하고, 실제 참가 관객들의 수는 실망스러운 수치로 볼 수 있다. 결국 정치적인 선전과 대중적 행사가 우선적이었던 이 축구 경기의 관람문화 성격이 소비자였던 관객들의 관심을 감소시켰을 것으로 볼 수 있다.

48 Deutscher Fuβball-Bund, *100 Jahre DFB*, pp.24-25.

49 이 성명서는 노동자의 날 전날 저녁 일곱 명의 광부가 작업도중 사고를 당한 사건을 계기로 당시 제국 수상이었던 히틀러가 노동자 및 그 가족들의 복지를 목적으로 하는 재단 생성을 선언하는 목적으로 만들어졌다. Der Reichskanzler Adolf Hitler, *Aufruf zur "Stiftung für die Opfer der Arbeit", den 4. Mai 1933 Berlin.*

나치가 주도하였던 축구관람에 대한 관객들의 이러한 냉담한 반응은 독일 각 지역의 클럽 축구경기에서 보다 분명하게 나타났다. 특히 나치가 생산하였던 다양한 제식과 기념행사가 축구 관람문화에서 차지하는 빈도수와 비중에 비례하여 관객들의 반응은 더욱 냉담하게 나타났다. 이러한 냉담한 반응은 지역 클럽경기에서 더욱 심화되었다. 유명 포칼 대회가 아닌 경우, 특히 지역의 정치적인 목적을 위한 경기, 그리고 복지 행사를 위한 자선 경기나 또는 각종 지역 종교 및 스포츠축제를 빙자한 프로파간다의 시연이 있는 경우, 더구나 유명 팀과 스타 선수들이 부재한 경기는 관객들로부터 철저하게 외면당하였다.

이러한 경기의 공통분모는 지역 고유의 정치적 목적, 즉 시장 선거를 위한 후보자들의 유세 또는 지역 정가의 지역 홍보나 선전을 위한 축구 시합이었다.[50] 특히 시도 단체장들은 자신들의 정치적 이해관계에 따라 축구 경기를 이용하는 경우가 많았다. 마이스터 축제, 클럽파티 또는 스포츠 대표 팀의 환영경기에는 항상 나치의 유명인들이 조직 구성원들과 임원들로서 자리를 함께 하였다. 프란켄의 율리우스 스트라이허[51], 작센의 마틴 무츠만[52]과 같이 나치의 가우 지

50 스포츠 조직에게 경기장 또는 봉급의 문제에 대해서 국가는 더 이상 중요한 협상 파트너가 아니었고, 지역정부와 공동체가 실재로 그 주역이었다. 그래서 제3제국에서 신체문화는 이 영역에서 정당의 역할이 많지 않았다. Oswald, *Fußball-Volksgemeinschaft,* p.151.

51 Magnus Reitschuster, "Unser Julius. Liturgische Farce.", in. Junge & Sohn, (Erlangen 1997), pp.105-168.

52 Mike Schmeitzner, *Der Fall Mutschmann - Sachsens Gauleiter vor Stalins Tribun',* (Beucha 2011), p.152.

도자들이 대표적인 경우이며, 하일브론에서의 리차드 드라우츠[53]와 같은 NSDAP의 크라이스 지도자들, 그 이외에도 프랑크푸르트 시장 크렙스[54]와 같은 관료들은 그들에게 환경이 주어지면 스포츠를 적극적으로 이용하였고, 특히 인기 있는 축구대회를 이용하였다.[55] 이런 정치적인 경기가 스타급 선수들이 없이 무명 팀들 간의 대전으로 개최 된 경우에 관객석의 공석률은 더욱 높아졌다.

지역의 정치적 이해관계에 따른 축구 연출에 대한 관객들의 반감은 1936년 프랑크푸르트에서 적극적으로 표출되었다. 나치 집권의 덕으로 시장이 되었던 지역 정치가 프랑크푸르트의 시장 크렙스(Krebs)는 나치의 정책에 적극 협조하는 지역의 정치가였다.[56] 그는 같은 해 5월 16일 영국의 유명팀 FC 에버턴(Everton)과의 친선경기를 주도하였다.[57] 영국의 최고 축구 명문 팀이었던 에버튼은 독일에 초청되어 여러 팀들과의 경기가 예정되어 있었고, 이는 관객들의 관심을 자극하기에 충분하였다. 더구나 프랑크푸르트 이전의 독일 원

53 Susanne Schlösser, "The Heilbronner NSDAP and its Leaders," Heilbronnica 2, 2003, p.317.

54 Dieter Rebentisch, "Frankfurt am Main in der Weimarer Republik und im Dritten Reich 1918-1945" in, Frankfurter Historische Kommission, ed, *Frankfurt am Main. Die Geschichte der Stadt in neun Beiträgen,* (Sigmaringen 1991), p.48.

55 바이마르 공화국 시대와는 다르게 1933년부터 지역정책과 축구의 관계는 완전히 새로운 양상을 나타냈다. 예외를 제외한다면, 모든 바이마르의 공동체의 회장, 시의원 그리고 시장들은 스포츠 특히 축구에 의도적으로 거리를 두고 있었다. 참여는 최대한 절제되었다. 경기장 헌당식에서 시장은 지역이 스스로 건설주일 경우에만 인사를 하였다. Oswald, *Fuβball-Volksgemeinschaft,* pp.152-153.

56 크렙스는 출세 성향과 국수주의적 경향이 강한 프랑크푸르트 지역의 나치 정치가였다. Havemann, *Fuβball unterm Hakenkreuz,* pp.146-148.

57 엘버턴 팀은 독일 가우리그의 우승팀과의 경기를 위하여 독일에 방문하였다. Dieter Rebentisch, *Frankfurt 1918-1945,* pp.34-37.

정경기에서 에버튼은 SV 뒤스부르크에게 4:1로 패배하였다.[58] 프랑크푸르트 관객들의 승리에 대한 기대감이 높아져 있었던 상황이었다. 더구나 친선 경기의 상대팀은 당시 제국 트레이너였던 오토 네르츠가 이끌던 독일 올림픽 선수들이었다. 시장의 목적은 경기 자체가 아니라, 지역 홍보와 이를 통하여 그 이득을 정치적으로 활용하는 데 있었다. 프랑크푸르트를 독일의 수공업자의 도시로 홍보하고, 동시에 프랑크푸르트를 독일의 중심가도로 만들겠다는 것이었다.[59] 이에 부응하여 경기의 환경이 만들어지고, 프로파간다가 연출되었다. 또한 괴테하우스, 공항, 제국고속도로와 같은 다양한 관람 및 견학프로그램이 조직되어졌다. 시장은 선수단 환영식을 프랑크푸르트 역사관광명소인 '로마인들의 옛 군주의 방'에서 마련하였다. 이 환영식에는 영국 외교관과 지역 정치인들이 초대되었다. 더구나 영국 선수들은 "프랑크푸르트의 독일 인명서"에까지 이름이 등재되는 진풍경이 벌어졌다.

초청된 영국의 프로팀과 독일 올림픽 대표 팀의 유명세로 인하여 관중들이 기대 이상으로 모여들었다.[60] 그러나 경기에서는 문제가 발생했다. 독일 선발팀이 수세에 몰리면서 관객들 간에 불만이 확산되었다. 문제가 된 부분은 독일 팀 부상선수에 대한 대체 선수 없이 경기가 진행되었던 상황이었다. 당시 DFB와 영국 팀과의 사전조율

58 British and Irish Clubs - Overseas Tours 1890-1939, www. rsssf. com/ tablesb/brit-ier-tours-prewwii.html.

59 Dieter Rebentisch, *Frankfurt 1918-1945,* pp.37-38.

60 그럼에도 불구하고 8500명 정도였으며, 이는 프랑크푸르트 경기장의 수용능력의 단지 20%에 불과하였다. Oswald, *Fuβball-Volksgemeinschaft,* pp.194-199.

에서 경기 중에 부상선수를 대체하지 않는다는 원칙이 합의되었으나, 이는 관객들에게는 전달되지 않았다.[61] 관객들의 입장에서 독일 대표 팀이 수세에 몰리는 상황에서 부상선수를 교체하지 않는 부분에 대한 항의를 하는 것은 당연한 일이었다.

관객들의 불만이 급기야 독일 대표 팀 선수선발에 대한 항의로 이어지면서 경기 도중에 중대한 문제가 발생하였다. 선수를 선발하였던 제국 트레이너 오토 네르츠(Otto Nerz)에 대하여 관객들이 직접적으로 야유하는 상황이 발생했던 것이다. 이에 대해 오토 네르츠가 관객들을 향하여 "손가락으로 머리를 가리키는" 모욕적인 제스처를 취함으로써 문제가 더욱 악화되었다.[62] 결국 이는 제국 트레이너와 관객사이의 폭력사태로 발전하였다.[63] 크렙스는 프랑크푸르트의 스포츠 관청과 협력하여 최악의 사태를 방지하려고 노력하였다. 그러나 제국 전문 관청 (축구분야)은 이 사태를 좌시하지 않았다. 5월 16일의 사건에 대한 반응에서 리네만은 다음과 같이 의견을 피력하였다. "격정적인 탈선행위는 별로 좋지 않은 인상을 주었으며" 따라서 프랑크푸르트의 관중들은 "심한 실망감을 주었다는 것"이다.[64] 그래

61 Nils Havemann, *Hakenkreuz,* p.323.

62 Ibid. 323-324.

63 Buschmann, Jürgen, ed. *Sepp Herberger und Otto Nerz : die Chefdenker und ihre Theorien ; ihre Diplomarbeiten* / Carl-und-Liselott-Diem-Archiv der Deutschen Sporthochschule Köln, (Kassel 2003), pp.78-89.

64 오토 네르츠는 나치 돌격대 대원이면서 축구의 정치도구화에 앞장섰던 인물이기도 했다. 그래서 관객들의 항의와 폭력행위는 제국 전문 관청에서 볼 때 당연히 관객들의 문제였다. Gerhard Fischer, *Ulrich Lindner, Stürmer für Hitler. Vom Zusammenspiel zwischen Fu ß ball und Nationalsozialismus.* Verlag die Werkstatt, (Göttingen 2002), p.83.

서 프랑크푸르트가 이러한 사고 때문에 중요한 축구경기의 개최 리스트에서 배제되는 징계가 결정되었다.[65] 정치 도구화된 경기에 대한 관객들의 적극적인 항의와 문제제기가 결국 관객들의 축구관람에 대한 불이익을 초래한 사례였다. 이러한 프랑크푸르트의 사례는 빙산의 일각에 불과했다. 지역정가의 축구 관람문화 소비에 대한 이런 식의 무지는 다른 지역에서도 나타났던 일반적인 현상이었다.[66]

월동구호단[67]을 위한 자선 경기나 월동구호단 행사가 우선적으로 선행되는 경기에서 역시 관객들의 소비는 저조했다. 특히 월동구호단의 행사가 이루어지는 가을 시즌 역시 관객들의 급속한 감소를 가져왔다. 예를 들어 1934년 가을 드레스덴과 켐니츠의 도시간의 축구경기가 개최되었지만 거의 입장객이 없었다.[68] 이러한 현상은 마치

65 1938년 4월이 되어서야 비로소 제국 전문 관청은 프랑크푸르트에 대규모의 축구 행사를 배분하였다. Ibid.

66 오픈바하에서는 1933년 7월 기부를 위한 하나의 스포츠행사가 개최되었는데, 여기서 팔린 입장권은 단지 539장에 불과하였다. 동시에 오픈바하 키커(Offenbach Kicker)와 아인트락흐트 프랑크푸르트(Eintracht Frankfurt)와의 홈경기에는 대략 7000명의 관객들이 찾아왔다. Ibid. p.199.

67 1933년 독일의 국민경제는 미국 경제공황의 여파로 급속히 악화되어 근본적인 대책이 필요한 상황이었다. 특히 빈민 구호와 부양은 나치 정부가 해결해야 할 최우선적인 현안이었다. 나치 신정부의 입장에서는 민심이반을 막기 위하여 문제의 근본적인 해결은 차치하고라도 빈민 구호와 부양에 대한 응급처방이 시급한 상황이었다. 바로 이러한 취지에서 고안 되었던 나치정부의 구호기관이 월동구호단(Winterhilfswerk)이었다. 참고 박상욱, 「나치의 대중행사 포스터에 나타나는 프로파간다 이미지 1933-39: - 월동구호단의 아인토프 포스터와 독일 중북부 지역의 사례를 중심으로 -」 『역사와 경계』 94(2015), pp.155-157. 원래 월동구호단의 조직은 새 정부의 수장이었던 히틀러의 직접적인 의뢰로 시작되었는데, 히틀러 역시 매 해 가을에 월동구호단의 개최시마다 연설을 통하여 직접 관장할 정도로 이 기관에 대한 관심과 기대감이 컸다. 새롭게 시작되는 나치정부의 대중적인 인지도 확보와 사회복지 현안에 대한 문제대처능력의 과시가 중요한 동기로 작용한 것으로 보인다. "Rede Hitlers zur Eroeffnung des Winterhilfswerks", *13. 9. 1933. ed Fueher Rede zum Winterhilfswerk 1933-1936*, p.3.

매년 반복되는 타성적 의식과도 같았다. 라이프지히 최신 뉴스(Leipziger Neuesten Nachrichten)이라는 신문에서 역시 이러한 문제점의 원인을 다음과 같이 지적하였다. 1934년의 기사에 따르면 "박람회 도시민(라이프지히)들이 자신의 또는 다른 축구 대표 팀에 대하여 더 이상 (관람할) 의욕이 없었다."[69]는 것이다. 하나우(Hanau)라는 금속가공 도시에서 제3제국 첫 해에 열렸던 자선경기 역시 거의 관객들이 오지 않았다.[70] 이듬해인 1934년 11월 겨우 800명의 관객들만이 하나우 도시 선수단과 후세대 선수단과의 월동구호단 기금 마련을 위한 경기에 입장하였으며, 1937년의 월동구호단 기금마련 경기에서는 1000장의 입장권만이 팔려 나갔다.[71] 블레스라우(Bleslau)지역에서 지역 정치인들이 주관하는 나치 월동구호단에서 1934년 10월 슐레지엔과의 경기를 개최하였다. 그런데 이 경기의 참가 팀과 선수들은 대중들에게 거의 알려지지 않은 무명의 팀이었으며 스타급의 선수들도 없었다. 그 결과 3만 명의 관객들을 수용 할 수 있는 경기장에 불과 3천명의 관객들이 모이는 초라한 성과로 나타났다.[72] 하일브론(Heilbron) 지역에서 역시 마찬가지였다. 1934년 나치의 월동구호단을 위한 경기에서 시민들은 호응하지 않았다. 그러나 실질적인 주최자였던 나치의 지역 정가에서도 이러한 경험을

68 "Sport und Winterhilfe" *Leipzig neuesten Nachrichten* 22. 11. 1934.

69 그러나 이 도시의 두 개의 전통적인 유명클럽 시합에서는 3배 이상의 관객들을 동원하였다. Ibid.

70 "Winterhilfe-Spiel in Hanau", *Hanauer Anzeiger* 19. 11. 1934.

71 "Schoener Kampf mit gerechten Ausgang" *Hanauer Anzeiger* 18. 11. 1937

72 "Schlesien Fussballsieg", *Schleisien Zeitung* 15. 10. 1934.

교훈으로 받아들이지 못했다. 1938년 월동구호단 경기에서 이전과 비슷한 선수단을 선발하였기 때문이다.[73] 당연히 이 경기에 대하여 시민들은 무관심하였다. 경기장의 관람석은 거의가 공석이었다.

독일의 국경의 경계지역이나 인접지역을 통합하기 위한 행사로서 축구가 활용되는 경우도 다반사였다. 1933년 가을 브레스라우의 "독일 부활절의 스포츠 축제"에서 슐레지엔과 작센의 경기가 열렸는데, 이 경기를 위하여 짜머는 베를린에서 이 시를 직접 방문하여 연설까지 하였다.[74] 경기에는 대략 40000명의 관객들이 관람하였다. 그러나 대부분의 관객들은 나치의 통합 국가 기관의 회원들이었다. 그리고 회원으로서 이들은 "인접해 있는 국경지역"과의 "독일 민족 공동체"의 "밀착성"을 증명하기 위하여 의무적으로 소집된 관중들이었다.[75] 이렇게 동원된 인원들을 제외한다면 실질적으로 경기 자체를 관람하기 위하여 온 관람객은 소수에 불과하였다.

축구 스타디움에서의 관객들의 외면이 가장 절정에 이른 곳은 작센이었다. 작센의 축구팬들은 정치적인 의도가 있거나 프로파간다를 목적으로 개최되었던 지역의 축구관람에 상대적으로 강한 거부감을 가지고 있었던 것으로 보인다. 1933년과 무츠만 포칼의 결승전에서 역시 거의 반 이상의 관중석이 공석이었다.[76] 무츠만 포칼은 프

73 Hardy Grüne, *Enzyklopädie des deutschen Ligafu ß balls 1. Vom Kronprinzen bis zur Bundesliga 1890 bis 1963.* Agon-Sportverlag, (Kassel 1996), pp.57-88.

74 G. Ka ß mann u. G. Pfefferkorn, ed. *Sportfest des Deutschen Ostens in Breslau vom 29. September bis 1. Oktober 1933,* (Breslau, 1933), p.21.

75 Ibid.

76 "Endspiel um den Mutschmann-Pokal", Leipziger Neueste Nachrichten 21.12. 1933.

로파간다와 정치적 색채가 농후한 축구대회였기 때문에 축구팬들의 관심을 많이 받지 못했다. 1934년 4월 작센의 가우지도자 무츠만(Mutschmann)이 주최하고 환영사를 했던 작센과 자르지역 간의 친선 축구경기에서 관중석은 거의 공석의 상황이었다.[77] 자르지역은 프랑스와 영토분쟁지역으로 나치가 각별한 관심을 가지고 있었던 지역이었다.[78] 그러나 이 지역 시민들은 영토분쟁보다는 스타급 유명선수들의 경기 출전 유무에 관심이 많았다. 그나마도 대부분의 참가 관객들은 지역 드레스덴 축구 클럽의 회원으로서 경기에서 발표될 성명에의 참가를 의무적으로 강요받았다.[79]

1934년 11월 라이프지히 클럽들 간의 경기에서는 80% 이상이 공석이었다.[80] 이유는 이 박람회 도시의 전체 유명 정치인들이 모두 출현하였기 때문이었다. 이 당시 지역 정치인들의 출현은 길고 지루한 연설이나 담화문 발표나 또는 선거 홍보를 의미하였기 때문이었다. 1935년 10월 드레스덴에서 벌어졌던 주데텐란드(Sudetenland) 지역 대표와의 경기에서는 무츠만은 관중석의 90%가 공석인 상황에서 환영사를 해야만 했다.[81] 1938년 11월에 작센과 주데텐란드와의 축

77 Mike Schmeitzner, *Der Fall Mutschmann - Sachsens Gauleiter vor Stalins Tribunal'*, (Beucha 2011), pp.152-162.

78 Martin Mutschmann, *Markante Worte aus den Reden des Gauleiter und Reichsstatthalter PG. : Aus d. Zeiten d. Kampfes um d. Macht bis zur Vollendg d. Grossdt. Reiches,* (Dresden 1939). pp.34-35.

79 Dirk Bitzer, *Bernd Wilting, Stürmen für Deutschland. Die Geschichte des deutschen Fuβballs von 1933 bis 1954.* (Campus Verlag, 2003), pp.23-27.

80 Ibid.

81 주데텐란드는 당시의 체코슬로바키아 지역으로 나치정부가 독일제국으로 편입을 시도하고 있는 지역이었다. Martin Mutschmann, *Markante Worte,* pp.35-36.

구경기에서 켐니츠의 경기장은 4분의 3이 비워져 있었다. 이 경기는 지역 나치당(NSDAP)이 현지에서 주최하였고 연출하였다.[82] 이와 견주어 볼 때 관람객들의 흥미를 끌었던 경기는 유명한 구츠무츠 드레스덴(Guts Muts Dresden) 클럽의 가우리그 경기들이었는데 15000명의 팬들이 집결하였으며, 1등급 클럽이었던 라이프지히 더비(Derby) 경기에서는 항상 10000명 이상의 관중들이 몰려들었다.[83]

만하임에서는 1939년에는 1월 초에는 VfR 만하임과 1938년에 독일로 병합되어진 쥐데텐가우의 선발팀과의 경기에서 대규모의 환영회를 마련했음에도 불구하고 500명의 관객들만 경기구경을 왔다.[84]

이러한 관중들의 냉담한 반응은 "짜머 포칼"과 같은 '제국 차원'의 정치적인 축구대회에서 역시 마찬가지였다. 관객들의 축구관심은 나치가 원하는 대로 동원되는 것이 아니었다. 1935년 기획되어진 '제국 차원' 경기의 기본적인 의도는 지역을 초월하여 통합을 일구어 내자는데 있었지만, 실제로는 지역 관람객들의 관람 동기만 상실하게 했을 뿐이었다.[85] 특히 문제가 되었던 부분은 이 경기의 운영체계였던 '싱글 엘리미네이션 토너먼트' 시스템이었다. 이 체제에서는 한 번의 패배로 유명한 클럽이나 고향의 축구클럽이 탈락할 수 있었

82 뮌헨 협정으로 이 지역은 독일에 합병되었다. 따라서 이 경기는 합병을 기념하는 정치적 의미의 성격이 강해서 관객들의 호응을 얻지 못했다. Ralf Gebel, *"Heim ins Reich!" Konrad Henlein und der Reichsgau Sudetenland (1938 - 1945).* (Bonn, Univ. Diss. 1997), pp.63-89.

83 Oswald, *Fußball-Volksgemeinschaft,* p.196.

84 95%의 관중석이 공석이었다. Hardy Grüne, *Enzyklopädie,* pp.92-93.

85 Hardy Grüne, Matthias Weinrich, *Deutsche Pokalgeschichte,* pp.15-25.

기 때문에 관객들의 관람동기에 부정적인 영향을 발휘했다. 제국스포츠 지도자 짜머가 그의 이름을 따서 만든 경연의 승리의식이 거의 빈 관중석 앞에서 이루어지는 경우도 다반사였다. 1937년 짜머 포칼의 결승전에서 샬케04와 작센 가우리그의 중간 성적을 유지하던 VfB 라이프지히가 경기를 펼쳤는데, 이 경기 관람을 위한 특별기차가 조직 되었음에도 불구하고 베를린의 올림피아 경기장의 관객석이 단지 3분의 2만 채워졌다.[86]

오랜 시간 동안 나치의 프로파간다적인 연출은 관람문화에 새로운 정치적 관계들을 생산하였다. 그러나 무엇이 월동구호단과 같은 정치행사의 삽입이 과연 관객들의 불만을 달래고, 공감과 호응을 이끌어 낼 수 있는가에 대한 반성과 성찰이 필요했다. 유명클럽과 선수들이 등장하였던 인기 있는 마이스터샤프트 경기에서는 악천후나 어떠한 장애에서도 관객동원에 아무런 문제가 되지 못했던 사례를 고찰하면 그 해결책은 더욱 명백하여진다. 결국 관객동원을 위해서는 경기의 질을 향상시키는 방안이 마련되어야 했다. 나치의 지역정치계에서 이러한 문제점은 대개의 경우 1930년대 말에 가서야 해결의 방향을 잡았다.[87]

86 Ibid.

87 바덴주의 수도에서 1939년 6월 시장 프리볼린은 처음으로 적지 않은 수자인 7000명의 관객들 앞에서 축사를 할 수 있었다. 그 이유는 이탈리아의 최고 클럽 라지오 롬(Lazio Rom)이 초청팀이었기 때문이었다. 이탈리아와 체코의 최고선수단들은 동일한 해에 프랑크푸르트 시장에게도 보다 많은 관객을 동원 할 수 있게 하였다. 축구스포츠가 점차 더 많이 대중동원 능력들을 갖추면서, 아주 광범위한 대중의 수요에 지역의 행사들이 맞추어졌다. 1943년 초에 프랑크푸르트에서는 "라이 마인 상"이 주로 거의 독자적으로 우승후보들로만 구성된 경기로 이루어졌다. 1942년과 1943년 "프랑크푸르트 스포츠주간"이라는 잡지에는 아인트락흐트 프랑크

04 맺음말

1933년 독일의 축구에는 나치의 '획일화'를 통하여 이전과는 다른 새로운 관람문화의 바탕이 마련되었다. 축구 관람문화의 변화는 나치 정부의 민족통합을 위한 정치선전에 기인하는 것이었다. 이를 위하여 다양한 제의와 의식 및 행사들이 기획되고 구현됨으로써 스타디움은 전체주의적 정치성향을 내포한 새로운 관람문화의 요람이 되었다.

이러한 정치도구화는 적어도 표면적으로는 민족공동체를 관람객들이 직접 참여하고 체험하게 함으로써 독일 민족의 통합과 단결을 공고히 하겠다는 의도를 표방하였다. 관람객들의 입장에서는 이전(바이마르 시기)과 비교하여 다양한 의식과 제의, 담화가 포함된 행사를 통하여 경기의 한 부분으로 직접참여하고 체험 할 수 있는 더 많은 기회가 제공되었다.[88]

"성스러운 동맹이 맺어지게 되는데, 이 동맹에서는 아주 단시간에

푸르트와 오펜바하 킥커와 쾰른 VfR 1899와 같은 유명클럽들의 경기들이 화제로 올랐다. 브레스라우에서는 결국 1943/44년에 스타급 선수들로 구성된 선수단 때문에 각 경기와 시범경기 역시 관객들의 관심이 집중되었다. Oswald, *Fuβball-Volksgemeinschaft*, pp.200-201.

88 Wahl Alfred, *Fussball und Nation in Frankreich und Deutschland, Etienne François, Hannes Siegrist, Jakob Vogel, Nation und Emotion: Deutschland und Frankreich im Vergleich 19. und 20. Jahrhundert Bensheimer Hefte Kritische Studien zur Geschichtswissenschaft,* (Goettingen 1995), p. 13. 19세기 후반의 민족공동체 철학의 핵심사상은 개인의 공동사회화를 수단으로 사회적 갈등을 지양하는 것이 취지였으나, 제3제국에서는 구체적으로 체험하여 볼 수 있는 현실이 되었다. Hans U Thamer, Nationalsozialismus, (Stuttgart 2002), p.225.

문화적 차이와 계층 간의 갈등이 사라지며, 동시에 일종의 동일한 문화와 원만한 공동체가 만들어진다."[89]는 알프레드 발의 표현처럼 나치에 의해 생산되었던 관람문화는 민족통합적인 요소를 가지고 있었다.

이는 지도부와 국민간의 '집단기억' 확인과정이며, 소위 '상상 공동체'가 만들어지는 과정이었다. 이는 관객들에게 이러한 제식행위에 직접 참여하게 함으로써 소위 '민족공동체'라는 집단적인 일체감을 가지도록 의도되었다. 이러한 집단적인 공감대를 통하여 궁극적으로는 일종의 정치적 환각상태를 야기하고자 하였다는 맥락에서 나치에 의하여 생산된 관람문화는 고대 메텍시스의 동시대적 재현이었다. 축구경기장에서 나치의 이러한 정치적인 제식행위는 근대 민족국가의 시민적 스포츠 행사에서는 보기 드문 관람문화의 생산이었다.

그러나 나치가 생산하였던 이 축구 관람문화는 명백한 한계를 드러냈다. 소비자였던 관객들에게 나치의 관람문화는 점차 "정당경기"라고 불리며 외면당하였다.[90] 왜냐하면 거의 매주 주말마다 개최되었던 수많은 국내 축구제전들이 축구경기의 질보다는 나치 정부의 프로파간다가 보다 중요한 목표였기 때문이었다. 그 결과 히틀러

89 Wahl Alfred, *Fussball und Nation in Frankreich und Deutschland, Etienne François, Hannes Siegrist, Jakob Vogel, Nation und Emotion: Deutschland und Frankreich im Vergleich 19. und 20. Jahrhundert Bensheimer Hefte Kritische Studien zur Geschichtswissenschaft,* (Goettingen 1995), p.350.

90 다른 경기도 마찬가지지만 특히 짜머포칼은 관객들에게 외면당하였다. 베를린 올림픽 스타디움에서 정치선전과 함께 나치 전당 대회기간에 이루어졌던 짜머포칼의 결승전은 한 번도 모든 입장권이 매진된 적이 없었다. Hardy Grüne, Matthias Weinrich, *Deutsche Pokalgeschichte,* p.173.

의 집권 초반기였던 1933년부터 축구 관객 수가 현저히 감소하기 시작하였다. 축구 자체보다는 축구의 정치화 내지는 프로파간다 성향에 대한 관객들의 반발이었다.

축구관객들은 민족공동체 이념이나 복지기금 마련행사로 위장되었던 정치적 제식행위보다 스타디움의 메인 이벤트였던 축구경기 자체에 보다 큰 관심이 있었다. 대중문화의 소비자였던 관객들의 주목을 끌기 위해서는 축구경기 자체의 대중문화적인 요소, 즉 유명클럽의 경기의 질, 재미, 긴장감 그리고 대중적인 선호도가 강한 인기선수들의 참여가 기본적이면서도 필수적인 전제였다. 유명 선수들이 이 행사에 동참하지 않는다거나, 우승후보 구단들이 경기에 참여하지 않는 경우에는 관객들의 관심도가 급감했으며, 이는 곧바로 스타디움의 관객 수 감소로 직결되었다. 또한 이러한 관객들의 반응은 전체주의적인 관람문화를 생산하였던 나치의 입장에서도 전적으로 강제하거나 통제 할 수 없었던 자체의 고유한 운동양식이었다. 유명 축구클럽과 인기 운동선수의 뛰어난 능력에 대한 대중들의 호응도 등은 정치적 유용성이나 효율성만으로는 제어 할 수 없는 관객중심의 대중문화였던 것이다. 고대와는 다르게 나치 시기의 축구 소비자였던 관객들은 고대 메텍시스의 중심축에서 탈피하여 관람문화를 소비하는 새로운 권력으로 등장하였다.

이글은 「1930년대 독일 나치 정부시기의 축구 관람 문화－스타디움에서 축구관람문화의 생산과 소비를 중심으로－」『역사와 경계』95(2015.6)를 기초로 수정 보완하여 작성한 것이다.

제3장

영국 근대축구의 사회 · 문화적 역할과 1928년 웸블리(Wembley) 민족 대항전

|정영주|

부산대학교 역사교육학과 강사
영국 워릭 대학교 역사학 박사(영국사 전공)

주요논저
「영국 이주정착민들의 상호 인종주의: 2005년 버밍엄 소요사태」, (2015)
「보이지 않는 국경만들기?-존 메이저 정권의 난민법」, (2013)
「1960년대 영국의 사회복지제도-이주민의 꿀단지?」, (2013)
『디아스포라와 혼종성』, (역서 2014)

01 머리말

전간기 영국에서 스포츠는 도박, 음주, 영화 관람, 하이킹, 정원 가꾸기, 낱말 맞추기, 아마추어 연극 공연 및 관람, 난교(亂交) 등과 함께 레저의 중요한 일부였다.[1] 당시 스포츠는 이미 글로벌 자본주의 경제의 교두보 역할을 하던 다국적 기업의 후원을 받고 있었다. 또한 점점 발전해 가던 정보통신망에 힘입어 유사한 정보통신 인프라를 구축하고 있던 국가들은 서로 간에 경기내용을 방송하거나 경기결과를 동시에 공유하였다. 영국의 경우 1923년 처음으로 라디오 방송이 시작되었고, 전간기 동안 신문 구독률과 영화 관람이 급증하면서 많은 사람들이 경기장에서 직접 스포츠를 관람할 뿐 아니라 라디오 방송과 더불어 영화관에서 상영하는 뉴스릴, 신문, 잡지 등을 통해 스포츠 중계를 듣고 관련 소식을 접했다. 전문가들이 쓴 스포츠 기사를 읽는 사람들의 수도 전례 없이 늘어났다.[2] 스포츠는 일반대중들이 여가를 즐기는 방법이 된 라디오 청취, 영화 관람, 글을 읽는

1 R. Snape and H. Pussard, "Theorisations of leisure in inter-war Britain," *Leisure Studies* 32. 1(2013), p.14.

2 1930년대 후반 영국 주요 일간지의 판매 부수는 약 1천5십만 부, 그리고 스포츠를 비롯한 문화면을 강조한 일요일 신문들의 경우 1천3백6십만 부 정도였다: M. Huggins, "Projecting the visual: British newsreels, soccer and popular culture 1918-39," *The International Journal of the History of Sport 24*. 1(2007), p. 80. BBC(British Broadcasting Corporation. 영국 국영방송: 이하 'BBC') 라디오는 럭비와 크리켓에서부터 경마, 축구, 자동차경주 등 다양한 종목의 스포츠 경기를 다루었다. 중계방송의 횟수는, M. Huggins, "BBC Radio and Sport 1922-39," *Contemporary British History* 21. 4(Dec. 2007), p.498을 참조할 것.

행위와 접목되면서 그들의 삶 속에 더 깊이 파고들었다.

이렇듯 전간기에는 스포츠에 대한 대중의 관심을 채울 수 있는 수단이 다양해졌다. 그러나 이런 수단들은 대중들이 의식하지 못하는 사이에 그들을 스포츠에 노출시키는 결과를 가져왔다. 특히 기업의 입장에서 스포츠는 자신의 제품과 기업 이미지를 홍보하고 각인시킬 수 있는 중요한 수단이었다. 이들은 한 경기당 몇 만의 관중이 경기장에 모이고, 약 9백만에 달하는 청취자들이 라디오를 듣고, 매주 약 2천여만명의 영화 관객이 뉴스릴을 통해 스포츠 소식을 접한다는 사실을 간과할 수 없었다.[3] 광고주인 기업과 그들의 재정 지원을 필요로 하는 방송매체 간의 관계가 결국에는 매체를 통해 전파되는 스포츠 종목과 노출 정도를 결정할 수 있었다는 점도 중요하다.

스포츠 경기가 진행되는 경기장은 관중들이 인식하는 것보다 훨씬 더 복잡한 의미를 담고 있는 공간이었다. 예를 들어, 축구 경기장은 자본주의 사회의 사회 · 경제적 위계질서가 여과 없이 반영된 곳이었다. 경기장은 시합이 열리는 물리적인 공간이었지만, 경기장 주변에 빼곡히 들어찬 광고판은 기업들의 마케팅 전쟁터이며, 관중들도 모종의 특권과 입장권을 구매하기 위해 지불한 돈에 따라 앉는 좌석이 정해졌다. 또한 스포츠 해설위원과 방송진행자, 신문기자들의 공간도 무시할 수 없었다. 영국의 경우, 중요한 경기는 관중들이 영국 국가를 부르며 그 자리에 참석한 왕과 여왕에게 경기를 바치는 의식을 치르는 것으로 시작했다. 이렇듯 스포츠 경기는 경기장이라

3 Huggins, "Projecting the visual," pp.80-102.

는 공간뿐 아니라 그 공간을 채우는 모든 요소들이 사실상 전간기 영국의 경제와 사회 그리고 문화가 응집된 실체였던 것이다.[4]

스포츠 연구가 사회학과 역사학에서 차지하는 위치에 대한 논쟁이 계속되는 가운데[5], 최근에는 스포츠를 계급, 젠더, 인종 및 디아스포라와 연관시키는 연구가 늘고 있다.[6] 그러나 스포츠 연구에서 민족 정체성에 대한 문제를 배제할 수 없다. 무어하우스(H.F. Moorhouse)의 지적처럼 '4개의 민족으로 구성된 하나의 정치체제'인 영국에서 스포츠는 각 민족의 정체성과 고유의 사회 · 문화가 표출되는 통로

4 FA(Football Association)컵 대회가 진행되는 동안 경기장에서 진행되는 행사와 경기 그리고 그 외 모든 관련사항들은 J. Hill, "Cocks, cats, caps and cups: A semiotic approach to sport and national identity," *Culture, Sport, Society: Cultures, Commerce, Media, Politics* 2. 2(1999), pp.1-21을 참조할 것.

5 서구에서는 스포츠와 스포츠 역사에 대한 연구가 비교적 활발하게 진행되어 왔다. 스포츠 역사 연구의 필요성에 대해 다양한 비판이 없었던 것은 아니다. 워드(P. Ward)는 스포츠 역사 연구가 계급 및 정체성 연구에 기여한 점을 인정하면서도 이를 레저 역사 연구의 '하위 분야'가 아닌 하나의 '독립적인 분야'로 보는 데에는 완강히 반대했다. 맥다올(M. McDowell)은 워드의 주장에 일부 동의했으나 좀 더 넓은 문화적 맥락에서 스포츠를 바라보아야 하며 스포츠 역사 연구가 주류 역사 담론의 한 중요한 부분을 차지하고 있음을 강조했다. 스포츠 역사와 관련해서는 영국에서 발간되는 5개의 주요 학술지(*Sport in History, Journal of Sport History, Sport in Society, Sporting Traditions, The International Journal of the History of Sport*)가 있으며, 그 외 이른바 주류 학술지인 *Journal of Contemporary History* (2003: 'Sport and Politics'), *The London Journal* (2009: 'Sport in London'), *Media History* (Vol.17, No.2: 'Sport and the Media in Ireland'), *Journal of Historical Sociology* (2011: 'Sports and History')에서 스포츠 역사를 주제로 특집호를 발간했다. 워드의 견해는 P. Ward, "Last Man Picked. Do Mainstream Historians Need to Play with Sports Historians?" *The International Journal of the History of Sport* 30. 1(2012), pp.6-13. 맥다올은 M. L. McDowell, "Sports History: Outside of the Mainstream? A Response to Ward's 'Last Man Picked'," *The International Journal of the History of Sport* 30. 1(2013), ps.4, 20을 참조할 것.

6 M. Jones, *Resource Guide in Sports History*, LTSN(Learning and Teaching Support Network) Hospitality, Leisure, Sport & Tourism, Feb. 2003.

이기 때문이다. 무어하우스는 축구를 사례로 잉글랜드에 대한 스코틀랜드인들의 복잡한 민족 감정을 분석하였다.[7] 자비(G. Jarvie)와 리드(I.A. Reid)는 스포츠가 단순히 스코틀랜드인들의 민족 감정을 담는 저장고이기보다 그 자체 스코틀랜드의 다양한 사회 · 문화 · 정치적 특성을 반영한다고 주장하였다.[8] 브래들리(J. Bradley)는 스코틀랜드를 대표하는 축구팀 레인저스(The Rangers)와 셀틱(Celtic)에 대한 연구를 통해 하나의 통합된 민족으로 간주되는 스코틀랜드 내부의 민족적 다양성과 상호간의 갈등에 대해 분석하였다.[9] 존스(M. Johnes)는 럭비축구를 사례로 스포츠가 웨일즈인들의 국적에 대한 인식과 지역 및 민족 정체성을 형성하는 데 미친 영향을 연구하였다.[10] 크로닌(M. Cronin)은 아일랜드 민족주의와 정체성의 본질을 이해하기 위해서는 스포츠에 대한 관련 연구가 필수적이라고 강조하였다.[11]

7 H. F. Moorhouse, "One State, Several Countries: Soccer and Nationality in a 'United' Kingdom," T*he International Journal of the History of Sport* 12. 2(1995), pp.55-74; H. F. Moorhouse, "Scotland against England: football and popular culture," *The International Journal of the History of Sport* 4. 2(1987), pp.189-202.

8 G. Jarvie and I. A. Reid, "Sport, Nationalism and Culture in Scotland," *The sports Historian* 19. 1(May 1999), pp.97-124; G. Jarvie and I. A. Reid, "Scottish sport, nationalist politics and culture," *Culture, Sport, Society: Cultures, Commerce, Media, Politics* 2. 2(1999), pp.22-43.

9 J. M. Bradley, "Football in Scotland: a history of political and ethnic identity," *The International Journal of the History of Sport* 12. 1(1995), pp.81-98.

10 M. Johnes, "Eighty minute patriots? National identity and sport in modern Wales," *The International Journal of the History of Sport* 17. 4(2000), pp.93-110.

11 B. Rutzen, Review Article: J. M. Bradley and M. Cronin, "Sport and Nationalism in Ireland: Gaelic Games, Soccer and Irish Identity since 1884(Michigan: Four Courts Press, 1999), *New Hibernia Review* 4. 4(Winter, 2000).

이와 같이 스코틀랜드, 아일랜드, 웨일즈의 민족 정체성과 스포츠와의 상관관계에 대한 연구가 비교적 활발한 데 비해 잉글랜드를 사례로 하는 연구는 매우 미비하다. 그 이유를 로빈슨(J.S.R. Robinson)은 영국 제국의 역사와 관련지어 살펴보고자 하였다. 먼저 잉글랜드는 '국가'가 아니라 '제국'이라는 인식 때문에 잉글랜드의 민족 정체성에 대한 연구가 드물다고 설명하였다. 또한 역사적으로 잉글랜드가 스코틀랜드, 아일랜드, 웨일즈를 통합하면서 '잉글랜드'와 '영국'의 민족 정체성을 동일한 것으로 간주했기 때문이라는 것이다.[12] 무어하우스와 힐(J. Hill)도 이에 동의하는 결론을 내렸다.[13]

1992년 스코틀랜드 민족당(Scottish National Party) 부대표였던 짐 실러스(Jim Sillars)는 그해 총선에서 패하자 스코틀랜드인들의 축구 사랑에 빗대어 유권자들이 현실정치를 외면하고 자신의 민족주의적 열정을 스포츠에 쏟아 붓는 "90분의 애국자들"이라고 비난했다.[14] 실러스의 발언대로 스포츠가 민족적인 감정을 드러내는 통로였음은 자명한 사실이다. 국가나 민족 간에 스포츠 경기가 진행되는 동안 경기를 관전하는 사람들은 깃발을 흔들며 함께 구호를 외치고 합창하고 또 때로는 함성을 지르며 자신의 정체성을 표출한다.

그러나 스포츠를 통해 표현되는 민족주의와 민족 정체성은 얼마

12 Robinson, "nation through football," pp.215-230.

13 J. Hill, "Cocks, cats, caps and cups: A semiotic approach to sport and national identity," *Culture, Sport, Society: Cultures, Commerce, Media, Politics* 2. 2(1999), ps.2-3, 16; Moorhouse, "One State, Several Countries," p.57.

14 The Herald, 24 April 1992:1, quoted in G. Jarvie, and I .A. "Reid, Sport, Nationalism and Culture in Scotland," *The Sports Historian* 19. 1(May 1999), p.106.

나 본질적이고 확고한가? 이 연구는 이러한 의문을 품는 것으로부터 출발한다. 물론 사료를 바탕으로 민족주의를 구체적으로 입증하는 것은 어느 누구에게나 거의 불가능한 과업이고 대개는 불완전하고 일방적인 결론을 끌어낼 따름이다. 그렇기 때문에 이 연구논문은 축구가 영국 사회의 변화를 드러내고 또 그 변화를 한 몸에 안는 상호작용을 통해 사회에 내재된 문제를 표면에까지 끌어내는 문화적 현상이 되고 있음을 밝히려는 것이다. 그 과정을 살피기 위해 첫째, 축구가 근대화되고, 근대축구가 국민스포츠로 자리매김하기까지 영국 사회의 변화가 축구라는 문화적 현상에 반영되어, 축구를 변화시키는 과정에 대해 살펴볼 것이다. 둘째, 축구는 다민족 국가인 영국 사회 내의 다양한 민족주의와 민족 정체성을 표출시키는 창구 역할을 하는데, 과연 이런 역할이 축구 고유의 특성인지 아니면 영국 사회와의 상호작용 속에 만들어진 결과인지를 분석할 것이다. 셋째, 1928년 3월 31일 웸블리 경기장에서 열렸던 잉글랜드와 스코틀랜드 축구 대표팀 간의 민족 대항전을 사례로 축구와 매체, 그리고 영국 사회 사이의 상호관계에 대해 살펴볼 것이다.

이 연구는 축구가 영국을 구성하는 각 민족의 개별적인 민족 정체성이나, 영국이라는 하나의 통합된 국가 정체성을 강화시켰는지의 여부에 대해 답하려는 것은 아니다. 다만 축구라는 '문화의 창'을 통해 근대에서 현대로 이어지는 시기에 영국 사회의 변화를 읽어내고, 민족 정체성이 영국 사회 근저에 깊숙이 뿌리내려 있다가 어떤 계기가 마련되면 언제든지 표면에 떠오르는, 영국 사회를 형성하는 또 하나의 특성임을 밝히려는 것이다. 결국 이 연구는 문화와 사회의 상호관계를 읽어냄으로써 영국 문화뿐 아니라 사회를 더 깊이 이해하고, 문화와 사회는 서로 밀접하게 교류하고 작용한다는 사실을 확인하고자 하는 것이다.[15]

02 민중놀이 축구의 근대화

영국은 흔히 '스포츠의 종주국'으로 알려져 있다. 축구를 비롯하여 경마, 권투, 레슬링, 조정, 육상경기, 테니스, 여우사냥 등 상당수의 스포츠가 영국에서 유래하여 19세기 중후반에서 20세기 초중반에 걸쳐 다른 나라로 전파되었다. 이 가운데 축구처럼 광범위하고 빠르게 다른 나라로 유입되고 또 많은 인기를 누린 스포츠도 없었다. 공을 차며 노는 놀이가 영국에만 존재했던 것은 아니다. "축구는 이 세상만큼이나 오래된 것"이라는 제프 블라터(Joseph Sepp Blatter)의 말처럼 전세계적으로 축구와 유사한 형태의 민중놀이가 존재하였다.[16]

15 이영석, 『유럽사의 이해』, 공개강의. 이 연구의 목적과 방향에 대해 오랫동안 고심하던 중 이영석 교수의 공개강의에 영감을 받게 되었다. 이 지면을 빌어 감사의 말씀을 전한다.

16 데이비드 골드블라트, 『축구의 세계사: 공은 둥글다』 서강목, 이정진, 천지현 역(서울: 실천문학사, 2014), pp.29-43; 김세기, 하남길, 「영국 축구의 사회사: 사회 계급적 통제와 지배」 『한국체육사회학지』 17. 1(2012), pp.4-5. 인용문은 골드블라트, p.28. 제프 블라터는 1987년 FIFA(Fédération Internationale de Football Association, 세계축구연맹: 이하 'FIFA) 회장직에 당선된 이후 총 5차례에 걸쳐 그 직을 역임했다.

영국의 경우 약 12세기경 축구와 유사한 공놀이에 대한 상세한 기록이 나타나는데, 경기 규칙이 생기기 이전의 축구는 오늘날과는 매우 달랐다. 중세시대 축구의 방식과 성격을 엿볼 수 있는 역사 기록을 살펴보면, "야수처럼 격렬"하고 "극도로 폭력적"이며 좀처럼 시합이 끝나지 않아 참가자들이 죽거나 치명적인 부상을 당하기 일쑤였다. 그 결과 축구는 서로 간에 "원한과 악의를 남기는 가치 없는 놀이"로 인식되었다.[17] 이 놀이가 폭력적이었던 이유는 기본적으로는 발을 이용해 '풋볼(football. 풋볼이라는 스포츠 이름이 여기서 유래한다)'로 불렀던 공을 차는 방식이었지만, 참가인원 수나 일정한 시합규정 또는 정해진 형식이 거의 없는 상태에서 참가자들 대부분이 단검을 소지했고, 필요에 따라 손과 발, 팔꿈치 등의 신체부위로 상대방에게 폭력을 행사할 수 있었기 때문이다.

중세초기부터 마을행사나 도시민의 오락거리로 광범위하게 자리잡았던 축구는 일찍이 금지령의 대상이었다. 1314년 에드워드 2세를 시작으로 에드워드 3세와 4세, 헨리 7세, 엘리자베스여왕, 제임스 6세를 거쳐 1876년에 이르기까지 42회에 걸쳐 금지령이 내려졌다. 칙령을 내린 정확한 이유는 알 수 없지만 주로 '폭력성'과 '무익성'이 거론되었다. 왕이나 관료와 같은 지배계급의 입장에서 축구는 백해무익한 여가놀이였다. 축구시합이 있을 때마다 사상자가 속출했

17 A. A. Fox and S. Leslie(eds.), The Miracles of Henry VI(Cambridge: Cambridge University Press, 1923), p.131, in F. P. Magouon. A History of Football from the Beginnings to 1871(Bochum-langendreer: H. Popponghaus, 1938), quoted in 노르베르트 엘리아스, 에릭 더닝, 『스포츠와 문명화 - 즐거움에 대한 탐구』 송혜룡 역(서울: 성균관대학교 출판부, 2014), p.275.

고, 이 놀이(골프도 포함)에 매료된 남성과 군인들이 궁술 등 전투에 필요한 군사훈련을 게을리 한다고 여겼다.[18] 그러나 약 500여 년이 넘는 기간 동안 지속적이며 반복적으로 축구 금지령이 내려졌다는 사실은 결국 이런 칙령이 별다른 효과를 거두지 못했으며, 축구가 그만큼 민중의 사랑을 받았다는 것을 의미했다.

19세기에 들어오면서 축구는 많은 변화를 겪었다. 영국 사회도 마찬가지였다. 물론 19세기 초엽부터 변화가 두드러지게 나타난 것은 아니었다. 18세기 중엽에 산업시대가 도래했지만 그 움직임은 점진적이었고, 영국은 나폴레옹과의 전쟁에서 최후의 승리조차 가늠하기 어려운 상황이었다. 미국의 독립으로 말미암아 가까운 미래에 영국이 세계 대제국으로 발돋움할 것을 예견하기도 힘들었다. 그럼에도 불구하고 19세기 전반기에는 분명히 그 이전시기와는 다른 새로운 변화들이 일어나고 있었다. 런던, 맨체스터, 버밍엄과 같은 대도시가 산업중심지로 확대되면서 이농현상이 두드러지게 나타나고 있었고, 그런 가운데 스포츠가 제도화되기 시작했다.

먼저 권투, 조정, 크리켓, 경마와 같은 귀족과 젠트리들이 선호하던 스포츠에 변화의 바람이 불었다. 합의된 경기규칙이 생겨나고, 재정적인 기반이 만들어지고, 조직화되었다. 그러나 이런 스포츠와 달리 축구는 여전히 비난과 비판의 대상이었다. 축구를 금하려던 주된 세력은 성직자와 산업가(industrialists)들 그리고 숙련공들이었

18 엘리아스, 더닝 『스포츠와 문명화』, pp.280-281; J. Walvin, The People's Game, 1994, 13, quoted in 골드블라트, 『축구의 세계사』, pp.45-46; 김세기, 하남길, 「영국 축구의 사회사」, ps.3, 5-7.

다. 성직자들은 축구 놀이가 무절제하며 폭력적인 점을 염려했고, 산업가와 숙련공들은 무엇보다 노동시간을 잠식하는 점에 대해 우려했다. 숙련공들의 경우 일종의 '노동귀족'인 자신들로부터 도시 빈민과, 도시로 이주해 온 농민출신의 단순노동자들을 구별 지으려는 사회적 욕망에 의한 것이었다. 이들은 공공질서문제를 거론하며 축구를 하는 사람들의 폭력성을 비판하고 도시지역에서 길거리 축구를 금지시키고자 했다. 농촌에서는 이농현상 때문에 인구가 감소하면서 지역의 전통놀이인 축구시합이 점차 소멸되어갔고, 노동자들이 주로 거주하던 대도시의 도심지역에서는 축구를 할 수 있는 공간이 부족했을 뿐 아니라 시당국에서 소요사태 방지를 빌미로 길거리 축구를 금지하였다. 그 결과, 축구는 이미 19세기초반부터 시작되고 있던 스포츠의 근대화 흐름으로부터 배제될 수밖에 없었다.[19]

그렇다면 이렇듯 소멸되어가던 축구가 기사회생한 이유는 무엇인가? 이영석은 영국의 명문 사립학교(Public School)[20]의 학교관계자와 교사들이 학생들에게 협력, 단합, 강건함, 리더쉽을 가르치기 위해 축구를 교육의 일부로 받아들였으며, 무엇보다 축구가 '능력'과 '경쟁력'을 중시하는 젠트리 계층의 가치관에 부합되는 놀이였기 때문이라고 보았다. 민중의 여흥거리였던 축구는 18세기경부터 영국의 귀족과 젠트리 계층 자제들을 교육하던 기관으로, 이른바 '신사교육'의 무대였던 명문 사립학교에서 학생들이 겨울에 하는 스포

19 골드블라트, 『축구의 세계사』, pp.49-54.

20 챠터하우스(Charterhouse), 이튼(Eton College), 해로우(Harrow School), 럭비(Rugby School), 슈로스버리(Shrewsbury School), 웨스터민스터(Westminster School), 윈체스터(Winchester College)가 그 대표적인 경우다.

츠였다. 기숙사생활을 하던 학생들은 “후배(주로 신입생들) 골탕 먹이기”용으로 축구를 했는데, 점차 인기를 얻으면서 경쟁관계에 있던 학교들과 정기대항전도 갖게 되었다.[21] 그러나 축구의 발전을 영국 사회내의 계층적 갈등 즉, 귀족과 젠트리 계층 사이의 갈등에서 비롯된 젠트리 고유의 가치관으로 해석하려는 이영석과 달리 골드블라트는 영국 명문 사립학교에서의 내적 긴장(주로 교사와 학생사이)과 ‘잔인’하고 ‘폭력’적인 놀이와 여흥을 즐기던 학생들의 문화적 성향이 축구가 명문 사립학교에서 교육의 일부가 되는 밑바탕이 되었다고 주장하였다.[22]

19세기 초반에도 축구는 경기장과 공의 크기, 경기 시간, 참가선수들의 숫자나 역할 등 제반사항에 대해 문서화된 규칙이 없었다. 학교들은 각자 나름의 규칙을 만들어 그 관례를 고수하고 있었다.[23] 그러다보니 졸업생들이 대학에 진학한 이후부터 문제가 발생했다. 19세기 중반에야 비로소 일정하게 통일된 규칙을 준수하며 자제력을 발휘해야하는 덜 폭력적인 축구를 제도화하려는 움직임이 일어났다. 1848년 케임브리지 대학생들이 중심이 되어 사립학교들의 다양한 관례를 총망라하는 합리적인 절충안인 이른바 ‘케임브리지 규칙(Cambridge rules)’을 세웠다. 이를 계기로 축구규칙이 성문화되고 그 성문화된 규칙은 더욱 정교해져 축구는 조직된 팀 스포츠로 근대

21 이영석, 『유럽사의 이해』 공개강의; 알프레드 바알, 『축구의 역사』 지현 역(서울: 시공사, 1999), p.16.
22 이영석, 『유럽사의 이해』; 골드블라트, 『축구의 세계사』, p.54; 바알, 『축구의 역사』, p.116.
23 바알, 『축구의 세계사』, pp.5-7.

화되었다. 1863년 명문 사립학교 출신의 축구클럽 대표들이 주축이 되어 잉글랜드의 축구협회(Football Association: 이하 FA)가 발족되었고,[24] 1871년 럭비축구협회(Rugby Football Association)의 창설로 축구와 럭비가 분리되었다.

그렇다면 근대축구를 탄생시킨 힘은 무엇일까? 축구를 18세기부터 형성되기 시작하던 '더 넓은 스포츠 문화'의 한 작은 요소로 본다면 궁극적으로는 축구도 근대화가 필연적이었을 것이다. 그러나 무엇보다 명백한 사실은 축구도 귀족과 젠트리 계층이 선호하던 다른 스포츠와 마찬가지로 그들의 적극적인 관심 속에 경기 규칙이 확립되고 빠르게 조직화되었다는 사실이다. 엘리아스는 19세기 중반이후 영국의 역동적인 사회분위기와 '앵글로-켈트족 고유의 격한 스포츠 정신'이 합해졌다는 골드블라트의 해석[25]을 배제하고, 축구가 규칙을 가진 비폭력적인 스포츠로 조직된 원인을 근대 영국 사회의 특성 속에서 찾고자 하였다. 먼저 그는 시합경기중 상대방에게 상해를 입히거나 고통을 주는 행위와 이런 형태의 경기를 관전하는 행위를 각 시대마다 다르게 받아들인다는 사실에 주목하였다. 이에 대해 별다른 죄책감을 느끼지 않았던 고대시대와 달리 근대 산업화시대에는 강한 감정을 물리적으로 분출하기보다 스스로 억제할 줄 아는 통제력을 미덕으로 간주했으며, 사회적으로 폭력문제에 더 민감했

24 케임브리지대학교는 자 대학의 축구클럽(Cambridge University Association F.C)이 세계에서 가장 먼저 근대축구를 도입한 클럽이라고 주장한다. 1857년에 설립된 잉글랜드의 쉐필드 축구클럽(Sheffield F.C.)은 학교, 병원, 대학과 같은 기관소속 축구클럽을 제외하면 세계에서 가장 오래된 독립축구클럽이다.

25 골드블라트, 『축구의 세계사』, pp.46-47.

던 점에 주목하였다. 또한 '영국 상류층의 화해' 즉, 18세기에서 19세기 초까지 귀족과 젠트리가 각각 영국의 상원과 하원을 지배하면서 의회 내에서의 경쟁이 비폭력적인 양상으로 가게 되었던 점에 주목하였다. 엘리아스는 변모된 사회 분위기를 바탕으로 폭력적이던 여가놀이가 비폭력적인 경쟁을 기반으로 하는 스포츠로 변모될 수 있었다고 주장했다. 스포츠 연구를 위해서는 그 스포츠가 뿌리내린 사회와 시대에 대한 연구가 반드시 수반되어야 한다고 인식했던 그는 축구가 변화된 계기를 영국 사회 내에서 찾고자 했던 것이다.[26] 이렇듯 스포츠도 다른 문화적 현상과 마찬가지로 그 사회의 특성과 변화를 반영하고, 또한 사회를 구성하는 다양한 요소와 상호 작용하면서 변화한다. 영국에서 근대축구를 낳은 배경은 그 나라의 근대사회였다.

03 축구의 대중화와 브리티쉬 홈 챔피언쉽

앞장에서 살펴본 바와 같이 축구는 오랜 기간 사랑받던 민중놀이였다. 18세기 중 · 상류층의 비판으로 인해 거의 소멸될 위기에 놓였으나 명문 사립학교 학생들에 의해 구출되어 근대축구로 발돋움하였다. 3장에서는 먼저 브리티쉬 홈 챔피온쉽 대회가 개최되었던 계

26 엘리아스. 더닝, 『스포츠와 문명화』, ps.44, 48, 50, 52, 56, 62, 93, 105, 220, 224, 225, 227, 238, 253, 258-259, 264.

기에 대해 살펴보고, 이 대회가 영국을 구성하는 4개의 민족 대표팀들이 매년 시합을 벌이는 민족 대항전으로 출발하지만 실상은 정치적 · 감정적 요소보다는 오히려 19세기 말부터 시작되는 '축구의 대중화' 또는 '축구의 국민 스포츠화'라는 영국 사회 내의 변화에 힘입어 발전하게 되는 상황을 살펴보려고 한다.

FA가 설립된 지 약 20년이 지난 '1883년'은 영국의 축구 역사에서 매우 상징적인 해였다. 첫째, 노동계급 출신의 선수들로 구성된 블랙번 올림픽 축구클럽(Blackburn Olympic Football Club[이하 F.C])이 이튼학교 졸업생들로 구성된 올드 이토니언 축구클럽(Old Etonian F.C)을 이기고 그해 FA컵 결승전에서 승리를 거두었다. 당시 (잉글랜드) FA에 등록된 축구클럽은 모두 1000여개였는데, 1872년 FA컵이 시작된 이후 우승팀은 모두 명문 사립학교 출신들로 구성된 축구클럽이었다.[27] 그러나 11년 만에 노동계급으로 구성된 축구클럽이 우승하였고, 이에 '축구의 역사'를 저술한 알프레드 바알은 '엘리트 계층의 지배는 상징적으로 막을 내렸다'고 주장하였다.[28]

1883년에 일어난 두 번째 중요 사건은 영국의 민족 대항전인 '브리티쉬 홈 챔피언쉽'이 시작되었다는 것이다. 이후 100여 년 동안 지

27 FA컵이 열리는 기간을 좀 더 정확하게 설명하자면 전 해 겨울 즈음에 시작하여 이듬해 봄에 막을 내린다. 예를 들어, 1872년 FA컵 기간도 1871년 11월 11일에서 1872년 3월 16일이었다.

28 주로 해로우 스쿨 출신으로 구성된 원더즈(Wanders F.C), 올드 이토니언, 챠터하우스 학교 졸업생들로 구성된 올드 카튜지언(Old Carthusians F.C), 옥스퍼드 대학팀, 영국육군의 공병단 소속팀인 로열 엔지니어스(Royal Engineers A.F.C)가 우승하였다. https://en.wikipedia.org/wiki/List_of_FA_Cup_finals; 바알, 『축구의 세계사』, p.25.

속되는 브리티쉬 홈 챔피언쉽은 세계 최초로 열린 '인터내셔널' 정기대항전으로 '축구의 좋은 점과 나쁜 점이 모두 표출'된 대회라는 평가를 받았다.[29] 이 대회에 참가한 선수들은 그야말로 '모든 힘'을 쏟아 부었으며, 영국 역사상 스포츠로서는 가장 큰 이벤트였고, 특히 잉글랜드와 스코틀랜드 사이의 '중요' 경기는 FA컵 결승전과도 비교가 안될 만큼 많은 관중들을 끌어들이기도 했다.'[30] 예를 들어, 1937년 브리티쉬 홈 챔피언쉽에서 잉글랜드와 스코틀랜드 간의 경기를 관람했던 관중 수는 약 15만 명에서 18만 명으로 당시로서는 세계 기록이었다.[31] 축구 경기장에서 직접 이 경기를 관람했던 관중의 규모가 이정도였다면 신문이나 잡지, 라디오, 뉴스릴 등의 매체를 통해 이 경기를 지켜본 사람들의 수는 가히 상상을 초월했을 것이다. 그렇다면 영국을 구성하는 4개의 민족을 대표하는 축구팀들이 매년 정기전을 갖게 된 계기와 이를 주도한 찰스 알콕(Charles W. Alcock)이 의도했던 바는 무엇이었는지에 대해 살펴보겠다.

1863년 잉글랜드에서 FA가 발족되고 나서 몇 년 후인 1867년 스코틀랜드에서도 처음으로 축구클럽(Queen's Park F.C)이 창단되었다. 1870년에는 6개의 축구클럽이 그리고 1872년에는 약 10여개의 축구클럽이 세워졌는데, 통합된 하나의 축구규칙을 따르고 있던 잉글랜드와 달리 스코틀랜드의 축구클럽들은 각기 다른 규칙을 갖고 있었다. 그 결과 스코틀랜드에서 축구가 근대축구로 제도화되는 과

29 "A history of fierce football rivalry," *BBC News* (13 October 1999).
30 "A history of fierce football rivalry," *BBC News* (13 October 1999).
31 C. Balding, "Anyone But England," *BBC Radio* (21 Feb, 2012).

정은 FA의 영향을 받지 않을 수 없었다. 그 계기를 마련한 것이 바로 알콕이었다. 당시 알콕은 FA의 실질적인 업무를 총괄하는 책임자인 사무국장에 임명된 직후였다.[32] 그는 1870년 11월 3일 글래스고 헤롤드(*Glasgow Herald*)를 비롯한 스코틀랜드 주요 일간지에 잉글랜드 대표팀과 시합을 할 선수들을 모집한다는 광고를 실었다.

> 스코틀랜드 선수들에게 금월 10일 토요일 런던에서 '축구. 잉글랜드 대 스코틀랜드'라는 타이틀을 가지고 FA의 규칙에 따라 시합을 개최한다는 사실을 알리기 위해 몇 자 적습니다.

이렇게 시작된 그의 글은 잉글랜드와 스코틀랜드에서 각각 11명의 최고선수를 뽑아 매년 대회를 개최하고, 이를 계기로 참가선수들이 상호간에 '동료애'를 키우고 '축구를 더 널리 알리자'고 제안하였다.[33] 1873년 3월 스코틀랜드 축구클럽들은 스코틀랜드 FA(Scottish Football Association: 이하 'SFA')를 설립하였다. 그들은 성명서에서 '축구를 확산시키기 위해' FA의 규칙을 받아들이고 매년 정기전을

32 알콕은 명문 사립학교 해로우 출신으로 학창시절에 자신의 형과 함께 이후 FA컵에서 5번이나 우승한 원더즈 축구클럽(Wanders F.C)의 전신 포리스트 클럽(Forest Club)을 세웠다. 그 자신 매우 훌륭한 축구선수이자 크리켓선수이던 알콕은 FA를 창립한 핵심 인물가운데 한명으로서 근대축구 형성에 크게 기여하였다.

33 *Glasgow Herald* (Glasgow, Scotland), Thursday, 3 November 1870. 이후 잉글랜드와 스코틀랜드를 대표하는 팀이 1870년에서 1872년 사이에 약 5차례의 친선경기를 가졌다. 다만 스코틀랜드 팀을 구성한 선수들 가운데 5명이 런던에서 활동하는 선수였기 때문에 당시 스코틀랜드인들도, 그리고 FIFA도 이 5번의 경기를 진정한 '인터내셔널' 경기로 인정하지 않았다. 그러므로 모든 의미에서 첫 '인터내셔널' 경기는 1872년 11월 글래스고의 축구클럽인 퀸즈 파크 축구클럽(Queen's Park F.C)이 스코틀랜드 대표팀으로 참가한 시합이다.

치르고자 한다고 발표하였다.[34] 이후 웨일즈와 아일랜드도 각각 1876년과 1880년에 같은 목적으로 FA('FA of Wales'와 'Irish FA')를 설립하였다. 이로써 영국을 구성하는 4개의 민족은 축구를 매개로 민족 대항전을 치를 준비를 끝냈다.[35]

그러나 브리티시 홈 챔피언십이 처음부터 많은 대중들의 관심을 끌었던 것은 아니다. 축구 자체가 중·상류층의 스포츠로 인식되어 있었고 대중화되지 못했기 때문이다. 그럼에도 1872년 처음으로 개최된 FA컵과 비교하면 관중 수가 더 많았던 것은 사실이다. 특히 잉글랜드와 스코틀랜드 대표팀의 시합이 스코틀랜드나 북부 잉글랜드 지역에서 열릴 때는 관중 수가 급격히 늘어났다. 1873년 서리(Surrey. 런던에서 비교적 가까운 곳에 있다)에서 열렸던 잉글랜드와 스코틀랜드의 시합[36]에 3천 명가량의 관중이 모였다. 그 이듬해인 1874년 글래스고 부근 패트릭(Patrick, West of Scotland Club)[37]과

34 "Brief History of the Scottish FA," *The Scottish Football Association*.

35 그러나 이 네 개의 FA들은 다소 다른 규칙을 가지고 있었다. 그러므로 홈팀의 규칙을 따른다는 원칙하에 경기를 했다. 여기서 발생하는 갈등과 어려움을 없애기 위해, 그리고 이미 영국 제국을 통해 전세계적으로 퍼지기 시작한 축구의 미래를 위해 세계 어디서라도 통용될 수 있는 하나의 규칙을 만들고자 국제축구협회평의회(International Football Association Board: 이하 IFAB)를 설립했다. 이러한 노력 끝에 축구는 국적과 수준에 상관없이 공식적인 국제경기가 가능하게 되었다. 현재 FIFA의 활약과 위상에도 불구하고 IFAB은 여전히 축구의 규칙을 정할 수 있는 유일한 권위를 가진 기구이다: IFAB와 FIFA, 그리고 영국과 FIFA 회원국들 사이의 역사적 관계에 대한 연구는 P. J. Beck, "Going to war, peaceful co existence or virtual membership? British football and FIFA, 1928-46," *The International Journal of the History of Sport* 17. 1(2000), pp.113-134; Moorehouse, "One State, Several Countries."; Robinson, "nation through football," pp.221-222; Robinson, "national through football," pp.221-222를 참조할 것.

36 *The Scotsman*, "Football: England v. Scotland," 10 Mar. 1873.

37 *The Manchester Guardian*, "Football: England v. Scotland," 9 Mar. 1874.

1882년 북부 잉글랜드의 블랙번(Blackburn)[38]에서 열렸던 잉글랜드와 스코틀랜드 대표팀의 경기를 관람한 사람들은 만 명가량이었다. 같은 해 FA컵 결승전을 관람한 관중은 각각 3천명과 6천명이었다.[39]

1872년 스코틀랜드를 대표하는 일간지 가운데 하나인 더 스코츠먼(*The Scotsman*)이 다가올 축구시즌에 대한 기사를 내면서 '물론, 가장 중요한 경기는 "인터내셔널"'[40]이라고 썼던 것처럼 잉글랜드와 스코틀랜드 대표팀의 시합은 특히 스코틀랜드인들로부터 많은 주목을 받았다. 하지만 당시 축구가 '엄청난 감정적인 힘'을 소유한 스포츠로서 국가나 민족 내에서 '적대적인 세력을 구분'하고, '강력한 문화 민족주의를 재생산'하는 무어하우스가 생각하는 그런 축구는 아니었다.[41]

1870년대와 80년대에 축구소식을 접할 수 있는 거의 유일한 수단인 신문 내용을 살펴보면, 축구시합이 열린 장소, 날씨가 경기내용에 미친 영향, 선발되거나 되지 못한 선수들에 대한 이야기, 때로는 경기가 진행되는 상황을 자세히 묘사한 다음 '양 팀 모두 엄청난 투지를 가지고 ... 최선을 다했다'[42]는 식으로 매우 객관적으로 설명하였다. 그중에는 '잉글랜드에서는 본 적이 없을 드리블링

38 *The Manchester Guardian,* "Football: England v. Scotland," 12 Oct. 1882. 웸블리경기장이 건설되기 이전 잉글랜드대표팀은 런던의 케닝턴 오벌(Kennington Oval) 구장을 비롯하여 다양한 지역에서 홈경기를 펼쳤는데 그 대표적인 곳이 블랙번, 셰필드(Shefield), 리치몬드(잉글랜드 북부에 있는 Richmond), 리버풀(Liverpool), 뉴카슬(Newcastle) 등이다.

39 FA컵 결승전을 봤던 관중 숫자는 관련 'wiki' 사이트에 나와 있는 집계에 의거한다.

40 *The Scotsman,* "Football: The Coming Season," 21 Oct. 1872.

41 Moorhouse, "One State, Several Countries," p.71.

42 *The Manchester Guardian,* "Football," 8 Mar. 1875.

(dribbling)'[43]과 같이 스코틀랜드 선수들을 칭찬하는 표현도 있었지만 잉글랜드 선수들도 훌륭한 발기술로 여러 번 박수갈채를 받았다[44]고도 썼다. 1870년 친선경기를 시작으로 두 민족이 축구시합을 한지 20여년이 지났지만 적어도 신문기사를 통해서는 축구와 민족적 정체성의 상호관계를 가늠할 수 있는 어떤 단서도 찾을 수 없었다.

1885년 이후 영국의 축구계에도 큰 변화가 일어났다. 관중 수가 급증한 것이었다. 앞서 지적한 바와 같이 브리티쉬 홈 챔피언쉽 대회의 경우 시합과 시합 장소에 따라 관중 수가 유례없이 많아지기도 했지만 그런 양상조차 보이지 않던 FA컵의 관중 수도 급증하였다. 예를 들어 1880년대 중반이전까지 6천을 넘지 못하던 FA컵 '결승전' 관중의 수가 1885년 1만2천5백 명, 1887년 1만5천5백 명, 1889년 2만7천 명, 1895년 약 4만2천6백 명, 1900년에는 7만8천 명으로 늘었다. 잉글랜드와 스코틀랜드의 인터내셔널 경기는 1891년 1만 명[45], 1895년 3만 명[46], 1900년 6만 명[47], 1902년 약 7만 명[48]이었다. 이렇듯 1880년대에 축구 관중이 갑자기 늘어난 이유를 알아보자.

1880년대에 일어난 다양한 변화 가운데 가장 두드러진 부분은 축구의 '프로화'였다. 아마튜어리즘을 '신성시'하며 프로화와 노동계

43 *The Scotsman,* "Football: England v. Scotland," 10 Mar. 1873.

44 *The Manchester Guardian,* "Football: England v. Scotland," 9 Mar. 1874.

45 *The Observer,* "Football: Association," 6 Apr. 1902; R. S. Shiels, "THE FATALITIES AT THE IBROX DISASTER OF 1902," *The Sports Historian* 18. 2(Nov. 1998), p. 148.

46 *The Manchester Guardian,* "ASSOCIATION: ENGLAND v. SCOTLAND VICTORY OF THE ENGLISH TEAM," 8 Apr. 1895.

47 *The Manchester Guardian,* "Association: England v. Scotland," 9 Apr. 1900.

48 *The Observer,* "Football Association: England v. Scotland," 5 Apr. 1891.

급의 축구 참여를 반대했던 FA 인사들과 클럽 구단주들도 1885년 7월 20일 프로화를 승인하여 1888년 '풋볼리그(Football League)'가 탄생하였고, 이후 축구의 프로화는 빠르게 진행되었다. 비록 축구선수들의 보수를 제한하는 등 여전히 노동계급을 배제하고자 하는 움직임이 있었지만 1890년대부터는 프로선수들의 비중이 높아지기 시작하였다.[49] 그러나 프로화만으로는 윗부분에서 지적했던 관중이 늘어나는 현상을 설명하기 어려울 것이다. 노동자계층이 축구경기를 관람하기 위해 입장권을 산다는 의미는 임금상승, 일과 여가생활의 변화, 그리고 이들의 상관관계에 대한 인식의 변화, 임금의 일부를 레저에 소비하는 데 대한 의식의 변화, 그리고 노동자계층이 직접 축구를 즐길 수 있는 공간과 시설이 갖춰졌다는 것을 의미하기 때문이다. 그렇지 않았다면 발 빠른 신흥 부르조아들이 경기장 주변에 울타리를 치고 입장권 판매를 촉구해도 제대로 호응을 얻지 못했을 것이다. 그러므로 브리티쉬 홈 챔피언쉽(FA컵도 마찬가지이다)이 대중의 관심을 받으며 하나의 문화 현상으로 성장하는 과정을 이해하는 것이야말로 축구가 민족 정체성이나 민족주의의 배출구 역할을 하게 되는 과정을 파악하는 지름길인 것이다. 이를 위해 먼저 영국 사회의 변화를 살펴보고 그 속에서 축구의 사회적 역할이 어떻게 다양해지는지를 알아보고자 한다.

49 김세기와 하남길은 제1차 세계 대전 전까지 축구선수들은 FA와 클럽의 착취와 감시 속에 마치 '노예'처럼 예속되어 있었다고 설명한다. 축구선수들에 대한 임금상한선이 철폐된 것이 1960-1961년 시즌이었고, 1970년대 말이 되어서야 선수들이 직접 이적협상에 임할 수 있다는 사실은 화려한 축구 역사 뒤에 가려진 어두운 현실이었다. 김세기, 하남길, 「영국 축구의 사회사」, ps.3, 5-7.

찬스(H. Chance)는 20세기를 앞두고 일어난 많은 변화 가운데 '누구나 공원에서 축구를 하는 것이 용인되던 사회적 분위기' 그리고 노동자들 스스로가 레저를 향유할 수 있는 권리를 요구하는 점에 주목했다. 1850년과 1874년 공장법(Factory Act)으로 말미암아 노동시간도 줄고 토요일 오후에는 일을 하지 않게 되었지만 여전히 초과근무가 존재했기 때문에 일주일 당 근무시간이 크게 줄어들지는 않았다. 그러나 일과 여가생활에 대한 인식이 변하면서 근무시간 외의 시간에 여가를 즐기고 수익의 일정부분을 레저에 소비하는 것을 당연시 하는 사회 분위기가 조성되어 갔다. 산업가들도 노동자들의 요구에 부응하여, 또 때로는 자신의 사업에 상징적인 의미와 경제적인 가치를 높일 목적으로 노동자들을 위한 도서관이나 댄스홀의 기능을 갖춘 직원식당과 야외 스포츠를 즐길 수 있는 공원을 만들기 시작하였다.[50]

독일이나 이탈리아와 달리 영국에서 스포츠와 체력단련은 사적인 영역으로 간주되었다. 국가로부터의 간섭을 문제시하는 사회분위기 속에 정부가 주도적으로 공공 스포츠 시설을 마련하지는 않았지만 적어도 지방정부가 도시경관을 정비하고 지역민들이 쉴 수 있는 공원을 만들면서 야외 스포츠를 즐길 수 있는 시설을 포함시켰다.[51] 노동조합, 노동자 클럽, 교회도 유사한 시설을 만들어 전반적으로 스포츠를 할 수 있는 공간이 늘어났다.[52] 20세기 초반이 되면서

50 H. Chance, "Mobilising the Modern Industrial Landscape for Sports and Leisure in the Early Twentieth Century," *The International Journal of the History of Sport* 29. 11(2012), pp.1602-1606.

51 Snape and Pussard, "Theorisations," pp.10-13.

많은 회사들이 도시 외곽이나 근교로 이전하였고 그로 인해 더 많은 공간을 레저와 스포츠 시설을 갖추는데 사용할 수 있게 되었다.

축구는 이런 사회 변화와 인식의 변화로부터 직접적인 혜택을 받았다. 조이스 울브리지(Joyce Woolbridge)는 '스타' 지위와 축구선수들에 대한 연구에서 1900년경이 되면 축구 스타들이 크리켓 스타들과 '비슷하게' 대접받게 되는 '두드러진 변화'가 일어난다고 지적하였다.[53] 이 연구 결과는 1905년 9월 영국 일간지 데일리 미러(*The Daily Mirror*)가 '이제 축구는 크리켓을 제치고 국민 스포츠가 되었다'고 선언하는 만평을 실은 이유를 어느 정도 이해하게 만든다. 데일리 미러는 1904년까지 단 한 번도 축구선수의 사진을 실은 적이 없었는데 이 만평과 함께 앞으로 축구선수들의 사진과 경기장면을 찍은 사진들을 '중요한 지면'에 싣겠다는 기사를 내보냈다.[54] 이들도 더 이상 축구를 외면할 수 없었던 것이다. 에드워드시대(Edwardian Period. 에드워드 7세의 재위기간인 1901년~1910년까지를 의미하나 제1차 세계대전으로 이어지는 4년을 더 포함해서 '에드워드시대'라 부르기도 한다)의 노동자들은 이렇게 축구사랑을 고백하였다.

> 정치, 종교, 제국과 정부의 운명, 삶과 죽음에 대한 관심, 이 어떤 것도 축구가 가져다주는 최상의 매력과 즐거움에 비할 수 없다.[55]

52 Chance, "Sports and Leisure," pp.1602-1606.
53 J. Woolbridge, "Mapping the Stars: Stardom in English Professional Football 1890-1946," *Soccer & Society* 3. 2(2002), p.58.
54 *Daily Mirror*, 1. Sept. 1905, 14, quoted in Woolbridge, "Mapping the Stars," p.58.
55 A. Williams, *Life in a Railway Factory* (1915, reprinted Devon, 1969), p.287, quoted

영국인들이 축구에 열광하게 된 이유를 정확하게 밝히긴 어렵지만 명문 사립학교 출신들이 주도하던 축구협회나 축구클럽 그리고 기업들이 축구에서 노동자들을 배제할 수 없었던 이유는 알 수 있을 것 같다. 바알은 자신의 연구에서 유력 인사들의 보조금 부분을 강조하기 위해 축구클럽의 재정을 설명했는데 그의 분석을 다른 방향에서 읽으면 입장권 판매 수익이 당시 축구클럽 재정에 얼마나 큰 부분을 차지하고 있었는지 알 수 있다. 예를 들어, 아스널(Arsenal F.C)과 같은 축구클럽들이 주식판매를 통해 재정을 확보하고자 노력하던 1891년, 볼턴 원더러즈(Bolton Wanderers F.C)의 일년 총예산 1천9백49파운드 가운데 입장권 판매 수익이 1천6백30파운드를 차지하였다. 예산의 나머지 부분은 주로 유력인사들로부터 후원금을 받거나 복권 판매 수익으로 충당하였다.[56] 이런 상황에서 비록 축구클럽이나 FA 또는 IFAB의 중요 자리는 여전히 중 · 상류층이 차지하고 있었지만, 축구는 더 이상 '그들만의 리그'일 수 없었다.

이는 기업과 매체도 마찬가지였다. 담배회사들은 담배 판매를 촉진시키기 위해 담배 곽에 유명한 사람들의 사진이 담긴 카드를 끼워 팔았는데, 담배는 노동자계층으로부터 큰 인기를 얻고 있던 품목으로 그들의 제한된 소비생활에서 매우 중요한 위치를 차지하고 있었다. 이 카드에 처음으로 축구선수가 등장한 것은 1892년이었다. 이 때는 이미 앞에서 지적했듯이 일과 여가에 대한 노동자들의 인식이 변화되던 바로 그 시기였다. 신문이나 잡지 같은 매체도 판매 부수

in Moorhouse, "One Sate, Several Countries," p.56.

56 Woolbridge, "Mapping the Stars," pp.57-58.

를 올리기 위해 노동자계층을 상대로 적극적인 홍보활동을 벌이고 있었다. 그 수단은 바로 축구와 축구선수들이었다. 1875년 창간된 아쓸레틱 뉴스(The Athletic News and Cyclists' Journal)는 맨체스터에 기반을 둔 주간지로서 프로 축구 알림이 역할을 하고 있었다. 그러나 1900년경에 이르면 아쓸레틱 뉴스 같은 스포츠 전문지나 전국적으로 배포되는 일간지 외에도 축구 선수들에 대한 기사를 싣는 신문들이 다수 나오는데 노동자계층 독자들을 겨냥해서 삽화를 싣는 신문들이었다. 담배 카드에 등장하던 유명한 축구선수들이 전국 발행부수 30만을 자랑하는 스포츠 신문에 기사를 쓰는 전문기자가 되고 또 신문의 광고지면에도 등장하였다.[57] 이렇듯 영국은 근대축구를 처음 만든 국가였고, 근대축구를 최초로 대중화한 국가였다. 그리고 이런 대중화를 통해 축구는 영국 사회와 상호작용하며 그 사회 속에 내재된 민족주의와 같은 갈등을 표출시킬 수 있는 사회 · 문화적 역할이라는 프리즘을 넓히게 되었다. 다음 장에서는 축구와 영국 사회의 상호작용과 축구의 사회 · 문화적 역할을 좀 더 구체적으로 파악하기 위해 1928년 웸블리 '인터내셔널' 경기에 대해 자세하게 살펴보고자한다. 일부 현장감을 더하기위해 원사료를 바탕으로 마치 르포기사를 쓰듯 잉글랜드와 스코틀랜드 대표팀의 축구시합을 재현할 것이다.

57 대표적인 경우가 톰슨즈 위클리 뉴스(*Thompson's Weekley News*)와 토피컬 타임즈(*Topical Times*)이다. 축구 전문기자로 활동했던 선수들에 대해서는 Woolbridge, "Mapping the Stars"를 참조할 것.

04 축구의 사회·문화적 역할과 1928년 웸블리 민족 대항전

1928년 3월 24일 더 타임즈는 일주일 뒤인 31일 웸블리 경기장에서 펼쳐질 잉글랜드와 스코틀랜드 대표팀의 시합에 참가할 선수명단을 발표하였다.[58] 스코틀랜드에서는 이미 명단이 공개되어 많은 사람들이 선수 선발을 두고 불만을 표시하고 있었다.[59] 11명 가운데 8명이 '앙글로(Anglos)들'이었기 때문이다. '앙글로'란 잉글랜드에서 활동하는 스코틀랜드 출신 선수들을 경멸조로 부르는 이름이었다. 그들은 1896년까지만 해도 스코틀랜드를 대표해서 뛸 수 없었다. 20세기에 들어오면서 주로 잉글랜드 대표팀과의 시합에서 뛸 훌륭한 선수들을 확보할 목적으로 이들을 기용하기도 했지만 스코틀랜드 사회에서는 여전히 앙글로들의 '충성심'을 의심하고 있었다.[60]

일부 스코틀랜드인들은 이미 런던으로 떠날 채비를 차리고 있었다. 잉글랜드와 스코틀랜드 대표팀은 2년마다 한 번씩 홈구장에서 시합을 했는데, 스코틀랜드인들은 1926년 잉글랜드 홈구장에서의 경기가 끝나자마자 2년 뒤에 있을 시합을 보러가기 위해 필요한 경비를 모으기 시작했다. 1920년대는 스코틀랜드 축구팬들에게 그야말로 최고의 시간이었다. 스코틀랜드 대표팀은 1927년까지 브리티

58 *The Times,* "Football: Scotland v. England," 24 Mar. 1928.
59 C. Balding, "Anyone But England," *BBC Radio*(21 Feb, 2012).
60 Moorhouse, "One State, Several Countries," pp.65-66. '앙글로'들을 가장 심도 있게 연구한 글은 Moorhouse, "Scotland against England."

쉬 홈 챔피언쉽에서 6번이나 우승을 차지했으며 단 한번만 잉글랜드와 공동 우승이었다. 잉글랜드와의 전적을 살펴봐도 네 번 이겼고 두 번은 무승부였다. 안타깝게도 스코틀랜드 팀의 홈구장인 함던 파크(Hampden Park, Glasgow)에서 열렸던 1927년 경기에서 스코틀랜드가 2 대 1로 졌기 때문에 스코틀랜드인들은 그날 이후 복수의 칼날을 갈고 있었다.[61] 그들은 '지방에서 경기가 있을 때보다 런던에서의 경기에 훨씬 더 열광하였다.'[62] 1928년 3월 30일, 스코틀랜드인들은 비록 와해될 조짐을 보이고 있었지만 여전히 '제국'인 영국의 심장부이며 잉글랜드의 수도인 런던, 웸블리로 떠날 준비를 하고 있었다.

스코틀랜드인들이 축구경기를 보기 위해 타 지역으로 여행하는 것이 비단 근대축구의 형성이후에 시작된 일만은 아니었다. 축구시합에 참가하거나 이를 구경하던 스코틀랜드인들이 잉글랜드 국경을 넘어가서 약탈을 하거나 폭력을 행사하여 잉글랜드 당국이 이들을 경계했다는 기록은 이미 16세기말부터 여러 차례 등장하였다.[63] 앞장에서 언급했던 바와 같이 19세기에는 주로 스코틀랜드나 잉글랜드 북부지역에서 열리는 경기를 보러갔었다. 그러나 전간기에 들어오면서 잉글랜드와 스코틀랜드 간의 인터내셔널 시합을 볼 목적

61 1924년 제국박람회 개최에 맞춰 처음으로 개장된 웸블리 경기장에서 열렸던 시합은 무승부로 끝났다. 그리고 2년 뒤인 1926년 스코틀랜드는 맨체스터를 홈구장으로 선택한 잉글랜드를 이겼다.

62 GH. 12 April 1924, quoted in Moorhouse, "Scotland against England," p.196.

63 M. Marples, A History of Football (London, 1954), p.61, quoted in Moorhouse, "Scotland against England," p.195.

으로 떠나는 여행은 스코틀랜드인들 사이에서는 이미 하나의 문화로 뿌리내려 있었다.[64]

더구나 1926년에는 글래스고에서 런던까지 일일왕복권이 2파운드(pound) 9실링(shilling) 6페니(d. pennies)였던 데 비해, 1928년에는 1파운드 5실링 6페니로 가격이 오히려 인하되었다. 축구와 함께 대중의 인기를 얻고 있던 보트경기가 런던에서 열리고 있어 철도회사(London and North Eastern Railway: 'LNER'로 불렸다)의 입장에서는 단기간에 큰 수익을 올릴 수 있는 좋은 기회였기 때문이다. 인버네스(Inverness. 스코틀랜드 서북부)에서 출발하는 임시열차도 개통되어 1천1백36개의 좌석이 새로 마련되고 왕복티켓은 1파운드 10실링으로 책정되었다. 이제 30개가 넘는 임시열차가 33개의 정규열차와 함께 런던을 향할 것이었다.[65]

잉글랜드인들은 브리티쉬 홈 챔피언쉽 대회에 그다지 주목하지 않는 듯 했다. 20세기 전반기만 해도 그들은 자신을 곧 '영국'이라 여겼다. 잉글랜드인들이 자신의 팀을 응원할 때 분명히 잉글랜드 팀을 응원하는 것이지 영국 팀을 응원하는 것이 아님에도 불구하고 말이다.[66] 이렇듯 스포츠는 사람들이 의도하지 않은 곳 그리고 생각지도 않는 순간에 민족의식을 느끼고 민족 정체성을 드러내게 하는 힘을 가지고 있었다. 그렇기 때문에 영국에 대한 충성심을 인도와 영국의

64 Moorhouse, "Scotland against England," pp.195-199.

65 GH, 31 March 1928, 13. quoted in Moorhouse, "Scotland against England," pp.196-197.

66 Robinson, "nation through football," pp. 218-221; C. Balding, "Anyone But England," *BBC Radio*(21 Feb, 2012).

크리켓 경기에서 누구를 응원할 것인가로 가늠하겠는다는 노먼 테빗(Norman Tebbit)의 발언은 설득력을 갖는 것이다. 비록 경기를 잘할 수 있는 기술을 누가 더 많이 가지고 있는가가 관건인 스포츠 경기를 가지고 영국인의 정체성을 판단하는 잣대로 삼는다는 비판을 받고는 있지만, 사실상 노먼 테빗의 지적이 터무니없지는 않다.[67] 두 국가나 두 민족 간의 축구 경기가 진행되는 90분 동안 많은 사람들은 애국자로 변모되고, 자신의 거주지나 국적에 상관없이 지리적인 국가의 경계를 넘어서는 하나의 상상된 민족 공동체의 일원이 되는 것이다.

드디어 시합전날인 1928년 3월 30일, 스코틀랜드 선수들은 런던 중심부에 위치한 리젠트 팔러스 호텔(Regent Palace Hotel)에 묵고 있었다. 선수들이 잠자리에 들기 전, 팀의 주장인 지미 맥물런(Jimmy McMullan)은 비장한 어투로 말하였다.

> (SFA의) 로버트 켐벌(Robert Campbell)회장님이 내일 시합에 대해 의논하라고 하시는데 우리 모두 어떻게 해야 할지 압니다. 지금 모두 침대에 들어가서 자기 전에 내일 비가 오도록 기도합시다.[68]

스코틀랜드 출신 축구 저널리스트로 전설적인 인물인 휴 마크바니(Hugh McIlvanney)는 BBC와의 인터뷰에서 그 이유를 설명했다.

67 비판은 비린더 칼라, 라민더 카우르, 존 허트닉, 『디아스포라와 혼종성』 정영주 역 (서울: 에코리브르, 2014), p.44.

68 *BBC*, "A Sporting Nation - Wembley Wizzards 1928."

잉글랜드 선수와 비교했을 때 체구가 훨씬 작은 스코틀랜드 선수들은 일찍부터 신체적 열세를 극복하기 위해 정교한 패스를 바탕으로 빠르게 공을 연결하는 기술을 연마하는데 집중했다. 그렇기 때문에 비가 와서 잔디구장이 질척거리면 체구가 작고 빠르고 민첩한 스코틀랜드 선수들에게 훨씬 더 유리했다.[69]

자정을 넘어 선수들이 여전히 잠들어있는 시간, 한명 두명 스코틀랜드 여행객들이 유스턴(Euston)기차역에 도착하고 있었다. 친구들과 동료들과 함께. 그리고 많은 사람들이 가족과 같이 내려왔다. 이들은 전통적인 타탄 복장에 스코틀랜드를 상징하는 엉겅퀴꽃 장식을 단 모자를 쓴 백파이퍼들의 호위를 받으며 플랫폼을 나섰다. 이들 대부분은 경기가 열리는 오후 세시까지 여느 여행객들과 마찬가지로 런던을 돌아볼 예정이었다. 데일리 레코드(*The Daily Record*) 신문은 이미 '런던 지도'와 '런던에서 오전시간을 보내는 법'이라는 제목의 자그마한 관광책자를 부록으로 배포하였다. 이 지도와 책자가 그들의 가이드역할을 하였다.[70]

이윽고 오후 3시가 다되어가자 경기장은 어느새 관중들로 빽빽하게 들어찼다. 공식집계에 의하면 8만8백68명이었다. 그러나 공식집계와 비공식집계의 오차가 몇 만까지 가능했기 때문에 아무도 정확한 숫자는 알 수 없었다.[71] 웸블리 경기장에는 비가 내리고 있었다.

69 C. Balding, "Anyone But England," *BBC Radio*(21 Feb, 2012).

70 DR.31 March, 1928, 10, quoted in Moorhouse, "Scotland against England," p.197.

71 앞서 언급한 1937년 경기와 마찬가지로 FA컵 대회도 공식집계와 비공식집계 사이에는 큰 차이가 있다. 예를 들어, 1923년 FA컵 결승전에서 12만6천47명의 관중이 공식적으로 집계되었지만 많은 사람들이 출입구를 그냥 밀고 들어온 경우가 많

마침내 오후 3시, 양 팀 선수들은 관중들이 열렬하게 환호하는 가운데 비를 맞으며 경기장 안으로 들어섰다. 당시 왕이던 조지 5세(George V)의 둘째 아들 알버트 왕자(Prince Albert[Duke of York])는 필드로 직접 내려와서 정렬해 있는 22명의 선수들과 일일이 악수하며 그들을 격려했다. 로얄석에서는 영국을 방문한 아프가니스탄 왕 부처가 이 광경을 흐뭇하게 바라보고 있었다.[72] 경기 중간 중간 비가 멈추기도 했지만, 비로 인해 웸블리 잔디구장은 슬러쉬처럼 변해 있었다.

시합은 스코틀랜드의 압승이었다. 더 타임즈, 업저버, 더 스코츠먼 등의 신문들은 경기 내용을 상세하게 담아내었다.[73] 이들은 '굴욕이라 할 만한 패배는 아니었다'[74]며 잉글랜드 팀을 위로하기도 했고, '압도했다(outplayed)[75]' 또는 '압도당했다,' '편안한 승리'[76] '손쉬운(easy) 승리'[77] '저항할 수 없는(irresistible)' 경기[78] 등의 표현으로 스코틀랜

아서 비공식적으로는 15만 정도였음이 '공식적으로' 인정되었다. *The Scotsman,* "Scottish Cup for Ibrox," 16 Apr. 1928.

72 *The Times,* "Association Football," 31. Mar. 1928; The Sunday Times, "Scotland's Easy Victory," 1 Apr. 1928.

73 1923년부터 라디오 방송이 시작되면서 신문도 변해야 했다. 신문은 독자가 이미 뉴스를 모두 들었다는 전제하에 기사를 썼다. 그리고 생중계가 가능한 라디오와 차별을 두기 위해 기사 내용과 문체에 더욱 신경을 쓰지 않을 수 없었다. Nicholas Siân, "Media History of Media Histories? Re-addressing the history of the mass media in inter-war Britain," *Media History* 18. 3~4(2012), pp.383-384.

74 *The Times,* "Association Football," 31. Mar. 1928.

75 *The Scotsman,* "Irresistible Display," 2 Apr. 1928; The Times, "Association Football," 31. Mar. 1928.

76 *The Times,* "Association Football," 31. Mar. 1928.

77 *The Sunday Times,* "Scotland's Easy Victory," 1 Apr. 1928.

78 *The Scotsman,* "Irresistible Display," 2 Apr. 1928.

드의 승리를 축하하였다. 더 스코츠먼은 4월 2일 기사에서 '1928년 웸블리 경기는 스코틀랜드 축구역사에 길이 남을 특별한 경기였다' 고 평하였는데 실제로도 그러하였다. 그날 웸블리에서 승부를 겨뤘던 선수들은 이후에도 '웸블리의 마법사들(Wembley Wizards'로 불리며 많은 사랑을 받았고, 그들의 경기는 승리와 훌륭한 축구를 대변하는 대명사처럼 끊임없이 회자되었다.[79]

신문기사 어디에도 민족적인 감정에 호소하는 대목은 없었다. 발행처와 상관없이 모든 신문은 팀과 선수들의 활약상을 칭찬하고 모자랐던 부분을 아쉬워하며 객관적으로 서술하였다. 그러나 90분 동안 가장 뜨겁게 반응했을 관중들에 대한 이야기는 빠져있었고, 그들의 환호와 함성, 그리고 함께 구호를 외치며 노래 부르던 모습을 재현할 수 있는 실마리는 없었다. 다만 1967년이나 1977년 브리티쉬 홈 챔피언쉽 대회 때처럼 승리의 기쁨에 들뜬 스코틀랜드 관중들이 웸블리 경기장으로 일제히 뛰어 내려가 선수들과 함께 승리를 자축하거나 골대를 무너뜨리고 심지어는 잔디를 파헤쳐 스코틀랜드에 있는 자신의 집으로 가져가서 정원에 심는 그런 행동들은 없었다.[80] 다만 흥분한 스코틀랜드 여행객들은 아직도 세차게

79 예를 들면, *The Scotsman,* 38 Mar. 1931; -, 5 Apr. 1932; -, 14 Apr. 1934; -, 6 Apr. 1935; -, 30 Oct. 1937; -, 16 Nov. 1946; -, 15 July 1970; -, 25 June 1984. 특히 1984년 기사는 웸블리 경기장을 브리티쉬 컨소시엄(British Consortitum)으로부터 인수하여 재개발하는 것에 대한 기사였다. 그럼에도 제목을 보면 '새 웸블리 마법사들, 경기장 탈바꿈에 목표를 두다(New Wembley Wizards aim to tranform site)'이다. 물론 여기서 '웸블리 마법사'들은 1928년 대표팀과는 아무 상관이 없는, 개발에 참여하는 '새' 컨소시움을 의미한다. 이 기사를 통해 우리는 스코틀랜드인들에게 웸블리는 곧 웸블리 마법사들임을 알 수 있다.

80 https://en.wikipedia.org/wiki/England%E2%80%93Scotland_football_rivalry#1967

내리는 비를 맞으며 서로 인사를 나누고 또 때로는 노래를 부르고 구호를 외치면서 어둑해져가는 런던 거리를 걸어 유스턴 기차역으로 향했다. 그들은 2년 후인 1930년 다시 웸블리로 돌아갈 것이었다.

그들은 왜 웸블리로 가는 그 힘든 여정을 마다하지 않았을까, 브리티쉬 홈 챔피언쉽에는 별다른 관심이 없는 듯한 태도를 보이던 잉글랜드인들은 왜 그곳에 갔을까. 스코틀랜드인들은 잉글랜드와의 경기를 보러가는 당일여행이 하나의 문화로 고착되도록 왜 매번 그 여행을 반복했을까. 물론 당시 영국 팀들의 실력을 이야기하지 않을 수 없다. 1907년 FA의 부회장직을 역임했던 윌리엄 피크포드(William Pickford)는 "1923년(IFAB에서 일하게 되기)까진 영국 이외 지역에서의 축구에는 전혀 관심을 두지 않았어요"라고 말했다.[81] 1872년에서 1929년 사이 스코틀랜드는 오직 잉글랜드, 아일랜드, 웨일즈와만 경기를 했고 아일랜드와 웨일즈는 1932년까지 그러했다. 축구를 하기위해 브리튼 '섬' 바깥으로 나가는 것이 어렵던 시절이기도 했지만, 그럴 필요성을 느끼지도 않았다. 심지어는 월드컵 대회에 참가해서 자신들의 실력을 입증할 필요조차 느끼지 않았다. 그들에게는 그들 사이의 리그가 바로 '인터내셔널'이었고, 브리티쉬 홈 챔피언쉽에서의 우승은 곧 '세계 최고'를 의미했기 때문이다.

1928년 3월 31일 웸블리에서 그들은 세계 최고의 축구경기와 세계 최고의 선수들을 지켜보았다. 그러나 과연 그 이유 때문에 8만 명

81 William Pickford, A Few Recollections of Sport (Bournemouth: Bournemouth Guardian, 1938), p.108, quoted in Beck, "British football and FIFA," p.117.

이 넘는 사람들이 그 자리를 지키고 있었을까. 그렇진 않을 것이다. 많은 사람들이 친구, 동료, 가족과 함께 런던에 내려와서 즐거운 시간을 보내고 싶었을 것이고, 그래서 평생 기억에 남을 추억을 만들고 싶었을 것이지만, 무엇보다 자신의 팀을 응원하고 싶었을 것이다. 매해 반복되는 여행에서 스코틀랜드인들의 강한 민족적 자긍심을 찾아내는 것이 결코 어려운 일은 아니다. 민족의식과 민족 정체성은 그들의 언어, 복장, 사고 뿐 아니라 이런 축구 사랑을 통해서도 드러나는 것이다.

그렇다면 축구는 이런 민족적인 감정을 드러내고 표현하는 문화적인 통로인가, 아니면 그보다 더 큰 의미를 담고 있는 문화적 현상인가, 아니면 현실마저 바꿀 수 있는 실체적 존재인가. 다음 장에서 결론 지으려 한다.

05 맺음말

이상에서와 같이 이 연구자는 축구와 민족주의의 상호관계를 파악하기 위해 먼저 민중놀이였던 축구가 영국의 중 · 상류층에 의해 근대축구로 변모되고 국민 스포츠로 대중화되는 과정을 살펴보았다. 또한 영국을 구성하는 4개의 민족이 서로 경합을 벌이는 브리티쉬 홈 챔피언쉽 대회에 주목하였고, 1928년 웸블리 '인터내셔널' 경기를 사례로 축구와 영국 사회 사이의 상호작용을 살펴보았다.

이를 통해 축구가 처음부터 민족주의적 감정을 표출하는 문화적 현상의 역할을 한 것은 아니라는 점을 알 수 있었다. 축구는 영국 사회와의 상호관계를 통해 근대화와 대중화를 이룰 수 있었고 이런 토대를 바탕으로 영국 사회에 내재되어 있던 민족적 갈등을 분출시키는 문화적 통로가 될 수 있었던 것이다. 이와 마찬가지로 1872년 이후 매년 개최되던 잉글랜드와 스코틀랜드 대표팀의 축구시합도 민족주의와 민족 정체성 문제만으로 국한될 수 없는 다양한 사회적 면모를 갖추고 있었다. 100여 년 동안 매해 벌여졌던 이 시합은 그 자체 '축구 관람여행'이라는 새로운 문화를 창조해내었으며, 그 여행에 참여했던 수많은 사람들은 런던에서 즐거운 시간을 보내려는 목적을 갖고 있었다. 그러나 표면적으로는 여느 '목적지 관광'과 다를 바 없는 이 여행이 하나의 문화로 고착되기까지 매해 지속되었다는 점에 주목해야 할 것이다. 스코틀랜드인들은 한해는 글라스고의 함던 파크로, 그리고 그 다음 해에는 잉글랜드 팀이 지정한 시합장소로 달려갔다. 이 당일치기 여행은 실상 2년 동안 치밀하게 준비되었고, 그 준비과정을 통해 가족구성원과 동료, 친구들 사이에는 공동체 의식이 형성되었다.

1928년 웸블리 경기를 기사화했던 신문들은 당시 경기장을 가득 메웠던 8만 관중에 크게 주목하지 않지 않았다. 그로 인해 신문기사에서는 많은 것을 얻어내기 어려웠다. 하지만 '민족주의적 감정'은 그 자체가 일반 사람들이 희망하는 것처럼 '구체적'으로 재현되거나 입증될 수 있는 성격의 것은 아니다. 예를 들어, 스코틀랜드의 독립에 찬성표를 던진 사람들조차 순전히 민족적인 감정의 발현이라 치부할 수는 없을 것이다. 그에 비하면 축구를 통해 표출되는 민족적 감정은 훨씬 더 직접적이고 명료하다. 앙글로들에 대한 부정적인 감정, 선수 개개인이 모든 것을 쏟아 붓는 경기, 터무니없이 많은 골을 내준 골키퍼의 해외이주, 이 모든 것이 1928년 3월 31일 오전시간에 런던을 방문했던 여느 여행객처럼 지도와 관광책자를 손에 쥐고 런던 시내를 돌아다녔을 스코틀랜드인들의 '진심'이었던 것이다.

스코틀랜드인들은 1707년 스코틀랜드 왕국이 잉글랜드 왕국에 통합된 이후 20세기에 이르기까지 자신이 영국을 구성하는 4개의 민족 가운데 하나라는 현실과 타협하면서도 여전히 자신의 본질을 잊지 않았다. 그리고 그 본질을 축구라는 문화를 통해 여과 없이 드러냈다. 실러스는 축구가 '90분의 애국자들'을 배출해내었다고 비판했지만, 실상 이들은 축구라는 문화적 현상을 통해 공동체의식의 끈을 붙잡고 오랜 세월 자신의 민족적 감정을 실체화할 수 있는 힘을 축적해왔던 것이다. 그런 점에서 축구는 그 자체 현실을 바꿀 수 있는 구체적인 실체라기보다 그런 실체에 대한 꿈을 잊지 않게 하는 문화적 매개물인 것이다.

1928년 3월 31일, 이후 '웸블리의 마법사들'이라는 별명이 붙게 될 축구경기가 진행되는 동안 잉글랜드인과 스코틀랜드인들은 두 민족 간의 오랜 역사적 갈등의 새로운 터널을 지나며 경기가 가져다주는 희열에 몸을 떨었을 것이다. 그러나 그들이 미처 인식하지 못하고 있었던 것은 4개의 민족이 한 정치체제 속에 공존하는 가운데 균게 다져진 그들의 민족 정체성이 이 시합을 통해 또 다시 표면으로 분출되면서 그들의 의식 속에 더 확고하게 확립될 것이라는 점이었다. 그것이 바로 축구의 본질이었다.

이글은 「영국 근대축구의 사회 · 문화적 역할과 1928년 웸블리(Wembley) 민족 대항전」 『역사와 경계』98(2016.3)을 기초로 수정 보완하여 작성한 것이다.

제4장

19세기 말 미식축구와 계급경계의 유동성

|김 정 욱|

김정욱

인천대학교 역사교육과 조교수
고려대학교 학사, 석사
미국 캔자스 대학교 미국학과 박사(미국사 전공)

주요논저
「1950년대 성과 젠더규범 그리고 『플레이보이』」, (2014)
「화해를 위한 역사교육을 통한 인종적 국민주의의 부상」, (2013)
「자유의 다의성과 이중적 정체성 만들기」, (2012)
「Fighting Men and Fighting Women」, (2012)

01 머리말

19세기 이래 서양에서 자본주의의 연원은 중요한 학술적 논의 대상이 되었으며 그 설명 방식은 다양하고 경우에 따라 대조적이었다. 칼 마르크스(Karl Marx)가 농촌의 계급분화와 임노동 관계의 형성과 같은 사회경제적 변화를 해명함으로써 자본주의의 연원을 이해했던 것에 반해, 막스 베버(Max Weber)가 문화적 변동과 자본주의 간의 관련성을 논의했던 것이 그 대표적 사례일 것이다. 경제구조의 생성에 있어 문화의 역할에 주목했던 베버의 『프로테스탄티즘 윤리와 자본주의 정신』은 일단의 프로테스탄트 종파들이 예정설에 기초하여 자본주의에 조응하는 생활격식을 만들어내고 이에 따라 새로운 경제구조가 확산되는 과정을 주목하였다.

베버에 의하면 자본주의의 주역은 직업적 성공이라는 장기적 목적을 위해 자신의 본능과 욕망을 이성적으로 통제했던 사람들이었다. 흔히 부르주아지로 불리어지는 이들은 경제적으로 다양한 지위를 가지고 있었으나 근면과 검약을 중시하고 유희를 거부하는 생산자의 가치를 공유하며 문화적으로 귀족(미국의 경우 동부지역의 소수의 귀족적 최상층 계급)과 노동계급 양자로부터 자신을 분리한 중간자적 집단이었다. 19세기에 들어 이들은 원초적 본능을 억제하는 자기통제를 경제적 영역을 넘어서 삶의 모든 부분으로 확장하면서 폭력과 잔인함 그리고 성적 욕망을 혐오하는 계급윤리들을 주조하였다. 이렇게 만들어진 중간계급은 정신과 육체, 이성과 감성, 절제와 본능, 문명과 야만을 구획하는 이분법적 세계관을 가지고 있었으며 전자의 우월성을 신봉하면서 '경제적으로 성공한 신사'를 이상으로 추구하는 집단이었던 것이다.[1]

이러한 중간계급의 문화적 정체성은 스포츠를 보는 방식에도 영향을 미쳤다. 중간계급은 스포츠를 그들이 만들어낸 정상과 일탈의 이분법에서 후자와 연관된 하위계급의 풍속으로 여겨 기피하였다. 특히 프라이즈 파이팅[2]은 노동계급의 저열한 문화를 보여주는 대표적 사례로 여겨졌다. 중간계급 인사들은 프라이즈 파이팅을 "근육"이 아닌 "정신"을 필요로 하는 시대에 역행하는 "적나라한 힘"과 "호전적 본능"을 과시하는 "아프리카 한복판에서나 존재할 수 있는 야만"의 상징이자 "문명화된 사회에 대한 모욕"으로 규정함으로써 이를 노동자들을 계급적 타자로 만드는 데 활용하였던 것이다.[3]

이렇듯 내부의 경제적인 차별성을 가지면서도 독자적 정체성을 만들어냄으로써 계급으로 형성된 19세기의 중간계급이 보여주듯이 하나의 계급은 마르크스가 정의한 것처럼 사회경제적 구조의 단순한 산물이 아니라, 이러한 구조의 영향 하에서 능동적 문화적 정체

1 Michael Kimmel, *Manhood in America: A Cultural History* (New York: Free Press, 1996), pp.13-78; 김정욱, 「19세기 말 스포츠로서 미국 복싱의 발전과 탈계급적 남성성의 형성」, 『미국사연구』33(2011), pp.34-35.

2 복싱의 원형으로 경기시간의 제한 없이 맨주먹으로 싸우던 격투기이며 그 폭력성으로 인해 발상지인 영국은 물론이고 미국에서도 불법화되었던 운동이다.

3 "A Prizefight, Nothing Else," *New York Times* (Oct. 8, 1893); "Would the Suppression of Prizefights Be Beneficial?" *San Francisco Morning Call* (Oct. 23, 1892); Charlotte P. Gilman, "Review," *Impress* 2 (Dec. 22, 1894); "A Fiery Opposition," *St. Paul Daily Globe* (July 21, 1891).

성 만들기의 과정이다. 그러나 문화를 통한 중간계급의 형성을 고찰하는 탈경제결정론적 연구들이 가진 의미에도 불구하고 이러한 연구들은 중간계급 문화의 핵심적 특징들을 탈역사적으로 나열함으로써 자칫 중간계급의 문화적 특수성과 일체감 그리고 중간계급 문화의 불변성을 과도하게 강조하는 문제를 야기할 수도 있다.[4] 이 경우 계급경계란 고정된 것이 아니라 유동적이라는 것을 간과하게 된다.

실제 중간계급 문화와 그것이 만드는 사회적 경계는 전사회적인 기획에 의해 만들어지는 것이 아니라 중간계급이 헤게모니를 가진 각 문화기관에서 다양한 방식으로 만들어진다. 그 결과 이들 문화기관은 부르주아지 윤리를 일상화하는 기능을 수행하지만 동시에 각 기관에서 만들어진 서로 다른 계급윤리들이 서로 갈등하고 대립하면서 계급경계의 불안정성이 심화되기도 한다. 본고는 이러한 복합적인 문화현상을 대학스포츠인 미식축구를 통해 고찰해보고자 하는 것이다.

1870년대 동부의 명문 사립대학에서 시작된 미식축구는 월터 캠프(Walter Camp)에 의해[5]에 의해 경기규칙이 체계화되면서 미국을 대표하는 엘리트 운동으로 발전하였다. 축구가 중간계급 문화의 사

4 이를 지적하는 연구로는 Karen Halttunen, *Confidence Men and Painted Women* (New Haven; Yale Univ. Pr., 1986)와 Ann Fabian, *Card Sharps, Dream Books, and Bucket Shops: Gambling in 19th Century America* (Ithaca: Cornell Univ. Pr., 1990).

5 캠프는 1876년 11월 18일 역사적인 예일과 하버드의 첫 경기에서 예일의 1대 0 승리에 기여한 선수로 이후 예일대 코치를 지냈다. 1880년대와 1890년대에는 대학축구협회의 지도자로 경기규칙들을 제정하여 '축구의 아버지'로 불리었던 인물이다.

각지대에 위치한 폭력적 대학생 놀이에서 유래된 것에서 알 수 있듯이 이는 격렬한 신체활동을 통해서 과도한 문명화와 대기업 자본주의(corporate capitalism) 사회에서 왜소해지는 중간계급 남성의 불안심리를 극복하는 저항수단으로 확산되었다. 그러나 캠프는 축구를 호전적인 남성성을 배출하는 기회로만 여긴 것이 아니라 전통적 중간계급 가치와 더불어 기업의 합리적 관리자가 되기 위한 지적 자질과 기업조직에 조응하는 팀웍을 습득하는 학습도구로 만들려 하였다. 이에 따라 미식축구는 원시적 남성성과 전통적 신사도 그리고 전술의식과 같은 다양한 가치들을 추구하는 운동이 되었다. 캠프와 그의 지지자들은 축구를 통해 중간계급 남성의 거세의식을 극복하기 위한 원시성의 표현을 용인하면서도 이를 여전히 이성적인 자기통제와 합리성의 하위에 위치시킴으로써 정신과 육체, 이성과 감성, 절제와 본능, 문명과 야만을 구획하는 전통적 계급관념을 변주하고 저항의식을 포용한 새로운 중간계급 남성의 정체성을 만들려 하였던 것이다.

그럼에도 불구하고 경기규칙과 실제 경기에 초점을 맞춘 고찰은 축구의 성격을 둘러싼 고질적인 헤게모니 투쟁이 존재하였으며 승부욕에 지배되는 선수들이 축구를 노동계급 남성이 숭상하는 호전성과 완력 그리고 반이성적 용기에 의존하는 정서적 운동으로 변질시키고 나아가 육체와 본능에 대한 이성의 통제라는 중간계급 문화의 핵심적 가치에 도전했던 것을 드러낼 것이다. 이렇듯 노동계급 운동인 프라이즈 파이팅을 능가하는 폭력성과 원시성을 표출한 축구경기는 축구 지도자들을 당황시켰을 뿐 아니라 중간계급 사이의 격렬한 논쟁의 대상이 되었다. 이로 인한 축구의 다의적 텍스트화는 19세기 말 중간계급 문화의 다양성과 계급경계의 불안정성을 보여줄 것이다.

본고는 캠프의 영향력이 쇠퇴하고 축구경기에 대한 전국적 반대운동이 조직화되는 1895년까지의 시기를 중심으로 축구 규칙 형성기에 나타난 헤게모니 갈등을 살펴보고 축구를 통한 계급경계의 지속적 재구성과 해체 현상을 재현해보고자 한다. 이를 위하여 1장에서는 캠프와 그의 지지자들이 축구를 신사들의 전술 경기로 만들기 위한 제도화를 추구하였으나 선수들과 경기에 대한 통제력을 확보하지 못하는 현상을 고찰하고, 2장에서는 1887년 규칙개정을 계기로 프라이즈 파이팅보다 더욱 과격해진 축구에 대한 중간계급 인사들의 반대운동이 격화되며 이로 인해 계급경계의 혼란이 심화되는 현상을 설명하고자 한다.[6]

6 본고는 기존의 미식축구 연구 성과를 흡수하면서 새로운 시각에서 주제에 접근하고자 한다. 축구를 학술적 연구대상으로 만든 것은 로널드 A. 스미스(Roanld A. Smith)의 『Sport & Freedom: The Rise of Big-Time College Athletics(1988)』이었다. 이후 마이클 오리어드(Michael Oriard)는 『Reading the Football: How the Popular Press Created an American Spectacle(1993)』에서 캠프가 축구를 대기업 자본주의 문화에 조응하는 운동으로 만드는 과정을 분석하였다. 그러나 오리어드는 축구라는 텍스트의 다의성과 텍스트 간 차이에 지나치게 치중하여 캠프에 의해 만들어진 축구를 19세기의 전통적 중간계급 문화와 단절된 것으로 이해하고 그 결과 캠프와 아마추어주의자들 간의 적대적 관계를 과장한다. 즉, 중간계급의 문화 경계 안에 중심으로부터 다양한 거리를 가진 그러나 상호 차별성과 유사성을 가진 계급 담론들이 공존할 수 있다는 사실을 간과하는 것이다. 반면 근래 출간된 존 피테그루(John Pettegrew)의 『Brutes in Suits: Male Sensibility in America, 1890-1920(2007)』는 축구를 19세기 말 남성의 저항문화의 한 부분으로 정의하고 경기규칙들이 통제할 수 없었던 그 속에 내재한 원시성을 고찰하였다. 그러나 피테그루는 전술경기로의 규칙의 변화와 호전성 상승 간의 역설적 상관관계를 충분히 논의하지 못하고 있다. 본고는 이러한 기존 연구들의 한계를 극복하고 특히 축구와 프라이즈 파이

02 강인한 신사와 합리적 경영자를 위한 경기 속의 문화적 갈등

1830년대 운하, 철도 등 새로운 교통수단의 발전과 더불어 시작된 미국의 '시장혁명'은 전통적 농촌공동체를 화폐경제에 편입시키고 또한 해체시켰다. 시장경제에 성공적으로 적응한 소장인, 소상점주, 변호사, 엔지니어 등으로 구성된 중간계급 남성들은 자신들을 경제적으로 독립함으로써 인격적으로 자율성을 가진 존재로 여기게 되었다. 반면 공동체적 인간을 지향하던 전통적 사고는 퇴조하였다.[7] 이렇듯 사익을 추구하며 경제적 자립을 달성한 남성이 새로운 사회적 이상이 됨에 따라 중간계급 남성은 직업적 성공을 통해서 남성성을 증명하기 위하여 노력하였다. 그러나 남북전쟁 전후로 산업화가 본격화됨에 따라 이러한 소생산자 시대의 문화에도 심대한 변화가 나타나기 시작하였다.

실례로 산업화와 도시화가 정신노동에 종사하는 자신들의 육체에 부정적 영향을 미치고 있다는 인식이 확산되면서 "자산의 법칙이 너무 강하게 지배하는" 사회 속에서 일에의 전념을 방해하는 소년문화의 잔상으로 금기시되던 스포츠에 대한 중간계급의 사고가 변화하기 시작하였다.[8] 이러한 전환의 이면에는 대기업 자본주의체제의

팅을 비교하면서 계급경계에 대해 논해보고자 한다.

7 Henry Ward Beecher, *Lectures to Young Men: on Various Important Subjects* (Indianapolis: Thomas B. Culter, 1844), pp.18-22.

8 "The Resurrection of Muscle," *New York Times* (Aug. 30, 1860).

부상 속에서 경제적 독립과 이를 통한 개인의 자율성 획득이라는 삶의 목표를 실현할 수 없게 된 중간계급 남성의 반발이 내재하고 있었다. 거대 조직 속에서 독립성과 자율성을 희생한 채 봉급을 받는 (중간)경영자로서 노동자와 유사한 지위에 놓이게 된 이들은 일을 통해 자신의 남성성을 증명할 수 없게 되었고 이에 노동자들과 마찬가지로 육체적 강인함과 호전성을 과시하며 남성적 가치를 증명할 기회를 부여하는 스포츠에 매료되었던 것이다.[9]

19세기 말 스포츠의 확산은 중간계급의 이분법적 문화의 약화 내지 변화를 의미하는 것이었다. 전통적으로 중간계급이 정신과 육체, 이성과 감성, 절제와 본능, 문명과 야만과 같은 이분법에 기초하여 인간적인 특성과 동물적인 특성 간의 철저한 단절을 추구했다면, 19세기 말 육체문화를 긍정하는 이들은 인간과 동물이 많은 공통점을 가지고 있으며 단지 진화단계 상의 차이만을 가진다고 주장하기 시작하였다. 인간이 본능적이며 감성적이며 때로는 폭력적인 육체 활동을 통해 건강한 몸을 가지게 된 이후 인간에게만 가능한 정신적, 이성적 성숙의 단계를 거쳐 완성된다고 보았기 때문이었다.[10]

그러나 새롭게 부상한 진화론적 사고가 남성들 사이의 계급적 구획을 약화시킨 것은 아니었다. 많은 중간계급 인사들이 이제는 모든 남성들이 공유하는 문화행위가 된 스포츠를 통해 여전히 계급적 차

9 Varda Burstyn, *The Rise of Men: Manhood, Politics, and the Culture of Sport* (Toronto: Univ. of Toronto Pr., 1999), pp.50-54.

10 N. S. Shaler, "The Athletic Problem in Education," *Atlantic Monthly* 63 (Jan. 1889), pp.79-80.

이를 재확인하려 했기 때문이었다. 이들은 스포츠의 궁극적 목적을 육체적 강인함을 기르거나 즐거움을 찾거나 또는 돈을 버는 것이 아니라 이성적인 자기 통제력의 증진에 두었고 스포츠를 중간계급의 가치관을 형성하기 위한 수련으로 여겼던 것이다. 아마추어리즘은 바로 이러한 계급의식을 대변하는 이상이었다. 아마추어리즘은 승부욕을 억제하기 위하여 금전적 이익을 얻기 위하여 경기를 하는 것을 금지하였다. 그리고 경기자로 하여금 승리하는 것보다는 상대방을 보호하면서 정정당당하게 경기를 하며 승패를 겸허하게 받아들이도록 요구하였다. 승부욕에 사로잡혀 (규칙으로 금지되어 있지 않더라도) 정직하지 못한 (비신사적) 수단을 사용한다거나 전문적 기술을 습득하기 위해 훈련하는 것은 스포츠맨의 규범을 벗어난 것으로 여겨졌다.[11]

그러나 축구는 이러한 아마추어리즘을 실현하기에 이상적인 운동이었던가? 축구는 대학의 고전 중심 교육에 반발하는 학생들이 방과 후 벌였던 공차기 놀이에 연원을 두고 있었다.[12] 주먹질과 가학적 폭력이 난무하고 "프라이즈 파이팅이나 싸움으로 변질되는" 게다가 심심치 않게 사망자까지 발생하는 이 원시적 운동은 곧 학교 당국의 골칫거리가 되었다.[13] 그럼에도 불구하고 이 난폭한 운동은 점차 학교 간 대항전으로 발전하였으며, 학생들은 외래 운동의 규칙을 차용

11 Richard Holt, *Sport and the British: A Modern History* (Oxford: Oxford Univ. Pr., 1992), pp.98-116.

12 "Yale Football Game," *New York Times* (Oct. 15, 1852).

13 "Trouble at Harvard College," *Sacramento Daily Union*(Dec. 20, 1860); "Harvard's Football Buried," *Daily Alta California* (Oct. 6, 1860).

하여 경기를 체계화시키기 시작하였다. 1875년 하버드대가 럭비 규칙을 수용하여 가로 100야드 세로 150야드의 경기장(gridiron) 규격을 제정하고 이듬해 맥길(McGill)대와 경기를 치름으로써 미식축구의 역사가 시작되었다.[14]

그렇다면 학생들 간의 모의전투에서 유래되어 폭력적인 운동으로 악명을 떨쳤던 축구가 어떻게 대표적인 학원 스포츠로서 정당성을 획득하였을까? 축구가 묵인된 이면에는 우선 이미 1857년 올리버 홈즈(Oliver W. Holmes)로 하여금 "복싱은 과격한 스포츠지만 열정적 젊은이들에게는 그렇지 않다"고 주장하도록 만든 중간계급의 사회규범이 조장하는 유약함에 대한 점증하는 혐오감이 있었을 것이다.[15] 동시에 새로운 운동의 지지자들이 홈즈와 마찬가지로 전통적 중간계급 윤리에 비판적이면서도 축구가 여전히 중간계급의 문화적 경계를 이탈하지 않고 있다는 점을 지속적으로 강조함으로써 정당성을 부여했다는 점을 주목해야 한다. 가령 축구선수들을 가리켜 인간 본능에 기초한 "개인 간 육체적 투쟁"을 위주로 하는 "거친 운동"을 하면서도 "천사와 같은 성격"을 가진 사람들이라 주장했던 캠프는 어떠한 상황에서도 선수들이 호전적 본능을 이성적으로 완전히 통제할 수 있다는 것을 강조하고 있었다.[16] 마찬가지로 프린스턴대 축구부 주장 출신으로 캠프와 더불어 초창기 축구를 이끌었던

14 당시에는 15명이 한 팀으로 이루어져 있었으나 곧 그 수가 11명으로 축소되었다. 터치다운에 4점과 보너스킥에 2점, 필드골에 5점을 부여하였다. 경기시간은 전후반 1시간 10분씩으로 나뉘어져 있었다. 현재는 터치다운과 보너스킥에 6점과 1점을 부여하며 경기시간은 15분 4쿼터로 구성된다.

15 Oliver W. Holmes, *The Autocrat of the Breakfast-Table,* Vol. 2 (Boston: Houghton, 1894), p.255.

16 Walter Camp, "Football," *Outing* 11.4 (Jan. 1888), p.379.

리처드 호지(Richard M. Hodge)는 축구를 비판하는 사람들을 육체문화의 유용성을 모르는 구시대적 인물들로 공격하면서 축구가 중간계급의 이상을 실현하는 즉 "신사들(gentlemen)"을 만드는 교육수단이라고 주장하였다.[17] 이렇듯 축구의 지지자들은 원시적인 육체적 투쟁 속에서 실현되는 규칙에 대한 복종과 상대방에 대한 존중이 보여주는 "자기통제(self-control)"가 축구를 노동계급의 운동과 차별 짓는다는 점을 강조하였고, 축구를 육체적으로 강인하고 이성적 절제력을 갖춘 신사를 만들기 위한 수련으로 정의하였던 것이다.[18] 따라서 격렬한 운동을 통해 전통적 신사를 배양한다고 자부했던 축구 지지자들은 중간계급 운동이념인 아마추어리즘과 그 핵심가치인 페어플레이(fair play)의 중요성을 강조하였다.

그렇다면 캠프와 그 지지자들의 희망대로 축구는 경기장의 신사도인 페어플레이 정신을 실현하는 경기로 발전하였는가? 실제 축구경기가 학교 간 대항전이 되는 것과 동시에 캐스퍼 휘트니(Caspar Whitney)와 같이 축구를 옹호했던 아마추어주의자들이 예측하지 못한 파벌의식과 승부욕이 경기장 안팎을 지배하기 시작하였다. 실례로 많은 선수들은 1879년 "보다 진지하게 보이기 위해서" 경기 전 도살장에서 경기복에 가축의 피를 묻혔던 예일대의 프레더릭 레밍턴(Frederick Remington)의 사례를 즐겨 모방하고 있었다.[19] 한 신문 편집자는 "애교심은 온통 승패에만 관심을 두게 한다"고 비판함으로

17 Richard M. Hodge, "American College Football," *Outing* 11.6 (Mar. 1888), p.484.
18 J. William White and Horatio C. Wood, "Intercollegiate Football," *North American Review* 158.446 (Jan. 1894), p.102.
19 Oriard, *Reading Football,* p.192.

써 과열된 승부욕에 우려를 표명하였으며,[20] 유명 체육학자 셸러(N.S. Shaler) 역시 "폭도와 같은 격정"을 표출하는 승리의식 속에서 중간계급 운동관과 배치되는 과도한 승부욕이라는 "악(evil)"의 확산을 보았던 것이다.[21]

따라서 페어플레이 정신을 확산시키려던 캠프의 노력은 처음부터 위기에 봉착하였다. 모든 경기 규칙의 변화는 축구가 "공정한(fair) 경쟁"이 되도록 만들기 위한 것임을 강조한 캠프는 프로페셔널리즘을 "악귀(bugbear)"에 비유하며 돈을 위해 경기를 하며 승리를 위해 수단과 방법을 가지지 않은 노동자 스포츠와의 절연을 촉구하였다.[22] 그리고 상대방의 존중과 보호라는 아마추어 정신의 실현을 위해 "모든 불필요한 과격함과 가격"이 금지되어야 한다는 점을 강조하였다.[23] 그러나 반칙 사례들을 구체적으로 열거하여 금지시키면서 럭비의 그것과 비교할 수 없이 두툼해지는 그의 미식축구 규정집은 선수들이 경기장에서 예의바른 신사로 행동하고 있지 않다는 점을 간접적으로 시인하는 것이나 다름없었다.

캠프는 이러한 규칙의 세밀화가 영국인과 달리 과거의 관례를 그대로 따르기보다 모든 상황을 명확하게 규정하고자 하는 미국인의 반전통주의와 혁신성을 반영한다고 변호하였지만 결국에는 미국 엘리트문화의 한 가지 특징을 고백할 수밖에 없었다. "영국인들이

20 Pettegrew, *Brutes in Suits,* p.130 인용.
21 Shaler, "The Athletic Problem in Education," p.86.
22 Walter Camp, "Yale College," *Outing* 4.1 (Apr. 1884), p.66.
23 Walter Camp, "The Game and Laws of American Football," *Outing* 11.1 (Oct. 1887), p.75.

규칙을 가지지 않았을 때 규칙보다 뿌리 깊은 전통에 의존하는 것과 달리 그러한 불문율이 통용되지 않는 이 나라에서 우리는 더 구체적인 규칙을 가져야만 한다"라는 그의 발언은 신사도의 영향력 하에서 페어플레이가 전통(불문율)의 형태로 실현되는 영국과 달리 미국에서 이를 강요하는 것이 어려웠다는 사실을 드러내고 있었다.[24] 따라서 캠프는 "성공을 위한 유혹"을 떨쳐내지 못하는 대학스포츠 속에 만연한 "부당하게 승리하려는" "저열한 정신"을 반영하는 각종 비신사적 행위들을 구체적 규칙들을 가지고 통제해야 했던 것이다.[25]

실제 경기장에서는 선수들이 규정집이 모든 비신사적 행위를 부정행위로 명문화 하고 있지 못한 맹점을 마음껏 이용하고 있었다. 상대방이 손으로 부여잡을 때를 대비하여 돼지기름(lard)을 경기복에 바르거나, 공을 용이하게 잡기 위하여 손에 끈적끈적한 베네스테레빈(Venetian turpentine)을 묻히고, 공을 경기복 속에 숨겨 상대를 혼란에 빠뜨리는 행위들은 구체적인 규칙이 이들을 부정행위로 규제할 때까지 계속되었다.[26] 이러한 비신사적 행위들의 근원인 게임스맨쉽(gamesmanship)은 노동자들의 프로스포츠에서 보편화된 것으로 아마추어 페어플레이 정신의 이상인 스포츠맨쉽과 대조되었다. 스포츠맨쉽이 승리의 열망 대신 정정당당한 경기 운영을 중시

24 Walter Camp, "The American Game of Football," *Harper's Weekly* 32.932 (Nov. 10, 1888), p. 80. 불문율의 준수를 거부하는 미국식 태도에 대해서는 Michael Oriard, *Sporting with the Gods: The Rhetoric of Play and Game in American Literature* (New York: Cambridge Univ. Pr., 1981), p.31.

25 Shaler, "The Athletic Problem in Education," p.83.

26 Julie D. Jardins, *Walter Camp: Football and the Modern Man* (New York: Oxford Univ. Pr., 2015), p.104.

하며 비록 규칙이 명확한 조문으로 금지하지 않았더라도 부당하다 생각되는 수단을 거부하는 태도를 의미하는 반면 게임스맨쉽은 제정된 규칙을 노골적으로 위반하지는 않더라도 규칙이 구체적으로 금지하지 않는 한 부정직한 수단을 기꺼이 사용하려는 태도를 의미했기 때문이었다.[27] 캠프 본인이 자인했듯이 선수들 사이에서 과열된 승부욕인 게임스맨쉽이 만연한 상태에서 구체적으로 경기규칙에 의해 금지되지 않은 새로운 부정한 행위들이 지속적으로 등장했던 것이다.[28]

이렇듯 축구를 아마추어 신사 스포츠에 조응시키려한 시도는 오직 제한적인 성공만을 거두었다. 그러나 캠프는 여전히 이 운동이 중간계급의 용인을 받을 수 있는 또 다른 계급적 덕목을 확고히 보여주기를 바라고 있었다. 그 덕목은 합리성이었다. 따라서 캠프는 축구를 시장에서의 엄혹한 경쟁에서 승리할 수 있는 자본주의적 관리자와 경영자를 양성하는 목적을 가진 고도의 전술적 능력 즉 지력을 겨루는 경기로 만들고자 하였던 것이다. 캠프는 스포츠를 옹호하던 중간계급 인사들과 마찬가지로 진화론적 발전단계론을 수용하였고 어린 시절의 인간이 그 2/3가 육체로 이루어졌다면 성숙한 후에는 2/3가 정신과 지력으로 이루어진다고 믿고 있었다. 그에게 있어 축구를 비롯한 학교 스포츠의 유용성은 바로 이러한 생의 전환을 완성시키는 것이었다. 따라서 캠프는 미식축구를 "근력만을 가지고

27 John Dizikes, *Sportsmen & Gamesmen* (Colombia: Univ. of Missouri Pr., 2002), p. 38.

28 Camp, "The Game and Laws of American Football," p.76.

두뇌가 없는" 자들의 유희로 여기는 사람들에 맞서 이것이 이성적 절제력을 배양할 뿐만 아니라 지적인 능력을 개발하는 운동임을 증명하려 했다.[29] 그가 선택한 것은 기술적인 팀, 즉 완력이 아닌 전술에서 앞선 팀이 승리할 수 있도록 규칙을 개정하는 것이었다.

그러나 럭비와 비교할 수 없을 정도로 포지션별로 분화된 선수들이 전문적 역할을 수행하고 이들 간의 유기적인 협력이 실현되는 경기를 캠프가 바라고 있었다면 전술집행 능력을 판정할 근거는 점수밖에 없었다. 따라서 전술경기를 추구하던 캠프는 자신이 중시하던 아마추어리즘을 스스로 위배하여 선수들의 승부욕을 정당화하게 되었다. 가령 승부지향적인 캠프는 "어떠한 (금전적) 이득도 바라지 말고 운동 그 자체를 즐기기 위해 경기를 하라"는 아마추어 선수들의 표어가 "정직하고 열심히 경기하라. 그리고 승리하라"를 의미한다고 믿고 있었다.[30] 아마추어정신에 따라 패배를 초연히 받아들이라 말하면서도 다음 경기를 이기기 위해 노력하라고 권유함으로써 선수들의 승부욕을 고취시켰던 것이다. 그러나 이렇게 조장된 승부욕은 캠프의 의도와 달리 페어플레이의 실현과 전술경기로의 발전 모두를 가로막는 장애가 되었다. 이러한 역설은 그가 주도한 일련의 규칙 개정의 결과들을 통해 명백하게 드러났던 것이다.

과학적 경기를 선호했던 캠프에게 있어 럭비의 영향력이 잔존해

29 Walter Camp, "College Athletics," *New Englander and Yale Review* 4.184 (Jan. 1885), p.138.
30 Walter Camp, "Intercollegiate Football in America 2," *St. Nicholas and Illustrated Magazine* 17.2 (Dec. 1889), p.167.

있는 기존 축구규칙의 첫 번째 문제는 우연성과 완력에 대한 의존을 조장하여 경기에 대한 이성적 통제력을 약화시키고 전술경기로의 발전을 가로막는 점이었다. 이러한 문제를 야기한 것은 럭비경기로부터 유래한 스크럼(scrummage) 대형이었다. 중단된 경기를 재개할 때마다 양측이 밀집대형을 이루어 상대를 밀어붙이는 가운데 놓인 공을 발로 차 대형 뒤편의 자기 선수에게 보내려는 행위는 결국 우연적으로 공 소유권과 공격권을 결정하기 때문이었다.[31] 이러한 우연성 외에 스크럼이 만들어질 때마다 공 소유권을 가지기 위해 벌이는 지루한 몸싸움이 결국 완력에서 앞선 팀에 이점을 주는 것 역시 캠프의 불만을 자아냈다. 이런 이유에서 캠프에 의하면 "미국식 운동"은 "우연적 행운, 완력 그리고 맹목적인 전통"에 의해 지배되는 럭비와 달리 혁신적 경기규칙을 가진 "과학적 경기"로 만들어져야 했던 것이다.[32]

1880년 캠프는 "영국식 스크럼이 야기하는 비과학적인 몸싸움"을 없애기 위해 스냅핑(snapping)을 도입하였다.[33] 중단된 경기를 재개할 때 마지막으로 공을 소유했던 팀의 스냅백(snap back)이 공을 발로 차 뒤에 위치한 쿼터백에게 주면서 경기가 시작되도록 한 것이다. 캠프는 이러한 공격과 수비팀의 명확한 구획이 공 소유권이 우연적으로 혹은 완력에 의해 결정되는 가능성을 줄이고 공수를 위한 "계

31 Walter Camp, "Intercollegiate Football in America 1," *St. Nicholas and Illustrated Magazine* 17.1 (Nov. 1889), pp.37-38.
32 Camp, "The American Game of Football," p.78.
33 *Ibid.*

획된 전술적 움직임"과 팀플레이의 중요성을 높여 경기과정에 대한 이성적 통제력을 높여줄 것으로 기대하였다.[34] 호지 역시 새로운 규칙이 럭비로부터 유래한 전통적 경기 대형인 스크럼을 폐지하지 않으면서도 한 팀이 안전하게 공을 소유한 채 공격을 시작하게 함으로써 좁은 지역에서 다수 선수들이 벌이는 몸싸움(mass play)을 감소시킬 것으로 예상하였다.[35]

그러나 경기규칙이 스냅핑 이전에 수비선수들이 움직이지 못하도록 명문화 하고 있지 않았기 때문에 스냅백이 공을 가졌을 때에는 이미 5-7명의 상대 선수가 그를 둘러싸는 현상이 발생하고 그 결과 공의 소유권을 두고 양 팀의 격렬한 몸싸움이 전개되었다. 경기 재개 시의 불필요한 매스플레이를 없애려는 규칙의 진정한 의도가 선수들에 의해 무시되면서 예외 없이 매스플레이가 발생하게 된 것이다. 승부욕이 선수들의 최대의 행동 동기가 되는 상황에서 규칙 제정의 의도에는 아랑곳하지 않고 규칙의 미비함을 악용하는 게임스맨쉽이 횡횡하고 있었기 때문이었다.[36] 이는 향후 규칙이 경기 양상을 통제하는 데 한계를 가질 것임을 예기하는 것이었다.

규칙개정 후 나타난 경기 양상 역시 전술경기의 활성화를 원했던

34 Walter Camp, *American Football* (New York: Harper and Brothers, 1891), pp.9-11.
35 Richard M. Hodge, "American College Football," Outing 11.5 (Mar. 1888), p.488.
36 따라서 호지는 캠프의 노력으로 축구가 점차 과학화될 것임을 강조하면서도 이제껏 "한 시즌의 팀의 성공 여부가 은연중에 규칙을 어기려는 의지에 의해서 결정되어왔다"고 인정하며 이러한 "규칙을 벗어나려는 태도"가 선수들에게 너무 만연하여 축구의 과학적 발전을 가로막아왔다"고 고백하였다. 게임스맨쉽이 횡횡하고 "스포츠의 근본인 중요한 원칙(페어플레이)이 무용지물이 됨으로써 축구가 위협에 처했었다"는 사실을 부정하지 못했던 것이다. *Ibid.*, p.493.

캠프의 기대를 완전히 벗어나는 것이었다. 1880-81년 시즌 프린스턴대는 강호 예일대를 상대로 부정확한 킥 대신에 경기 내내 짧은 횡패스와 백패스를 반복하여 공 소유권을 넘겨주지 않는 경기를 선보였다. 상대의 득점력을 현저하게 하락시킨 프린스턴대의 성공은 다른 팀들을 고무시켰고 이를 계기로 적의 공격 기회를 원천적으로 봉쇄하고 한정된 기회에 득점을 올려 승리하려는 블록게임(block game)이 만연하였다. 그리고 이러한 전술적으로 단조로운 경기 방식은 자연스럽게 공을 가진 상대방의 패스를 끊기 위한 수비 측의 무리한 움직임을 야기하여 손을 사용한 블로킹과 특히 주먹을 사용한 몸싸움인 슬러깅(slugging) 등의 반칙행위를 만연시켰다.

블록게임이 "극도로 거친 플레이를 할 수 있는 완력만"을 중시했고 이러한 경기에서 "선수가 해야 하는 일은 서로 대오를 이루어 상대팀과 주먹질하는 일 뿐이었다"고 회상한 전직 예일대 선수는 이러한 경기가 "전방의 선수들로 하여금 (공격 시 대면하는) 상대 하프백(half back:공의 배급을 담당하는 쿼터백을 보호하는 양 측면의 선수)을 불구로 만들 듯이 거칠게 공격하고 이를 충실히 수행하는 사람이 최고의 공격수(forward)로 인정받게끔 만들었다"고 고백하였다. 또 다른 전직 예일대 선수 역시 자기편 하프백과 나아가 쿼터백을 보호하기 위하여 선수들이 상대 포워드들과 "지속적인 주먹싸움"을 수행했다는 점을 자인하였고 그 과정에서 "점점 더 대담한" 슬러깅이 자행되었다는 점을 인정하고 있었다.[37] 축구경기가 "자제

37 "The Development of Football," *Outing* 15.2 (Nov. 1889), ps.144, 146.

력을 파괴하는 열정"에 지배되며 "잔인함"을 특징으로 하고 있다고 비판한 한 신문이 축구경기의 몸싸움을 지칭하기 위해 프라이즈 파이팅 용어인 슬러깅(slugging)을 사용한 것에서 알 수 있듯이 축구의 경기방식은 중간계급 언론들의 비평의 대상이 되었지만, 선수들 사이에서는 슬러거(slugger)가 최고의 찬사가 되는 역설적 현상이 발생하였다.[38] 승부욕에 불타는 선수들 사이에서 노골적인 규칙에 대한 불복종이 자부심의 원천이 되었던 것이다.

이렇듯 1880년 경기규칙 개정 이후의 상황은 선수들이 단순히 규칙의 맹점을 이용할 뿐 아니라, 승리를 위해서는 명문화된 규칙조차도 무시하고자 했다는 점을 보여준다. 승부욕이라는 정서가 행동을 지배하는 경기장에서 이성이 본능을 통제하는 중간계급의 이분법은 통용될 수 없었던 것이다. 그러나 중간계급의 이분법이 도전받는 경기장에서 캠프는 축구를 이성적인 전술경기로 발전시키기 위하여 1882년 다시금 경기규칙을 개정하였다. 3번의 공격 시도에 5야드를 전진하지 못할 시 공의 소유권을 상대에 넘겨주는 '5야드 규칙(five yard rule)'을 도입한 것이다.

새로운 규칙은 선수들로 하여금 공 소유권을 유지하기 위해 상대 진영을 돌파하는 다양한 공격 전술을 구상하도록 만들 것으로 기대되었다. 캠프의 예상대로 블록게임이 자취를 감추게 되었고 선수들은 패스와 빠른 러닝을 통해 상대 진영을 파고드는 것에 몰두하기 시작하였다. 축구 옹호자인 예일대 교수 유진 리처드(Eugene L. Richards Jr.)는

38 *Ibid.*, p.147.

새로운 규칙이 불필요한 "폭력성"을 제어하고 축구를 점차 "뛰어난 기술"을 보여주는 경기로 만들 것이라고 찬사를 보냈지만[39] 그의 기대와 달리 새로운 규칙은 상대 진영으로의 전진을 승리의 관건 요인으로 만듦으로써 예기치 못했던 결과를 가져오게 되었다.

새로운 규칙 하에서는 상대의 진로를 막는 어깨싸움인 블로킹이 승부를 가늠하는 요소로 부상하였다. 자기편 선수가 공을 받아 러닝으로 전진할 때 이를 저지하려는 상대편 선수에 대한 협력수비가 필수적이었기 때문이었다. 이렇듯 전진하는 동료선수의 보호가 중요해지면서 조직적 블로킹을 위한 팀웍의 필요성이 제고되었다.[40] 한 예일 선수의 말대로 스타플레이어를 만들어내는 멋진 돌파의 이면에는 "미리 짜인 계획에 따라 그 성공에 기여하는 몇 명 아니 경우에 따라 11명 모두"의 노력이 필수적이었던 것이다.[41]

그러나 팀의 전진을 위한 블로킹의 필요성은 자기 팀의 공을 가진 선수를 목표로 태클을 시도하려는 상대 선수를 끌어 잡는 반칙 행위를 "사실상의 관습"으로 만들어 버렸다.[42] 더구나 효율성이 떨어지는 하이태클(high tackle:상반신을 향한 태클)외에는 빠른 속도로 전진해 들어오는 공을 가진 상대 선수를 저지할 별다른 수단을 가지지 못한 수비수들은 더욱 폭력적인 대응을 하게 되었다.[43] 두 명이 한

39 Eugene L. Richards Jr., "Intercollegiate Football," *New Englander and Yale Review* 45. 95 (June 1886), pp.1048-1050.

40 Richard M. Hodge, "American College Football," *Outing* 11.5 (Mar. 1888), p.491; "The Development of Football," p.147.

41 *Ibid.,* p.144.

42 Walter Camp, "Football," *Outing* 11.4 (Jan. 1888), p.380.

43 "The Development of Football," p.149.

조를 이루어 각자 어깨나 팔을 사용하여 들어오는 러너의 목 부위를 양쪽에서 타격하는 불법적인 블로킹도 유용했지만, 결국 주먹을 사용한 슬러깅이 가장 효과적인 저지 방법이었다. 그 결과 1882년 규칙 개정으로 "(전방으로의) 움직임이 강화된" 경기에서 일대일 대면 폭력과 매스플레이가 줄어들고 전술적 움직임이 활성화될 것으로 기대했던 호지조차도 결국 선수들이 "개인적 분노(personal spite)"를 표출하고 있다는 점을 자인할 수밖에 없었던 것이다.[44]

이렇듯 전술적 필요가 역설적으로 슬러깅과 같은 각종 반칙행위와 폭력성을 증대시킴에 따라 축구는 '조직화된 만행(organized brutality)'이라는 불명예스런 칭호를 얻게 되었다.[45] 목소리를 높이기 시작한 축구에 반대하는 중간계급 인사들은 축구를 선수와 관객 모두를 도덕적으로 타락시키는 "적의와 잔인성의 남성적이지 못한, 저열한 그리고 짐승 같은 과시 행위"라고 비판하였는데 이는 많은 중간계급 인사들이 노동자 스포츠인 프라이즈 파이팅의 불법화와 단속 강화를 호소할 때 사용했던 논리를 그대로 답습하고 있었다.[46]

특히 1883년 시즌의 하버드팀의 부상은 일련의 규칙개정을 통해 과학적 경기로의 전환을 기대했던 캠프의 예상과는 다른 방향으로 축구가 변화하고 있다는 것을 명백히 보여주었다. 그간 예일에 열세를 면치 못하던 하버드는 거한들로 팀을 구성하고 신체적 우위를 활

44 Hodge, "Football," *Outing* 11.4 (Mar. 1888), p.377.
45 Eugene L. Richards Jr., "Comment of the New York Independent on the Yale-Princeton Game," *New Englander and Yale Review* 45.95 (June 1886), p.1051.
46 김정욱, 「19세기 말 스포츠로서 미국 복싱의 발전과 탈계급적 남성성의 형성」, pp.42-49.

용하여 상대 수비수들을 완력과 슬러깅으로 밀어붙이며 전진하는 단순한 경기방식을 채택하여 부상병동이나 다름없는 팀을 마침내 챔피언 결정전에 진출시켰다. 캠프 역시 기술적으로 우수하지만 상대적으로 작은 체구의 선수들로 이루어진 예일과 프린스턴에 대한 "가장 호전적인" 하버드의 우위에 당혹감을 느끼고 있었다.[47]

축구 경기를 프라이즈 파이팅처럼 만들어버린 자교 축구팀의 유례없는 성공은 축구경기의 난폭함에 대한 점증하는 비판 여론을 부담스러워한 하버드대 당국으로 하여금 1883년 축구를 금지하도록 만들었다. 동년 보스턴 데일리 글로브(Boston Daily Globe)는 1년간 지속될 하버드의 축구 금지령을 전하면서 새로운 "악"의 신속한 정리를 요구하였다. 이 신문은 "대학 축구경기의 잔인성"을 지적하고 이 운동 경기를 빙자한 "막싸움"을 금지해야 한다고 주장하였다. 대학의 사명을 인문교육에 두며 축구의 교육적 효과에 의구심을 품어온 총장 찰스 윌리엄 엘리엇(Charles W. Eliot)과 교수단을 대표한 찰스 노튼(Charles E. Norton)만이 축구에 비우호적인 것은 아니었다. 프라이즈 파이팅을 변형한 아마추어 복싱을 정당화했으며 마찬가지로 처음에는 축구를 건전한 대학 스포츠로 선전했던 체육학 교수 더들리 서전트(Dudley Sargent) 역시 그러하였다. 그는 프라이즈 파이팅에서 벨트라인 아래를 때리는 행동에 맞먹는 중대한 반칙에 대해서 축구 규정이 3번의 경고 후에야 선수를 퇴장을 시키고 있음을 지적하고 이러한 관용이 다른 선수를 불구로 만들려는 악의적이고

47 Camp, "Football," p.381.

호전적인 행동들을 조장하고 있다고 비판하였다. 그는 심판의 권위를 강화시키고 경고 규정을 개정하는 선에서 문제를 풀 수는 없으며 축구를 금지하는 것이 유일한 해결책임을 강조하였다.[48]

서전트와 같은 축구의 지지자들조차도 "더 이상 경기규칙으로는 광기어린 젊은이들을 통제하지 못한다"는 점을 인식하게 된 상황에서 대학스포츠를 지지해온 일부 인사들이 축구로부터 등을 돌리고 있었다.[49] 대학 스포츠의 본질이 "가장 뛰어난 자가 신사의 수단으로 승리해야 한다"는 원칙을 실현하는 것이라고 보았던 알프레드 리플리(Alfred L. Ripley)는 축구의 타락이 바로 이 "신사 덕목"의 상실에 기인한다고 지적하였다.[50] 그는 존중되어야 하는 것이 규칙의 문구가 아니라 이에 내재한 정신임에도 불구하고 "은연중의 반칙"이 횡횡하는 게임스맨쉽으로 얼룩진 축구에 실망을 나타내었고 나아가 파울에 관대한 경기방식을 악용하는 선수들이 규칙에 정면으로 도전하고 있는 것을 비판하였다.

이렇듯 그 수가 증가하는 축구에 비판적인 중간계급 인사들은 축구선수들이 승리를 위해 규칙에 대한 영리한 혹은 노골적인 위반을 자행하고 신사 아마추어리즘이 지향하는 불문율을 거부하는 현실을 우려하고 있었다. 특히 이들은 경기규칙이 승부욕이라는 정서적 충동을 제어하는데 성공하지 못함으로써 "비신사적인 행위"를 방치

48 "Harvard Football," *Boston Daily Globe* (Nov. 24, 1883).
49 Richards Jr., "Comment of the New York Independent," p.1048.
50 Alfred L. Ripley, "Gentlemanliness in College Football," *New Englander and Yale Review* 44.184 (Dec. 1885), p.141.

하고 전술경기로의 전환도 강제하지 못하는 상황에서 축구가 프라이즈 파이팅과 마찬가지로 무절제한 호전성과 폭력 본능을 발산하는 수단이 되고 있다고 비난하기 시작하였던 것이다.[51]

03 '조직화된 만행'으로서의 축구와 계급 경계의 해체

하버드 파동은 축구를 통해 육체성과 원시성을 숭상하는 중간계급 남성의 저항문화를 전통적 중간계급의 신사 덕목 그리고 전술을 통해 나타나는 합리적 사고와 결합시켜 이를 순화하여 포용하려던 캠프의 목적이 기존의 규칙으로는 달성될 수 없다는 점을 여실히 보여주었다. 이에 캠프는 손을 사용하는 과격한 블로킹과 슬러깅과 같은 비신사적인 부정행위의 단속을 강화하기 위하여 판정제도 개혁에 착수하였다. 육체적 투쟁에 기초한 운동으로서의 묘미를 그대로 살리기 위하여 과격한 반칙 행위자를 바로 퇴장시키라는 하버드대의 제안은 거절하였지만 기존 심판진을 양 팀과 이해관계를 가지지 않은 사람들로 선발하고 경기를 주관토록 하며 시간과 점수를 관리하는 주심(referee)과 반칙을 판별해내는 두 명의 심판원(umpire)으로 재편성한 것이다.[52]

51 "Editorial," *New Englander and Yale Review* 45.95 (June 1886), ps.1052, 1048.
52 반칙 행위의 일상화는 판정제도의 취약성과도 연관되어 있다는 점에서 캠프의 개혁은 타당성이 있었다. 기존 판정제도 하에서 선수들은 공의 궤적을 쫓기에도 바쁜 "주심이 위반 사항의 1/10을 보는 것도 어렵다"는 점을 간파하고 반칙행위를 일

그러나 심판진 개편의 효과는 미미했다. 슬러깅 등 과격한 반칙에 단호한 럭비경기와 달리 축구경기에서는 이러한 반칙을 자행할 경우 3번의 경고 후에야 퇴장시키는데다 대체선수의 투입이 가능했기 때문에 선수들이 반칙의 유혹을 이겨내는 것이 힘들었기 때문이었다. 1886년 시즌을 마무리하면서 캠프는 "광기라는 옛 정서"가 되살아나고 반칙 블로킹과 슬러깅이 자행되는 정도가 좌시할 수 있는 수준을 넘었다는 점을 자인하였다. 특히 캠프의 혐오감을 자아낸 것은 최전방 선수들이 블로킹과 태클을 할 수 있는 위치의 상대 선수들을 잡아끌고 다니면서 동료 선수가 공을 가지고 전진할 수 있는 길을 트는 노골적인 반칙 블로킹이었다.[53] 호지는 슬러깅을 자랑스러워하는 선수들을 향하여 "감정의 표출"은 "적의 우월함에 대한 사실상의 인정"이라고 강조하며 규칙의 준수를 재차 촉구하였지만[54] 이러한 호소로는 규칙개정의 요구를 잠재울 수 없었다.

그럼에도 불구하고 축구의 흥행요소가 격렬한 신체적 투쟁이라는 점을 알고 있었던 캠프는 퇴장기준의 강화로 신체접촉을 위축시켜 반칙 블로킹과 슬러깅 문제를 해결하기 보다는 축구를 더욱 전술경기로 전환시켜 선수들로 하여금 경기의 이성적 통제의 중요성을 인시하게 만듦으로써 문제를 해결할 수 있다고 믿고 있었다. 1887년의

삼고 있었다. 각 팀을 대변하여 주심을 돕는 심판원은 상대방의 반칙 행위를 잡아내는 임무를 가지고 있었지만 대부분의 반칙을 직접 보지 못하는 주심은 이들의 주장 중 극히 일부만을 받아들였다. 따라서 심판원의 주된 임무는 점차 "지속적으로 항의를 하여 주심의 주의를 혼란시키고 자기 팀이 거친 반칙 플레이를 할 수 있도록 돕는 것"이 되었다. "The Development of Football," p.145.

53 Walter Camp, "The Football Season of 1886," *Outing* 9.4 (Jan. 1887), pp.391-392.

54 Camp, "Football," p.376.

규칙 개정은 이러한 캠프의 의지를 잘 보여주고 있었다. 그가 주도하는 대학축구협회(Intercollegiate Football Association) 산하 졸업생규칙개정위원회(Graduate Advisory Committee)는 상대 허리에서 무릎 사이의 신체 부위를 향한 로우태클(low tacking)을 허용하였다. 상대 주자를 저지하기 위해 완력을 사용하는 합법적 수단을 허용함으로써 수비수들이 호전성을 방출하고 반칙의 유혹에서 벗어나게 만드는 동시에 새로운 유형의 태클의 도입으로 인해 강화된 수비력을 극복하기 위해서 속도에 의존하는 다양한 공격전술의 개발을 촉진시키려 했던 것이다.

선수 출신 캠프의 지지자들은 경기의 격렬함을 유지한 채 축구를 전술적 경기로 강제하는 이러한 시도를 열렬히 환영하였다. 호지는 개정된 규칙이 위력이 배가된 태클을 이용한 수비전술은 물론 이를 극복하기 위한 공격전술의 상호발전을 자극하고 그 결과 팀전술과 이를 집행하는 능력인 팀웍을 승리의 필수 요인으로 만들 것으로 기대하였다. 그에 의하면 전술과 팀웍을 중시할수록 정서적이 되면 진다는 것을 알게 된 선수들이 "감정의 표출"을 통제하고 신사들의 "예의바른 행동"을 실현할 것이었다.[55] 시어스(J. H. Sears) 역시 규칙개정을 통해 축구가 "다른 종목보다 우월한 두뇌 작용"을 요구하게 되었으며 그 결과 이제 "감정을 내보이지 않는 냉철한 팀이 경기를 승리하게 되었다"고 평가하였다.[56] 이렇듯 캠프와 지지자들은 규칙개정을 통해 냉철한 이성과 전술 그리고 팀플레이에 기초한 신사

55 Hodge, "Football," p.376, 378.
56 J. H. Sears, "Football," *Outing* 11.4 (Jan. 1888), p.378.

적이고 과학적인 경기의 부상을 기대하였던 것이다. 그러나 그들의 기대는 과연 경기장에서 실현되었을까?

예상대로 로우태클은 러닝을 이용한 상대진영으로의 돌파를 더욱 어렵게 만들었다. 러닝에 의한 돌파가 대개 짧은 거리의 전진만을 가능케 했다는 점이 새로운 태클의 유용성을 대변하고 있었다. 그러나 수비수들의 강력한 무기로 등장한 로우태클은 경기 중 부상의 위험성과 부상 정도를 급격히 증대시켰다. 태클 시 선수들이 수평으로 상대와 충돌하여 타격 강도를 높였기 때문이었다. 공 소유자의 무릎과 다리 등의 부상이 급증하였으며 태클하는 선수 역시 머리, 목, 척추 등이 위험에 노출되면서 중상자와 사망자의 발생이 보다 빈번해지고 있었다.[57]

이렇듯 새로운 태클 규칙은 경기의 폭력성과 부상의 위험성을 배가시켰을 뿐 아니라 더욱 과격한 반칙을 조장하는 예기치 못한 효과를 가져왔다. 서전트가 지적한 바처럼 로우태클의 도입으로 신체 거의 모든 부위에 대한 태클이 용인되고 심판이 육안으로는 태클이 무릎보다 낮게 들어갔는지를 정확히 판단하는 것이 불가능한 상태에서 태클이 반칙으로 선언되는 경우가 드물었기 때문이었다. 심판이 태클 반칙을 잡아내는 데 무신경해진 결과 상대의 부상

57 새로운 태클이 경기의 폭력성과 위험성을 증대시켰음은 서전트의 기록으로 명확하게 드러난다. "(태클로 인한) 육체적 충돌과정에서 공격자는 수비자의 동일한 힘에 의한 저항을 받게 된다. (태클에 제압되어 무방비 상태로) 쓰러진 선수는 위로부터 덮치기로 인해 머리, 목, 허리, 발목과 무릎에 엄청난 하중을 받게 되며 부상위험이 배가된다." Dudley A. Sargent, "Is Football A Dangerous Sport?" *Boston Sunday Globe* (Nov. 13, 1892).

위험성을 높이는 무릎 아래로 들어가는 태클이 빈번히 자행되었던 것이다.[58]

나아가 선수들은 더욱 큰 위험성을 수반하는 새로운 태클을 전술적 고려에서가 아니라 자신의 명예를 지키고 무모한 용기를 증명하는 수단으로 남용하고 있었다. 캠프가 전술적인 후퇴의 필요성을 역설했던 것과 달리 선수들은 상대방이 자신이 지키고 있는 방어선을 넘어서는 것을 불명예로 여기고 있었다. 자기 자신의 부상 위험성을 높이지만 적을 막는 데 효율적인 로우태클은 동료들과 관객들 앞에서 반이성적 용기를 보여줄 수 있는 절호의 수단이 되었다. 한 예일 선수는 1887년 규칙개정 이후 모든 선수들이 슬러깅과 더불어 태클에 과도하게 열중하기 시작하면서 "(경기의) 전술과 과학성 방면의 진보가 저해되고 있다"고 고백하였다.[59]

역설적으로 경기의 위험성이 배가되면서 보호장비가 증가하고 있는 상황에서 선수들은 위험한 로우태클을 보다 손쉽게 활용할 수 있었다. 태클의 증가와 더불어 기존의 모직 경기복 상의를 대신하여 속을 채운 상의(padded canvas jacket)가 등장하였다. 활동에 불편한 새로운 경기복에 대한 선수들의 반응은 처음에는 그다지 열렬하지 않았지만 대학축구협회는 상대적으로 신체접촉이 적은 쿼터백까지도 이를 착용하도록 강제하였고 이후에는 머리를 보호하기 위해 헤드기어의 착용을 요구하였다. '갑옷(armor)'으로 불리게 된 이 두툼한 경기복이 그나마 쉽게 수용된 것은 주머니나 여미는 부분이 없는

58 *Ibid.*
59 "The Development of Football," pp.146-147.

옷을 태클을 하는 상대 선수가 부여잡기 힘들었기 때문이었다.[60] 그러나 선수들 사이에서 새로운 경기복의 진정한 매력은 더 과격한 플레이를 가능하게 했다는 점에 있었다. 특히 태클 시 최대한의 가속도를 붙여 상대에 부딪치거나 공중에 떠서 상대를 덮치는 것이 가능해진 것이다. 또한 헤드기어는 미사일과 같이 완전한 수평자세로 머리로부터 밀고 들어가는 태클을 가능하도록 만들었다.[61] 한 신문은 "두꺼운 경기복은 충돌 시 자극적인 소리를 사방으로 퍼져나가게 한다. (점잖은) 관객들은 이 불쾌한 소음으로 인한 역겨움에 자리를 뜨게 된다"고 안전장비를 착용한 선수들 간의 적의에 가득 찬 신체적 충돌을 묘사하면서 "나폴레옹이 돌격하는 것처럼 머리털 하나 흐트러짐 없이 도로를 고르는 롤러와도 충돌을 마다하지 않는 젊은이들"이 보여주는 무모한 영웅심리를 비판하였다.[62]

이렇듯 태클이 영웅심리의 표현수단이 되면서 과격한 블로킹과 슬러깅의 필요성이 역설적으로 배가되었다. 자기 팀 주자에 대한 무자비한 태클을 방지하기 위해 최전방 라인에서 미연에 적을 봉쇄하는 것이 경기의 승패를 좌우했기 때문이었다.[63]

축구의 전술경기로의 진화가 경기에 대한 이성적 통제력의 필요성을 높이며 그 결과 과도한 호전성과 폭력성의 표출을 적절히 억제할 것이라는 캠프의 낙관적 예측은 그가 축구 역사상 "가장 과학적

60 Walter Camp, "Intercollegiate Football in America 3," *St. Nicholas and Illustrated Magazine* 16.3 (Jan. 1890), p.244.
61 Pettgrew, *Brutes in Suits*, p.138.
62 "Sprained Limbs," *Boston Daily Globe* (Nov. 7, 1892).
63 Walter Camp, "In the Football Field," *Outing* 13.3 (Dec. 1888), p.266.

전술"이며 "진정한 전략"으로 칭송한 대형이 실은 가장 잔인한 경기 방식으로 판명되면서 다시 한 번 도전에 직면하였다. 캠프와 마찬가지로 축구의 전략적 측면을 중시했던 하버드대 축구팀 파트타임 코치 로린 딜랜드(Lorin Deland)는 블로킹과 태클이 강해지자 이를 극복하기 위한 새로운 팀플레이 전술을 고안하였다. 1888년부터 구상되어 1992년 라이벌 예일과의 경기 후반에 처음으로 등장한 공격대형 웨지(flying wedge)는 아군의 모든 공격력을 적의 한 부분에 집중하는 나폴레옹의 섬멸형 군사전술에서 영감을 얻은 것이었다. 이는 거짓 주자(fake runner)가 치고 나가는 것을 신호로 5인의 육중한 전방공격수들을 중심으로 모든 선수들이 그를 삼각형 모양으로 둘러싸는 진형으로 그 최종적 목적은 대형의 모서리 부분의 선수들이 상대방의 특정선수를 집중 공격하여 길을 여는 사이 실제로 공을 가지고 대형 왼쪽에 숨어있던 주자가 전진하는 것이었다.[64] "반 톤의 뼈와 근육이 160 혹은 170파운드의 한 선수를 향해 충돌한다!"고 경악하며 "경기의 잔혹함이 이제는 새로운 경지에 올라섰다"고 비판한 뉴욕 타임즈 기사에서 알 수 있듯이 밀집 대형의 집중적 공격을 받는 선수는 그가 아무리 거한이라 하여도 예외 없이 심각한 부상을 입게 되었다.[65] 이런 이유에서 웨지는 그라운드에서 무모한 용기를 보여주는 행위를 숭상하는 선수들 사이에서도 너무 위험한 전술로 여겨지고 있었다.[66]

64 Walter Camp, "Hints to Football Captain," *Outing* 13.5 (Jan. 1889), p.134.
65 "Army and Navy to Battle," *New York Times* (Dec. 2, 1893).
66 John S. Watterson, *College Football* (Baltimore: Johns Hopkins Univ. Pr., 2000), p.

웨지는 합리성이 극대화된 전술이 통제되지 못한 호전성을 가장 극명하게 배출하는 역설을 보여주고 있었다. 또한 웨지는 기만전술에 의존하며 상대방에 대한 철저한 파괴를 추구한다는 점에서 미식축구 선수들이 경기장을 신사가 되기 위한 성격 형성의 단련장이 아니라 전쟁터로 여기고 있었으며 그 결과 경기폭력의 수위가 절정에 올랐음을 상징하였다. 전술성이 강해질수록 축구 경기는 전통적 중간계급의 운동 이념으로부터 더욱 이탈하고 있었던 것이다.

이에 따라 축구가 격렬한 육체적 투쟁 속에서 "자기통제(self-discipline)"를 기르고 지적 발전을 자극하는 수단이라는 옹호자들의 논리는 힘을 잃고 있었고, 이 "거칠고 잔인한" 운동에 대한 학교 당국, 교수, 부모들의 비난이 점증하고 있었다.[67] 잔혹한 스포츠에 심취했던 로마의 지배층이 도덕적으로 타락하고 제국을 붕괴시켰듯이 축구가 미국의 젊은 엘리트들을 "야만인"과 "열등한 동물"로 전락시키고 국가적 재난을 예기하고 있다는 셸러의 비판은 정신과 육체, 이성과 감성, 절제와 본능의 이분법에 의거하여 자신들을 역사적 진보를 달성해온 집단으로 자인해온 중간계급 인사들로부터 더욱 공감을 얻고 있었던 것이다.[68]

결국 캠프는 중단된 경기를 경기 재개하기 전에 3인 이상이 움직이는 것을 금지하여 삼각형 대형을 만들 충분한 시간을 가지지 못하게 함으로써 사실상 웨지를 반칙으로 규정하였다. 그리고 동시에 웨

35.

67 Sargent, "Is Football A Dangerous Sport?" *Boston Sunday Daily* (Nov. 13, 1892).

68 Shaler, "Athletic Problem in Education," p.88.

지와 유사한 대형이 등장하는 것을 막기 위해 다른 선수들이 볼을 가진 동료 선수를 밀고 당기며 전진시키는 행위 역시 금지하였다.[69] 그럼에도 새로운 규칙은 웨지와 같은 폭력적 전술대형을 완전히 금지할 수 없었다. 웨지의 효과를 인식한 선수들이 새로운 규칙의 취지에 아랑곳하지 않고 공격 시 변칙적으로 유사한 대형 만들기를 계속하였기 때문이었다.[70]

따라서 "과열된 승부욕"과 그로인한 '조직화된 만행'의 상징이 되어버린 축구의 무해성을 입증하려는 캠프의 어떠한 노력도 상황을 반전시킬 수 없었다. 더구나 오랫동안 악명 높았던 슬러깅은 그 주무대가 중앙이 아니라 심판진이 살피기 어려운 라인 인근으로 옮겨간 것 외에는 변함없이 경기를 지배하고 있었다.[71] 반칙 선수에 대한 강한 제제를 요구하는 여론에도 불구하고 과열된 경기장 분위기에 압도된 심판은 퇴장 명령을 내리기를 주저하였고 이러한 상황에서 선수들은 벌칙을 두려워하기 보다는 반칙 플레이로 상대를 심리적으로 위축시키는 것을 선호하였다.[72] 그 결과 경기장에서는 발차기, 머리로 박기, 눈 찌르기, 쓰러진 상대를 짓밟기 등과 같은 "더럽고 비

69 또한 1894년의 규칙은 공을 가지고 쓰러진 선수 위에 올라타는 비신사적이고 과도하게 폭력적인 행위를 금지하였다.

70 Watterson, *College Football,* p.35.

71 "A Amateur Sport," *Harper's Weekly* 38.1975 (Oct. 27, 1894), p.1029.

72 White and Wood, "Intercollegiate Football," p. 107. 이러한 가운데 심지어 반칙은 이제 경기 전술의 한 부분이 되었다. 5야드 규정의 도입 후 풀백의 중요성이 늘면서 이들에 대한 반칙이 급증하였다. 특히 뜬 공을 잡기 위해 무방비가 되었을 때 바닥으로 잡아끌어 부상을 입히고 5야드 전진 페널티를 내주는 경우가 늘어났다. "Side-Line Suggestions," *Harper's Weekly* 38.1980 (Dec. 1, 1894), p.1250. 이러한 반칙은 1893년부터 처벌을 강화하여 상대에 1야드 추가 전진권을 부여해도 근절되지 않았다.

겁한" 행위들이 난무하였다.[73] 웨지의 폐지 이후에도 계속된 경기장 폭력은 1894년 졸업생규칙개정위원회조차도 일련의 규칙개정이 슬러깅을 비롯한 난폭한 반칙행위를 규제하기에는 역부족임을 인정하도록 만들었던 것이다.[74]

규칙이 더 이상 선수들을 통제할 수 없음에 실망한 축구 지지자들을 대변했던 하퍼스 위클리(Harper's Weekly)는 축구를 망치는 반칙행위와 "슬러깅의 연원"은 선수들의 "사악한" 폭력 본능 뿐 아니라 추악한 승부욕에 사로잡혀 전술이라는 이름하에 "상대를 두들겨 패게 만드는" 코치들과 애교심에 눈이 멀어 "스포츠맨십에 역행하는 비겁한" 행위를 용인하는 졸업생들이라고 비난하였다. 중간계급의 기준으로 결코 "남성적이지 못한(unmanly)"한 부류들에 의해 축구가 지배되고 있다고 비난한 위클리는 "선수들 간의 결투"가 벌어지며 "광기와 거칠고 폭력적 행동을 자극하는 유혹"이 만연한 축구를 과연 몇몇 규칙을 수정함으로써 과학적 경기로 전환시킬 수 있을지 의구심을 표현하고 있었다. 캠프의 의도대로 대결적 요소가 강한 경기에 속도와 동시다발적인 팀플레이가 더해지면 "주심이 (육안으로) 반칙을 잡아내는 것이 불가능한 상황"이 올 것이고 이는 "진정한 스포츠맨라면 혐오를 느낄" 선수들의 "호전성"을 더욱 자극할 것으로 보았기 때문이었다.[75] 스포츠맨십을 벗어난 "반칙플레이"가 난무하는 경기는 학생들의 "자기통제의 결여"를 보여주는 사례이며

73 "A Amateur Sport," *Harper's Weekly* 38.1980 (Dec. 1, 1894), p.1250.
74 "A Amateur Sport," *Harper's Weekly* 38.1975 (Oct. 27, 1894), p.1029.
75 "A Amateur Sport," *Harper's Weekly* 38.1980 (Dec. 1, 1894), pp.1250-1251.

경기장에서 납득될 수 없는 폭력을 휘두름으로써 "보통의 축구선수는 그 자신을 돈 몇 푼을 벌기 위해 다른 사람을 가격하는 교육받지 못한 망나니(파이터)들과 동일한 위치에 두게 된다"고 비판한 위클리는 "타락한" 엘리트 운동이 노동계급과 중간계급 간 문화적 경계를 붕괴시키고 있다고 지적하였던 것이다.[76]

이러한 가운데 1894년 스프링필드(Springfield)에서 벌어진 하버드와 예일의 경기는 축구 비판론자들의 우려를 증폭시켰다. 한 신문은 뉴욕 주 경찰에 의해 잠재적인 '프라이즈 파이팅 경기'로 규정된 양교의 라이벌전 중 악명 높았던 그해 경기에 대해 다음과 같이 묘사하고 있었다. "선수들의 행동은 분노에 차 있었고 관객들은 광적으로 흥분했다. 예일과 하버드 선수들은 마치 악귀와 같이 태클을 했고 사악한 욕망에 휩싸여 상대를 가격하였다. 선수들은 야만적 분노에 사로잡혀 있었다." 경기 개시 직후 반칙을 당해 발목이 골절되었으나 부상을 참고 뛰던 하버드의 선수 찰리 브루어(Charlie Brewer)가 슬러깅을 당해 실신하여 교체되는 것을 필두로 선수들이 뇌진탕과 다리와 코뼈 골절상으로 하나 둘 쓰러지기 시작한 경기는 격투기를 방불케 하는 것이었다. 그중 최악의 장면은 예일의 주장 프랭크 힝키(Frank Hinkey)가 공과 함께 쓰러진 하버드의 에드거 라이팅턴(Edgar Wrightington)의 어깨와 목을 무릎으로 덮쳐 쇄골을 부러뜨린 것이었다. 6명이 부상으로 실려 나가고 2명이 주먹싸움으로 퇴장당한 경기는 마지막까지 폭력적인 모습을 보였다. 경기가

76 "Football Ethics," *Harper's Weekly* 37.1926 (Nov. 18, 1893), p.1095.

예일의 12-4 승리로 끝나자 하버드의 선수들과 관중들이 심판에게 달려들기 시작하였고 경찰이 개입하여 소요가 가까스로 진정된 것이다.[77]

1994년 하버드와 예일의 경기는 노동자들로부터 단절된 중간계급 교육기관 내에서 초기 프라이즈 파이팅의 모습을 그대로 재현하고 있었다. 규칙이 통용되지 않는 지극히 위험스럽고 적나라한 폭력이 행해지는 경기장은 강렬한 승부욕과 무제한의 호전성 그리고 자기파괴적이며 반이성적인 용기를 보여주는 최적의 장소가 되었을 뿐 아니라 흥분한 관객들이 벌이는 폭력적 소요가 그 뒤를 따랐기 때문이었다. 따라서 "선수들의 저열한 열정"이 만연한 축구에 대해 비판적인 중간계급 인사들이 축구와 자신들이 혐오하던 이 노동자 스포츠 간의 유사성과 나아가 축구 속에 내재한 프라이즈 파이팅을 능가하는 원시성과 반문명성을 인식하게 된 것은 자연스러운 것이었다. 축구가 "잔인함의 계획된 과시"를 목적으로 하고 있으며 "문명 수호를 위한 법"이 징치해야 하는 "폭력성"을 확산시킨다고 비난한 한 신문은 "프라이즈 파이팅이 축구에 비해 보다 인도적인 여가활동이다"고 풍자하면서 대학교수들이 학생들에서 축구 대신 "보다 덜 잔인한 운동"인 프라이즈 파이팅을 장려하는 편이 나을 것이라고 조롱하고 있었다.[78] 또한 샌프란시스코 모닝 콜의 기사는 버클리 대학 선수단의 부상 상태를 열거하면서 축구의 과격함을 비판하고 프라이즈 파이팅과 축구의 사상자 수를 비교해 볼 것을 요구하고

77 "Yale is the Conqueror," *New York Sun* (Nov. 25, 1894).

78 "College-Bred Brutality," *New York World* (Nov. 28, 1894).

있었다.[79]

축구 반대론자들의 불만은 문명화되고 과학화되어 가는 프라이즈 파이팅과 달리 축구가 계급의 문화적 특성을 전복시키고 있는 것에 대한 비판으로 이어졌다. "오늘날의 프라이즈 파이팅은 축구와 비교될 수 없다. 만약 링에서 '교수(professor)'[80]가 상대를 죽인다면 이는 경기가 잔인하기 때문이 아니라 상대가 준비되지 않은 채 링에 올라왔기 때문이다...축구보다 프라이즈 파이팅에서 목이 부러지고 뼈가 골절되는 경우가 훨씬 적다...축구가 단지 적나라한 힘을 보여주는 것임에 반해 프라이즈 파이팅은 힘과 기교의 시험무대이다...단발에 파이터들이 법적 규제를 받을 때 장발의 축구선수들이 이를 면제받는 것은 올바르지 못하다." 이러한 신문 비평에서 알 수 있듯이 이제 많은 중간계급 인사들에게 이성적 합리화를 철저히 거부하며 진정 반문명적인 것은 엘리트 교육기관에서 행해지는 긴 머리를 한 야만인들의 운동이었던 것이다.[81]

샌프란시스코 모닝 콜에 실린 〈금전 대 영예〉라는 삽화는 계급 간 문화적 크로스드레싱에 대한 인식을 반영하는 또 다른 사례이다.[82] 1890년대 들어 프라이즈 파이팅은 경기자를 형법상 폭행죄로 처벌

79 "The Ring: Football as Compared with Boxing," *San Francisco Morning Call* (Nov. 25, 1894).

80 프라이즈 파이팅의 원시성을 비판하는 여론에 맞서 경기자들이 자신의 기술적 숙련을 강조하기 위해 사용하던 명칭이다.

81 "The Gridiron and the Prize Ring," *Statesville Record And Landmark* (Nov. 29, 1894).

82 "The Ring: Football as Compared with Boxing," *San Francisco Morning Call* (Nov. 25, 1894).

하는 주법을 회피하기 순화되었다. 프라이즈 파이팅 경기를 중간계급 남성들의 체력 수련용 운동으로 만들기 위해 제정된 아마추어 복싱 규정을 수용함에 따라 도입된 복싱 글러브의 착용, 라운드 제한, 라운드 간 휴식, 부상 시 경기 중단 그리고 점수 판정과 같은 새로운 복싱 규칙들은 선수들로 하여금 반이성적 용기를 과시하던 이전의 경기 방식을 포기하도록 만들었다. 프라이즈 파이팅이 복싱이라 불리며 보다 합법적 지위를 얻게 되면서 경기 대전료는 크게 증가하였고 이에 '과학적 복싱'으로 불리는 새로운 양식이 등장하였다. 과거의 파이터들이 수비를 용기의 부재와 비겁함의 상징으로 경멸하고 일격을 노리는 공격일변도의 호전적인 경기를 했던 것과 달리, 발놀림(footwork)에 의존하여 상대의 공격을 피하고 반격하는 방어지향적이고, 잽, 훅과 같은 연타로 자신의 체력을 보존하는 동시에 상대의 체력을 고갈시키면서 점수를 획득하는 경기운영 전반에 대한 계획을 가진 합리적 복서들이 등장한 것이다.[83]

신문 삽화 속의 돈다발을 든 매끈한 신사는 바로 이 과학적 복싱을 대변했던 헤비급 복서 제임스 코르벳(James Corbett)이다. 그가

83 김정욱, 「19세기 말 스포츠로서 미국 복싱의 발전과 탈계급적 남성성의 형성」, pp.56-63.

보여주듯이 (돈벌이라는) 장기적 목적을 위해 이해타산적이 되어 자신의 자본인 신체를 보호하고 승률을 높이는 효율적 경기방식을 발전시킨 복서는 노동계급 내부에서 중간계급 문화의 확산을 상징한다. 반면 코르벳 옆에 보이는 상처투성이인 장발의 축구선수는 명예욕과 승부욕이라는 본능에 의해 지배되며 자기파괴적인 무모한 용기를 숭앙하는 중간계급에 낯선 존재로 형상화되었던 것이다.[84]

이렇듯 불과 얼마 전까지도 프라이즈 파이팅을 이용해서 야만과 문명의 경계를 나누고 계급 정체성을 만들어낸 중간계급은 축구와 프라이즈 파이팅의 대비를 통해 노동계급의 문명화와 더불어 그들 계급 내부의 야만성을 인식하게 되었다. 그러기에 "축구와 건강문화와의 관계는 소싸움과 농사의 그것과 같다"고 조롱했던 토어스턴 베블런(Thorstein Veblen)은 축구 속에서 중간계급의 도덕에 기초한 문명을 "야만"으로 퇴행시키는 "낯선 흉포함(exotic ferocity)"을 발견했던 것이다.[85]

노동자들 역시 1890년대 들어서면서 현저해진 문화의 전도현상을 이해하고 있었다. 이제 복서들은 자신들이 종사하는 운동의 사회적 지위를 높이기 위해 중간계급 운동의 잔인성과 비과학성을 마음껏 비판하기 시작하였다. 코르벳은 "오로지 승리의 영광을 위해 싸우는 대학 축구 선수들의 최고의 목표는 상대를 불구로 만드는 것처럼 보인다"고 조롱함으로써 노동자 운동의 문명성과 엘리트 운동의

84 "Cash vs. Glory," *San Francisco Morning Call* (Nov. 25, 1894).

85 Thorstein Veblen, *The Theory of the Leisure Class: An Economic Study of Institutions* (1899; reprint, New York: Macmillan Company, 1912), p.261.

난폭함을 대비하였다. 복싱에 관심을 가진 중간계급 인사들 역시 이에 동조하였다. 네바다 주 출신 상원의원인 윌리엄 스튜어트(William M. Stewart)는 "하층민들(lower orders)"의 스포츠보다 축구가 훨씬 더 잔인한 운동이라는 점을 강조하였으며, 복싱 경기의 새로운 메카로 떠오른 뉴올리언스 올림픽 클럽의 관장이었던 윌리엄 해리슨(William G. Harrison)은 극한의 폭력성을 보여주는 축구의 불법화를 요구하였다.[86]

축구가 중간계급 가치를 위배하며 계급경계를 혼란시키는 문화로 인식됨에 따라 추수감사절의 예식으로 발전해온 축구경기로부터 미국적 성격을 탈색시켜 이를 철저히 부정하려는 시도가 뒤따랐다. 한 신문은 "불독들의 싸움"을 연상시키며 동물적 본능을 적나라하게 표출하는 축구가 "영국 학교에서 일상화된 야만성을 미국에 이식하고 있으며 폭력배(bully)와 폭군의 정신을 가르치고 있다"고 비난하였다. 럭비 규칙에 기초한 축구를 폭력성과 이에 기초한 엘리트 과두정치의 정신을 확산시키는 반민주적이며 "비미국적인" 운동으로 규정한 것이다.[87] 이렇듯 축구와 프라이즈 파이팅의 대비가 증가하고 전통적 지배계급의 가치관과 배치되는 축구가 비미국적 운동으로 규정되었던 1894년은 축구 지지자들과 반대자들 간의 격렬한 논쟁의 새로운 시발점이 되었다. 그리고 캠프를 비롯한 축구옹호자들과 선수들 그리고 축구 반대자들과 노동자들에 의해 다의적 텍스

86 "Football vs. Boxing," *National Police Gazette* (Dec. 22, 1894); "The Revival of Boxing," *San Francisco Morning Call* (Feb. 27, 1895); "Manliest of all Modern Sports," *San Francisco Call* (Mar. 18, 1897).

87 "The Bulldog Spirit," *Sporting Life* (Dec. 2, 1894).

트로 구성된 축구는 중간계급과 노동계급 간의 문화적 경계를 더욱 유동적으로 만들었던 것이다.

04 맺음말

경제결정론에서 탈피하여 계급을 경제적 차이의 문화적 표현으로 보는 시각은 진일보한 것이다. 중간계급은 그 내부의 경제적 차이를 극복하면서 공동의 정체성을 만들어낸 문화적 집단이기 때문이다. 그러나 이러한 시각은 자칫 한 계급을 특정의 고정된 문화적 가치들을 공유하는 집단이라는 존재론적 측면에서 인식하게 만들 수 있다. 미식축구와 같은 격렬한 남성적 스포츠의 발전과 이를 둘러싼 논란은 중간계급의 문화란 지속적인 변이와 분화를 경험하며, 중간계급은 그 내부가 경제적으로만이 아니라 문화적으로도 다양한 집단이라는 점을 보여주게 된다.

19세기 말 대기업 자본주의 시대에 더 이상 전통적인 방식으로 남성성을 입증할 수 없다는 것을 인식한 일단의 중간계급 남성들은 빅토리아시대의 남성관에 반발하기 시작하였고 이러한 불만의 문화적 표현으로 등장한 호전성과 육체성을 중시하는 남성문화는 계급 간 구획을 불분명하게 할 요소가 있었다. 그러나 캠프는 바로 이러한 남성문화와 전통적 신사도 그리고 대기업 자본주의 시대에 필수적인 전략적 사고를 조합하여 새로운 중간계급의 남성성을 주조하기 위한 엘리트운동을 창조하였다. 축구에 내재한 이러한 양면성은 축구를 빅토리아 시대의 문화로부터 지나치게 단절시키는 논리의 문제를 제기한다. 즉 캠프가 내세운 페어플레이와 전술게임이란 구호 속에는 이성에 의한 본능과 감성의 통제라는 전통적 중간계급 이분법적 가치가 여전히 녹아있었기 때문이었다.

반면 저항의식과 순응적 가치를 조합하는 축구의 양면성은 자연 경기 성격을 둘러싼 헤게모니 투쟁을 격화시켰다. 페어플레이와 전술의 중요성을 내세운 축구 지도자들과 승부욕을 최고의 가치로 두는 선수들 간의 헤게모니 투쟁 속에서 축구가 신사정신을 파괴하고 원초적 호전성과 비이성적인 남성성을 과시하는 도구로서 이용됨에 따라 축구는 감성과 육체에 대한 이성적 통제라는 전통적 중간계급 가치에 도전하게 되었으며 중간계급과 노동계급의 문화적 경계는 유동적이 되었다. 이러한 가운데 중간계급 인사들의 축구 반대운동이 촉발되어 축구는 다양하고 모순적인 다의적 텍스트가 되었던 것이다.

19세기 말 중간계급의 문화적 헤게모니는 강화되고 있었다. 점차 이성적, 과학적으로 변화하는 대표적 노동자 스포츠 복싱은 이러한 헤게모니를 반영하고 있었다. 그러나 19세기 말 미식축구에 대한 연구는 중간계급과 노동계급의 문화가 결코 일방적인 위계관계를 가진 것이 아니었다는 점을 보여준다. 이러한 위계의 불명확성은 동부의 엘리트 대학에서 시작된 축구가 전통적 노동계급의 스포츠문화를 전유하면서 발전하는 과정에서 명확해진다. 동시에 이는 계급 간 문화적 크로스드레싱 현상을 돋보이게 하면서 중간계급의 구획의식을 더욱 혼란에 빠뜨렸던 것이다.

피에르 부르디외는 스포츠의 중요한 사회적 기능을 (계급 간) 구별 짓기로 규정한다. 스포츠 행위에서의 원시성과 호전성 그리고 우아함과 기술적 숙련성의 간극은 계급 간 경계와 일치한다는 것이다. 그러나 스포츠를 통한 구별 짓기란 우리들이 예상하는 것보다 훨씬 가변적인 과정이다. 사회적 변화와 더불어 중간계급의 문화가 항상 변이하며 단일하지 않다는 것과 계급 간 문화의 상호 교류 그리고 노동계급의 문화적 에이젠시를 고려한다면 모든 계급경계는 유동성을 내포하기 때문이다. 그것은 계급이란 그 경계가 구성되고 해체되기를 반복하는 하나의 과정으로서 정의되어야 함을 알려주는 것이다.

이러한 고찰과 더불어 주목해야 하는 것은 하나의 운동이 가지는 의미는 지속적으로 변화하다는 점이다. 1905년 한 해 동안 18명의 학생이 경기 중 사망한 것을 계기로 재차 격렬해진 반대운동은 이듬해 전진패스 규정이 도입되어 장거리 패스에 의존한 공격이 늘어나고 그 결과 매스플레이가 현저히 감소하면서 잦아들기 시작하였다. 경기의 성격을 둘러싼 장기간의 문화적 갈등이 종식되었을 때 미식축구는 그간의 규칙개정을 통해 도입된 스냅핑, 5야드 규정, 로우태클, 전진패스로 인해 럭비와는 완전히 다른 운동이 되어 있었다. 이렇듯 영국의 운동인 럭비와 눈에 띄는 차별성을 가지게 됨에 따라 축구가 탈계급적인 국민주의에 복무하는 운동으로 재탄생할 수 있는 길이 열렸다. 1차 대전의 여파로 격렬한 스포츠가 국방력 증강의 수단으로 여겨지고 스포츠의 상업화가 진전되던 1920년대에 전직

대학선수들과 노동계급 선수들이 주도하는 프로리그가 출범하면서 축구는 그 저변을 급속히 확대하였다. 전통적 중간계급 문화에 반발하면서도 계급경계를 재확인하고자 만들어진 운동은 이제 미국의 민주주의와 문화적 예외성을 상징하는 대중적 운동으로 발전하기 시작했던 것이다.

이글은 「19세기 말 미식축구와 계급경계의 유동성」 『서양사론』127(2015.12)을 기초로 수정 보완하여 작성한 것이다.

제5장

스모의 근대 공간형성과 근대 스포츠로서의 소비

|우 정 미|

우 정 미

경상대학교 사범대학 일본어교육학과 강사
경상대학교 경남문화원 명산문화연구센터 책임연구원
경상대학교 일본학과 박사(일본근대사 전공)

주요논저
「아시쿠라지 일산회에 관한 고찰」, (2016)
「다테야마의 여인구제」, (2015)
「슈겐도에 있어서 여성성의 수용과 배제」, (2013)
『지리산의 세계유산적 가치와 한중일 명산문화』, (공저 2015)
『식민지 조선의 이주일본인과 지역사회』, (역서 2013)

01 머리말

일본에서의 스모(相撲)[1]는 국기(国技)라고 한다. 종교성이 다분하고, 의례적이면서도 오락성을 가진 이 스모는 일본인이라면 대개 국기라고 하는데 주저하지 않는다. 하지만 ‘국기’라는 말이 생긴지는 그 역사가 오래되지 않았다. 흔히 말하는 근대화의 물결 속에서 만들어진 말이고 많은 사람들이 애용하면서 국기로서 인식된 것이다.

스모의 시원은 역사서 『고사기(古事記)』와 『일본서기(日本書紀)』에서 찾을 수 있다. 『고사기』의 국가양도편 중 다케미카즈치노카미(建御電神) 파견 조에서 신들의 힘겨루기가 나오고, 『일본서기』의 스이닌천황(垂仁天皇) 조에서는 인간의 힘겨루기가 나온다.[2] 이 시합

1 스모를 한국어로 번역 가능한 단어 중의 하나가 ‘씨름’이다. 한국에서도 일반화되어 있는 대명사이지만 한국전통적인 씨름과는 그 체제와 형식이 다르고, 고유한 특징이 있으므로 본고에서는 일본어 발음 그대로 한국어로 표기했다. 이에 준하여 본문 중의 스모 관련 단어들도 동일하게 했다. 예를 들면 혼바쇼(本場所≒본대회), 준교(巡業≒지방순회경기), 반즈케(番附≒대진표), 도효(≒모래판), 스모카이소(相撲会所≒스모협회), 텐란스모(天覧相撲≒천황이 관전하는 스모경기), 스모베야(相撲部屋≒리키시 양성소), 오야카타(親方≒스모베야의 운영자이면서 리키시들의 師匠), 유미도리(弓どり≒경기가 끝난 후에 승자의 춤을 이미지화하여 활을 휘두르는 의식), 사지키석(桟敷席≒마루로 된 관람석), 고멘코무루(蒙御免≒허락을 받다) 하후이리모야(破風入母屋≒삼각형의 장식판이 붙어 있는 팔작지붕), 도효마츠리(土俵祭り≒대회전날 경기의 무사안전을 기원하는 제사) 등이다.

2 역사서에 ‘相撲’의 첫 출전은 『日本書紀』雄略天皇条13年 采女를 모아 相撲를 시켰다는 기사가 나온다. 그러나 이것은 女相撲이다. 『古事記』神代의 建御電神派遣条에서는 국가를 양도하라는 것에 大国主神의 아들인 建御名方神가 받아들일 수 없다며 建御電神와 힘겨루기를 했다는 기록이 나온다. 이것은 신들의 힘겨루기 기사이다. 인간의 힘겨루기에 관한 垂仁天皇 7年의 내용 원문은 아래와 같다. 원문 출전은 『日本書紀①』(1994), p.314이다. 垂仁天皇7年秋7月乙己巳朔乙亥
(前略) 遣倭直祖長尾市喚野見宿禰。於是野見宿禰自出雲至則当蹶速与野見宿禰令

에서 이긴 노미노스쿠네(野見宿禰)를 일본스모의 시조신으로 모시고 있고, 현재 도쿄의 혼바쇼(本場所)가 있기 전에 노미노스쿠네 신사(野見宿禰神社)[3]에서 제사를 지낸다.

헤이안(平安)시대는 궁중의 행사로서, 무사들이 집권하던 중세에는 무사들의 신체단련을 위한 행위로, 근세에 들어서는 사사(寺社)에 기부를 촉진하는 간진스모(勧進相撲)[4]로 발전했다. 그러나 간진스모는 곧 흥행스모(興行相撲)로 바뀌었다.

18세기 이미 일본에서는 현대와 비슷한 프로선수를 양성하고, 그 프로선수의 경기를 돈을 주고 관전했다. 에도(江戸) 후기의 스모선수들은 당시 지배층이었던 다이묘(大名)[5]의 후원을 받으면서 전문화되어 갔다. 그러나 메이지(明治)시대의 근대화는 스모사회에도 그 파급이 컸다. 우선 폐번치현(廃藩置県)으로 리키시들은 후원자를 잃었고, 서구의 근대의식이 들어오면서 일본전통적인 것이 부정되는 과정에서 스모금지론이 거론되기도 했다.[6] 스모계는 이러한 난국을

捔力。二人相対立各挙足相蹶。則蹶折当麻蹶速之脇骨亦蹈折其腰而殺之。故奪当麻蹶速之地悉賜野見宿禰。是以其邑有腰折田之縁也。野見宿禰乃留仕焉.

3 神社의 안내문에는 津軽家上屋敷에서 1885년 高砂部屋의 高砂浦五郎가 제사지낸 것이 神社의 시작이라고 적혀있었다.

4 간진(勧進)이란 불교 승려가 서민 구제를 위한 포교 활동의 일환으로 직접 민중에게 염불 경읽기 등을 권하거나 사원이나 불상을 조성할 때나 수리, 재건을 위한 기부금을 모으는 것을 의미한다. 중세이후에는 후자의 행위를 지칭한다. 간진스모는 寺社의 사당이나 山門 등의 조성이나 수리를 위한 비용을 염출하기 위해 개최하는 스모를 말한다.

5 무가사회에서 많은 토지와 부하를 소유한 무사를 의미하는데 에도(江戸)시대에는 주로 1만석 이상의 무가로 장군에 직속하는 자를 말한다.

6 相撲禁止論은 明治 초기 근대화하는 과정에서 서구를 의식한 분위기가 배경에 있고, 직접적인 계기는 1871년 裸体禁止令이라 할 수 있다. 언론상에서 비등되긴 했지만 얼마 가지 않아 금지론이나 무용론은 사라졌다.

타개하면서 근대 스포츠로서 나아가게 된다.

스모에 관한 연구는 최근 다방면에서 이루어지고 있다. 통사[7]는 물론이고 다양한 접근으로 스모를 심층적[8]으로 집필한 저서들이 최근 많이 출간되었다. 연구논문[9] 중에서 본고에 선행하는 것은 리 톰프슨(1990)의 것으로 가트만(Allen Gutmann 1932-)이 말하는 근대 스포츠의 특징 제 요소들[10]이 스모내부에서 축출할 수 있는가하는

7 통사로서『近世日本相撲史』5권은 相撲協会스모협회가 재단법인으로 인가를 받은지 50주년을 기념하여 한정 간행한 것으로 발족이후부터 1970년대까지를 망라하고 있다. 그 외 酒井忠正,『日本相撲史』(東京:, 日本相撲協会, 1964), 新田一郎,『相撲の歴史』(東京: 講談社, 2010), 風見明,『相撲、国技となる』(東京: 大修館, 2002) 등이 있다.

8 武藤泰明는『大相撲のマネジメント』(東京: 東洋経済新報社, 20120)에서 相撲協会의 운영체제와 운영수지에 대해서, 根間弘海는『大相撲行司の伝統と変化』(東京: 専修大学出版局, 2010),『大相撲行司の世界』(東京: 吉川弘文館, 2011),『大相撲の歴史に見る秘話とその検証』(東京: 専修大学出版局, 2013)에서 行司에 관하여, 玉木正之는『大相撲八百長批判を嗤う』(東京: 飛鳥新社, 2011)에서 相撲界의 八百長(부정경기), 高埜利彦는『近世日本の国家権力と宗教』(東京: 東京大学出版会, 1989)에서 江戸시대의 相撲과 권력의 관계를, 生沼芳弘는『相撲社会の研究』(東京: 不昧堂出版, 1994)에서 相撲 내부 사회를 相撲部屋의 변천과 조직, 보수, 구성원의 역할 등에 대해서 자세하게 적고 있다. 그 외 武藤泰明,『大相撲のマネジメント』(東京: 東洋経済新報社, 2012), 松木信也,『富岡八番宮と江戸勧進相撲』(東京: 富岡八番宮権禰宜, 2013) 등이 있다.

9 草野えり의「番附作成に関わる諸要所の現状及び歴史的考察」『相撲紀要』2(2003),「相撲の巡業」『相撲紀要』3(2004),「国技館」『相撲紀要』5(2006)는 番附, 巡業, 国技館 등에 대해서, 高津勝의「民衆史としての大相撲」『現代思想』(東京: 青土社, 2010)는 민중 속의 相撲를, デーモン閣下의「国技と称され続けるために」『現代思想』(東京: 青土社, 2010)는 相撲가 국기인가를 반문하면서 국기라면 어떻게 해야 하는가를, 松原隆一郎의「興行としての大相撲」『現代思想』(東京: 青土社, 2010)는 相撲의 인기비결에 대해서, 吉田満梨의「大相撲の観戦行動に影響する要因についての実証研究」『立命館経営学』(大阪: 立命館大学経営学会, 2011)는 相撲 관전에 끼치는 영향을 분석하고 있다. リー トンプソン의「スポーツ近代化論から見た相撲」『スポーツの社会学』(京都: 世界思想社, 1990)는 相撲界의 만들어진 전통에 대해서 분석하고 있다.

10 アレン・グートマン 著 清水哲男 訳,『スポーツと現代アメリカ』(東京: TBSブリタニカ, 1981) 가트만이 말하는 근대스포츠의 특징은 성과 속, 평등화, 전문화, 합리화, 관료화, 수량화, 기록만능주의이다. 이 중에 톰프슨은 성과 속(세속화), 합리화, 수량화, 기록추구 부분에서 검증하고 있다.

관점에서 검증하고 있다.

본고에서는 일본의 전통 무예인 스모의 근대화를 공간과 소비라는 입장에서 논하고자 한다. 시기적으로 1910-1930년대를 중심으로 하면서 당시 발행된 스모 관련 잡지(『角力世界』(1915~1919), 『国技』(1914-1919), 『角力雑誌』(1920-1923), 『相撲』(1936-1949))를 주된 사료로 한다.

본고에서 사용하는 '공간'은 앙리 르페브로(Henri Lefebvre 1901-1991)가 말하는 공간개념[11]에 의거하고 있다. 그는 공간을 인간 개별 또는 집단적 행위와 인간을 둘러싼 일상 및 환경을 결부하여 이해하려고 했다. 사물, 풍경 및 건축물의 배치는 지리적 공간화의 구체적인 실례이지만 새롭게 생산되는 근대적 공간, 예를 들자면 지역이나 민족, 국가에 대한 관념, 근대적 기구나 위원회 및 이를 규정하는 근대적인 법규나 조항, 나아가서는 근대 대중적인 언론매체와 민족의 정체성이 만드는 일종의 가상공간은 각 사회가 생산한 공간의 또 다른 양상이다. 그가 말하는 공간은 기존의 지리적 또는 현상적 공간 개념에 사회적 관계와 공간구조의 관계라는 구조주의적인 의미를 통합한 근대적 의미의 공간개념이다. 본고에서는 물리적인 공간은 물론이고, 스모의 법제와 규칙을 하나의 공간으로 보았다.

인간의 욕구를 충족하기 위해 필요한 물자 또는 용역을 이용하거나 소모하는 일을 소비라고 한다. 소비자는 소비하는 사람, 소비하는 경제단위이며, 오로지 자신의 경제적 만족도를 높이기 위해 경제

11 アンリルフェー 著, 斎藤日出治 訳(2000) p.50, 72, 613-617.

적 행위를 한다.[12] 스모를 관전하는 관람자는 관람자의 여가와 오락의 만족도를 높이기 위해 스모를 소비하는 주체자이다. 때로는 국가체제나 권력이 국민통제를 위해 스모를 이용하기도 한다. 본고에서는 관람자와 국가권력을 스모의 소비 주체로 규정하고자 한다.

전통무예 스모를 근대 스포츠로서 관람하면서 개인의 오락과 여흥이란 욕구를 어떻게 충족하고 있는지, 국가권력은 어떤 방식으로 소비주체로서 행하는지를 살펴보면 스모의 근대성과 개인의 오락여흥을 위한 스포츠가 국가권력에 의해 어떻게 이용되는지를 알게 할 것이다.

02 에코인(回向院)에서의 스모경기

스모의 룰과 기술이 정비된 것은 헤이안 시대이고, 궁중의 의식인 삼도절(三度節)[13]의 하나로서 스모세치에(相撲節会)가 행해지게 된 이후이다. 봉건시대의 스모는 무사의 신체단련하는 기술로서 넓게 행해졌다. 에도시대에는 신사 불사의 건립이나 중수(重修)를 위해 스모를 개최하여 관람객에게 기진을 권하는 간진스모가 각지에서 이루어졌다. 그러나 막부(幕府)는 간진스모라 하더라도 치안을 이유

12 林利彦, 『経済学入門』(東京: 放送大学教育振興会, 2008), p.33.
13 나라(奈良) 헤이안(平安)시대 궁중의 연중행사를 말한다. 射礼, 騎射 相撲節会를 三度節이라 불렀다.

로 간단하게 허락하지 않았다. 약 20여 년간 막부의 공식적인 간진스모의 허락이 없었던 시기도 있었다.[14] 허가를 받아 경기를 하는 장소는 대개 신사와 절이었지만 일정하게 정해져 있지는 않았고, 경기가 이루어지는 그때그때마다 장소가 정해졌다.[15] 간진스모가 막부의 허락을 받았다는 증명으로 고멘코무루(蒙御免)가 적혀있는 높은 깃발을 세우고 흥행을 했다. 여기에 기인해서 현대에도 혼바쇼 반즈케(本場所番附) 한 가운데에 고멘코무루가 적혀있다. 에도 중기가 되면 스모는 사사의 기진하는 간진스모의 본래 목적에서 벗어나 영리를 목적으로 변모했다. 영리목적으로 하는 간진스모의 조직인 스모카이소(相撲会所)[16]가 에도, 교토(京都), 오사카(大阪) 세 군데[17]에 생겼다.

스모카이소가 관리하던 에도스모는 1833년부터 에코인에서 년2회 흥행이 정례화된다. 에코인은 에도 료바시(両橋) 근처에 1657년 메이레키(明歴)화재 때 죽은 사람들의 원혼을 달리기 위해 건립되었다. 에코인에서의 경기는 초기에는 무연고자 공양기부를 모으기 위한 간진스모였다.

에코인의 도효(土俵)는 흥행 시작 전에 만들고 끝나면 철거하는

14 高埜利彦, 『近世日本の国家権力と宗教』(東京: 東京大学出版会, 1989), p.10. 1716년부터 20여 년간은 거의 江戸에서는 勧進相撲興行을 하지 않아 어쩔 수 없이 渡世의 본거지를 江戸에서 京都, 大阪로 옮기지 않으면 안 되었다.

15 松木信也, 『富岡八番宮と江戸勧進相撲』(東京: 富岡八番宮権禰宜, 2013), p.32. 回向院에서 정기적인 경기가 정해지기 전까지 대개 富岡八幡宮에서 행해졌다.

16 金指基, 『相撲大事典 第三版』(東京: 現代書舘, 2002), p.54. 江戸時代에 勧進相撲의 흥행을 운영했던 조직이다. 1887년 1월에 東京大角力協会로 개칭되었다가 1925년 12월 財団法人日本大日本相撲協会, 1958년 1월 財団法人日本相撲協会로 개칭되어 현재에 이르고 있다.

17 生沼芳弘, 『相撲社会の研究』(東京: 不昧堂出版, 1994), p.17. 京都相撲는 明治末期에 소멸되었고, 大阪相撲는 昭和初期에 東京相撲와 합병되어 현재에 이른다.

임시 가건물이었다. 비가 오면 흥행이 중지되는 '맑은 날 10일간 흥행(晴天十日之間興行)'이었다. 정례화 되었다고는 하지만 매번 막부의 허가를 받은 후에 흥행이 가능했다.

대전 방식은 동서대전(東西対戦)이었다. 동서제란 리키시(力士)를 동서로 나누어 대전하는 방법인데 같은 편끼리는 경기하지 않았다.[18] 임시 가건물 천막 아래에 도효가 만들어지면 관람석은 도효 바로 옆은 바닥에 바로 앉는 도마석(土間席)와 그것을 둘러싸고 2단으로 된 사지키석(桟敷席)이[19] 만들어졌다.

리키시들은 스모카이소 소속이긴 하지만 출신지의 다이묘들의 후원을 받고 있었기 때문에 에도, 오사카, 교토같은 대도시에서의 스모경기를 하면서 후원자의 요구에 따라 출신지에서도 활동을 해야 했다.

메이지 시대가 되면 근대화라는 슬로건 속에 외국인을 의식하여 나체금지령, 스모무용론, 폐지론 등이 나왔으나 1884년 텐란스모(天覧相撲)[20]는 인기회복의 계기가 되었고, 권력자 중에 스모 애호가들의 비호와 스모단체의 자구노력[21]으로 극복하면서 근대스포츠로서 자리매김하게 된다.

18 生沼芳弘, 『相撲社会の研究』(東京: 不昧堂出版, 1994), p.128.

19 桟敷席은 枡席이라고도 하는데 사각형의 평평한 마루로 되어 있어 신발을 벗고 들어가 앉아서 보는 관람석이다. 현재 東京両国国技館 2층에는 의자로 되어 있다.

20 1884년 浜離宮廷遼館에서 明治天皇 앞에서 당시 横綱였던 梅ケ谷가 도효이리(土俵入り)를 했다.

21 相撲無用論과 廃止論이라는 여론을 극복하기 위한 자구책으로 1876년 力士들이 消防組結成한다. 東京警視庁이 관할하는 소방대와는 별도로 조직된 봉사단체였다.

03 스모의 근대 공간

3.1 물리적인 공간

에코인의 임시 가건물은 햇빛과 갑자기 내리는 비를 잠시 피하는 정도이지 날씨가 좋지 않으면 경기를 진행하지 못했다. 우끼요에(浮世繪)의 속에 에코인 경기장은 도효를 중심으로 네 기둥을 세우고 그 위에 지붕이 올려져 있는 정도이다. 가건물은 경기 전날에 만들고 경기가 끝나면 철거되었다. 개선을 위해서 1891년 천막을 이용한 개량건물이 가설되기도 했지만 이 또한 그다지 실효성이 크지 않아 이내 원래대로 돌아갔다.[22] 스모카이소와 리키시들은 물론이고 후원하는 애호가 등은 날씨에 관계없이 상설적인 스모경기장의 필요성을 절실히 느끼고 있었다.

1909년 6월 2일 상설관의 개관이 있었고, 이 날 도쿄일일신문(東京日々新聞)에 당시 굉장한 스모애호가였고, 상설관건설위원장이었던 이타가키 다이스케(板垣退介 1837-1919)는 상설관 설립 목적과 상설관을 '국기관'으로 명명했다고 발표했다.[23]

국기관은 건축가 다츠노 긴고(辰野金吾 1854-1919)가 설계를 했

22 風見明,『相撲、国技となる』(東京: 大修舘, 2002), p.47.

23 草野えり,「国技館」『相撲紀要』5(2006), p.1, 風見明,『相撲、国技となる』(東京: 大修舘, 2002), pp.100-101. 세간에는 '国技館'이란 명칭을 板垣退介가 지었다고 알려져 있지만 소설가인 江見水陰와 尾車検査役에 의해 '国技館'이란 이름이 만들어졌다고 적고 있다.

다. 그는 당시 이미 일본은행을 비롯한 일본의 대표적인 근대건물을 설계하여 상당한 지명도를 가지고 있었다.

1909년 5월 약 2년의 공기를 거쳐 준공되었다. 총 예산 27만엔 그 중에 13만7천이 철재와 골재 공사에 들었다. 원형건물이고, 반구상 지붕의 콘크리트로 된 4층 근대식 건물이었다.

관람석 1층은 선반식 17단으로 만들어졌다. 이것은 칸막이가 있는 사지키석이었고, 그 외연부에 2층석, 3층석, 4층석으로 되었다. 공식 정원은 1만3천명이었는데 에코인의 가설경기장에 비교하면 4배 이상을 수용할 수 있는 건물이었다. 에코인에서는 도효 주변 흙바닥에 멍석을 깐 자리가 일반석이었는데 상설관 개관되면서는 1등석 사지키석으로 바뀐다.

1909년 준공된 국기관에는 당시 천황제국가라는 분위기를 말해주는 옥좌가 있었다. 옥좌란 말 그대로 천황이 앉는 자리이다. 이 국기관 이후의 구라마에 국기관(蔵前国技館 1954개관) 이나 료코쿠 국기관(両国国技館 1985개관)에는 설치되지 않았다. 1909년에 건립한 국기관에 천황이 직접와서 관람한 적은 없다. 다이쇼 천황과 쇼와 천황이 황태자시절에 한 두 번 있있다.

간진스모일 때는 도효 주변에 4개의 기둥을 세우고, 그 위에 맞배지붕을 얹은 것이 전통적인 형태이다. 그런데 이것이 1909년 국기관 개장 때는 장식미를 강조하여 4방향 하후이리모야(破風入母屋)지붕이었다가 그 이듬해 2방향 하후이리모야 형식으로 변했다. 그리고 1931년에 5월 혼바쇼부터는 신덴즈쿠리(神殿造り)의 지붕[24] 으로 바뀌었다. 신덴즈쿠리는 천황가와 관계깊은 이세신궁(伊勢神宮)의 지붕모양이다.

에코인 시절의 교지(行司)[25]대기실은 북쪽에 있었다. 새로운 경기장에서는 남쪽으로 배치되었다. 이유는 북쪽은 임금이 앉는 자리라는 의식에서였다. 경기장을 지을 때 이미 텐란스모(天覧相撲)를 예상하고 옥좌까지 만들었다. 옥좌와 신덴즈쿠리 지붕과 더불어 교지대기실의 위치는 당시 천황제국가임을 나타내는 흔적을 말해주고 있다고 할 수 있다.

도쿄의 국기관에 이어서 각지에 국기관이 건립되면서 오사카에서도 국기관이 건립된다. 근세 후기 스모계 강자는 오사카스모[26]였는데 차츰 에도에 그 자리를 내어주어야 했다. 그 과정에서 오사카는 독자적인 노선을 취하면서 에도 스모를 계승한 도쿄 스모와 대립관계에 있었다.

오사카를 중심으로 하는 흥행스모를 기대하면서 1919년 9월 12일 대지 2,000평, 건평 500평 수용인원 1만명인 철근콘크리트 4층 구조

24 根間弘海,『大相撲の歴史に見る秘話とその検証』(東京: 専修大学出版局, 2013), p.91.

25 生沼芳弘, 『相撲社会の研究』(東京: 不昧堂出版, 1994), p.90.
스모에 있어서 심판관을 교지라 부른다. 현재 일본오즈모에서 교지는 위에서 다테교지(立行司), 산야쿠교지(三役行司) 마쿠우치교지(幕内行司) 쥬마이메교지(十枚目行司) 마쿠시타교지(幕下行司)등으로 위계가 나누어져 있다. 교지의 계급은 혼바쇼에서의 복장으로 구별이 된다. 요코즈나(横綱) 오제키(大関)를 심판하는 다테교지는 단도, 버선, 조우리를 착용하고, 산야쿠 교지는 버선 조우리만, 마쿠우치, 주료 교지는 버선만 신는다. 마쿠시타를 심판하는 교지는 맨발로 도효에 오른다.

26 荒井太郎, 『歴史ポケットスポーツ新聞 相撲』(東京: 大空出版, 2008), p.30. 大阪相撲는 1702年(元禄15) 4月 堀江新地開発地代納入를 목적으로 13일간 행해진 勧進相撲에 기원을 두고 있다. 그 후 독자적인 노선을 취하다가 1897年에는 大阪大角力協会가 설립되어 성공하는 듯 했는데 1923年 春秋園事件의 영향으로 養老金를 둘러싼 분쟁이 일어난 후 쇠퇴했다. 그 후 東京相撲에 병합된다.

물인 오사카국기관(大阪国技館)이 건립되었다. 둥근 돔을 가진 우아한 서양식 외관을 가지고 있었다. 오사카국기관은 오사카스모협회 본거지로서 오사카 스모의 발전거점으로 삼으려고 했으나 그 이후 오사카 스모는 쇠퇴 일로를 걷는다. 30년대 후반 후타바야마(双葉山)[27]의 인기에 편승하여 오사카 스모의 재건을 꿈꾸며 1937년 3월 대지 6,000평, 건평 3,000평, 수용인원 2만5천 명, 돔지붕의 4층 콘크리트 서양식 건물인 오사카대국기관(大阪大国技館)을 개장한다. 이 건물은 당시 도쿄의 국기관보다 큰 시설이었으나 곧 시작된 태평양 전쟁으로 인해 실제 혼바쇼 흥행수는 7회에 그쳤다.[28]

도쿄 오사카를 비롯하여 구마모토(熊本), 나고야(名古屋) 등에도 국기관이 설립되었지만 대경기장은 몇 개에 불과하여 지방에 상설적인 경기장 필요성을 지속적으로 제기하고 있다.[29]

국기관 건립[30]은 단순히 근대식 상설관이 지어진 것으로 끝나지 않고, 스모계를 일신하는 계기가 되어 여러 가지 체제 개혁을 하게

27 本名은 穐吉定次(1912-1968), 四股名는 双葉山, 35代横綱. 1930년대 후반 69연승을 이루며 일본相撲의 인기의 견인차 역할을 했다.

28 大阪市城東区区役所자료(2014.1.20 조사) 大阪国技館은 1945년 대공습때 소실이 되었고, 현재 大阪市浪速区에 있는 通天閣 가까이에 그 흔적을 말해주는 석비만 세워져 있다. 大阪大国技館는 전쟁으로 인해 흥행이 중단되었고, 지붕에 쓰였던 적동을 비롯한 건축구조물이 군수품으로 제공되었다. 그 후 창고로 쓰여지다가 해체되었다. 현재는 아파트가 들어서 있으며 아파트 입구에 그 흔적을 말해주는 안내 간판만 서 있다.

29 『国技』3년30호 pp.46-48, 『角力雑誌』35호 p.6

30 1909년 5월 준공이후 여러 번의 화재와 공습으로 인해 소실과 복구를 반복하다가 1945년 연합군에 접수되었다. 해제 된 이후에는 일본대학 강당으로 1982년까지 사용한 후, 노후화로 해체되었다. 현재 그 터에는 両国CITYCORE라는 복합건물이 들어 서 있다. 蔵前国技館에서 현재의 1985년 両国国技館으로 옮긴 이후부터 旧両国国技館이라 부른다.

된다.

3.2 법제와 규칙의 공간

근대적인 전용 경기장인 국기관이 개관(1909)하면서 먼저 스모의 규칙과 경기 룰을 정한다. 전통적인 예능적인 성격을 벗어나 진검승부하는 스모도를 재정립하려는 목적도 있었고, 근대스포츠의 영향으로 일신할 필요성에 입각한 것이었다. 스모협회 규정은 이전에 제정된 스모운영내규칙(角觝運営内規則 1878년), 스모나카마모우시아이규칙(角觝仲間申合規則 1886년), 도쿄오즈모협회모우시아이규약(東京大角觝協会申合規約 1897년), 오즈모조합신규약(大角力組合新規約 1908년 力士품위향상을 의도하여 제정) 등을 계승한 형태였다.[31]

국기관 개관시에는 무엇보다도 협회에서는 리키시들의 품위향상과 예능인으로서의 이미지를 지우려고 애썼다. 지금까지 없던 행동규정까지 만들어 스모계를 일신하려고 했다.

스모는 흥행을 목적으로 하다 보니 자연스럽게 볼거리를 제공하는 경기였다. 진검승부를 해야 하는 승부사들이긴 했지만 자연스럽게 예능인의 모습도 있었고 그로 인한 폐단도 많았다.

경기장 앞의 리키시의 이름이 새겨진 깃발세우는 것을 금지하였고, 기진 받은 술통을 쌓아두는 것도 금지했다. 전통적인 무예의 품

31 金指基,『相撲大事典　第三版』(東京: 現代書館, 2002), pp.395-403.

위를 손상시킨다 하여 나게하나(投げ纏頭)[32]를 금지시켰다. 또한 리키시가 사지키석을 돌면서 관객에게 인사하는 것도 금지시켰다. 선수 기본적인 예의에서도 도효 위에서의 침뱉기나 하품 등 품위와 관련된 것들을 금지시켰다.

경기장 드나들 때는 마쿠우치(幕内)[33] 이내의 리키시들은 하오리 하카마(羽織袴)를 입도록 규정하였고, 지방순회 때에도 착용하도록 했다.

현재에도 종종 문제가 되는 것이 야오초(八百長)이다. 즉 사전담합에 의한 경기인데 스모의 전통에서는 일종의 미덕으로 간주하는 경향도 있었고, 스모계에서는 일종의 공공연한 비밀(?)이기도 했다. 진검승부를 하는 스모도를 보여주고, 위신과 권위를 갖추기 위해서는 야오초를 금지하고, 그에 대한 제재를 엄하게 할 필요가 있었다. 야오초에 대한 인식은 보여주기 위한 스모에 그 연원이 있는 것이 아닌가 한다.

이러한 사소한 몸가짐부터 시작하여 크게는 스모 경기형식과 규칙이 변했다.

1909년 도쿄의 국기관이 개장되면서 동서우승제도가 시작되었다. 동서 단체대항전으로 양 진영의 최다우승자가 우승기를 수여받았다.

32 金指基,『相撲大事典　第三版』(東京: 現代書舘, 2002), p.253. 江戸時代에서 明治까지 相撲界의 관행으로 응원하고 있던 力士가 경기에서 이기면 축하금을 전달할 목적으로 軍配가 올라가는 순간에 土俵를 향해서 자신의 모자나 羽織, 담배통 등을 던졌다. 이것을 거두어 선수대기실로 돌아가면 물건을 던진 사람이 직접 대기실로 찾아와 자신의 물건을 돌려받으면서 축의금을 전달했다.

33 相撲力士의 계급은 幕内, 十枚目, 幕下, 序の二段, 序の口로 나뉘어져 있고, 한국씨름의 천하장사격인 横綱와 그 아래 大関, 関脇, 小結, 前頭를 포함하여 幕内라고 한다.

개인우승제도는 1926년부터 시작되었다. 1932년 춘추원사건(春秋園事件)으로 동서제가 폐지되었다가 당시 후다바야마의 연승으로 높아지는 스모의 인기에 힘입어 1940년에 다시 부활했다.

리키시들의 경제적 기반은 근세에는 그들을 후원하는 다이묘들이 있었지만 메이지기에 들어오면 협회의 수익금을 분배하여 각 스모베야(相撲部屋)의 오야가타(親方)에게 지급되었다. 오야가타가 리키시들에게 월급을 지급했었는데 그것은 생활비로서 늘 부족한 상태였고, 은퇴한 후의 생활에 대한 불안감은 현대용어로 임금투쟁으로 이어진다. 리키시들의 단체행동은 근세에서는 생각할 수 없는 일이었다.

특기할 사건은 신바시구락부 사건(新橋俱楽部事件 1911)[34], 미카와시마 사건(三河島事件 1923)[35], 춘추원사건[36]인데 세 사건 모두 리

34 1911년 1월, 春場所를 앞두고 関脇以下 十両(=十枚目)以上의 力士 일동은 협회에 대하여 배당금, 양로금 등에 관한 대우개선을 요구한 사건이다. 毎場所 후의 협회 총수입의 10/1을 위로금으로 지급하고, 그 3/2를 横綱 大関를 포함한 리키시들에게 배당, 나머지는 은퇴한 리키시의 양로금으로서 적립하기로 결정하였다.

35 1923年 1月9日 春場所 직전에 東京相撲力士会가 협회에 대우개선을 요구하여 일으킨 스트라이크. 양로금, 本場所 배당금 인상 등을 요구한 것에 대해서 협회는 경기 일정이 끝난 후에 고려하겠다고 회답하자 力士会는 즉시 실시를 요구하며 東京 上野駅 앞의 上野館에서 농성했다. 협회가 구체적인 해결책을 제시하지 않았기 때문에 力士会는 11항목의 신요구로 바꾸었다. 협회는 교섭을 단념하고 本場所 흥행에 참가하지 않는 力士는 파문 제명한다고 했다. 그러나 幕内 36명, 十両 29명, 行司 14명 모두 79명이 東京都 荒川区 三河島의 日本電解会社 공장에서 농성을 했다. 경시총감의 조정으로 화해를 하고, 수입금 증대를 위해 협회는 경기 일수를 하루 늘려서 11일로 하고, 이익금을 양로금과 배당금 증액에 충당하기로 했다.

36 1932年 1月6日 春場所 전에 大日本相撲協会와 力士들 사이의 분쟁이다. 天竜事件이라고도 한다. 선대 出羽海(常陸山)가 있을 당시에 입문한 고참 力士가 당대 出羽海(両国)에 대하여 배당금과 대우불만을 호소한 것이 발단이 되어 関脇天竜가 협회에 회계와 제도에 대하여 개혁요구를 제안한 것이 협회전체 문제로 확대된 사건이다. 결국 분쟁을 일으킨 力士들은 협회를 탈퇴하여 大日新興力士団을 결성하였다.

키시들의 단체행동으로 임금인상 요구와 은퇴 후에 받는 양로금(養老金 일종의 퇴직금)에 대한 보장 등을 주장했다. 일련의 임금투쟁 사건 이후 리키시들의 임금에 대한 안정적인 장치가 만들어지고, 양로금에 대한 규정도 정해지게 되었다.

1925년 12월 26일 스모협회가 '재단법인 대일본스모협회'로 출발할 때 정해진 규약인 '협회기부행위(協会寄附行為)'는 이러한 제 사건에서 제기된 문제들을 다 수용한 규약이었다.

일본 스모의 특이성 중에 하나가 검사역(検査役)이라 할 수 있는데 이들은 교지의 판정에 이의제기 있을 때 재심의를 판정한다. 이때 교지는 재판정의 협의에 참가하지 못 한다. 즉 경기 심판관 위에 심판관이 더 있는 시스템이다. 교지의 판정권 독립이 안 되어 있다고 볼 수 있다.

춘추원 사건이후에 맺어진 협정에는 교지헤야(行司部屋)의 독립을 인정하여 애호가들의 환호[37]를 받았다. 그러나 운영 특히 교지헤야 운영의 경비 문제로 인해 독립했다가 다시 각 헤야로 되돌아가 교지헤야의 독립은 우야무야 되었다.

그 후에 革新力士団과 합병하여 大日本相撲連盟을 결성한다. 그 후 天竜 등은 大阪에서 関西相撲協会를 1933년에 설립했으나 4년후에 1937년에 해산한다.

37 『角力雑誌』35호 pp.7-8.

04 근대스포츠로서의 스모소비

4.1 관람자의 소비로서 혼바쇼(本場所)와 준교(巡業)

스모가 간진스모에서 흥행스모로 변하는 과정에서 이미 주체측은 소비자인 즉 관람자를 의식해야 했다. 좋은 경기를 보여주려면 우수한 선수를 발굴하여 양성하지 않으면 안 되었다. 또한 전통이라고 말하는 종교적인 의례라든지 품위를 떨어뜨리지 않는 퍼포먼스를 관람자들에게 제공해야 했었다. 관람자들은 단순히 주체측이 만들어 놓은 것에 만족하지 않았다. 적극적으로 오락으로서 여흥으로서 자기의 것으로 만들려고 했다.

1909년 국기관 개관 당시에는 경기장 내부 시설에 대한 개선을 요구한다. 우선 도효 주변이 어둡다는 항의에 전등을 달아 해결하려고 했고, 도효 지붕을 지탱하는 기둥 때문에 경기하는 모습이 보이지 않는다 하여 기둥을 가늘게 교체하기도 했다. 도효를 중심으로 사방의 기둥과 지붕은 신사를 형상화한 것이다. 스모가 신에 바치는 신성한 행위라는 것에 연유한다. 그러한 신성한 곳의 구조물을 관람자의 요구에 변형시킨다. 또한 검사역들이 사주(四柱) 앞에 앉아 있어, 이 또한 시야 방해의 요인이라는 지적에 승부판정을 위해서 변경할 수 없다고 하다가 1928년에는 검사역들이 도효 아래로 내려가 관객의 시야를 확대시킨다.[38] 조금 시대가 내려가지만 1952년에는 TV중계하는데 시야가 가린다고 하여 결국에는 도효 주변의 사주를 없앤다. 다름 아닌 신전 기둥을. 이렇게 보면 스모의 전통이라는 것도 다시 생각해 볼 문제이다.

가트만은 근대스포츠 특징의 첫 번째를 '세속화'를 들었다. 그는 다양한 예를 제시하면서 고대의 스포츠(엄밀히 말하면 스포츠라고 할 수 없지만)는 신성한 종교행위였다고 했다. 그것이 근대 산업사회가 되면서 의례적인 것은 남지만 영적이고 성스러운 것 세속화된다고 했다.[39]

톰프슨은 지극히 세속화 되어 있는 것이 스모의 종교적인 의례적인 행위라고 했다. 그러나 관객들은 그것을 전통이라는 이름으로 더 즐긴다. 도효마츠리(土俵祭)나 요코즈나(横綱)의 도효이리(土俵入り), 매일 경기 마지막에 행하는 유미토리식(弓取り式)[40]에는 적극 후렴

38 『角力世界』43호

39 アレン・グートマン 著 清水哲男 訳, 『スポーツと現代アメリカ』(東京: TBSブリタニカ, 1981), pp.33-34.

40 이지선, 『일본의 전통문화』(서울: 제이앤씨, 2008), pp.198~199, 203.
도효마츠리 : 혼바쇼가 하루 전날 15일동안 경기가 무사히 진행되고 리키시가 부상당하지 않도록 신에게 기원하는 제사를 말한다. 도효마츠리는 다테교지가 신관이 되어 주관한다. 와키교지와 함께 액막이를 하고 제문을 읽는다. 도효 중앙에 미리 만들어 놓은 네모난 작은 구멍에 신에게 바치는 공양물로서 밤, 소금, 씻은 쌀, 다시마, 건오지어, 비자나무 열매 등의 여섯 가지 제물을 묻고, 소금과 술을 붓는다. 이 절차가 끝나면 요비다시는 북을 치며 도효를 세 바퀴 돈다. 도효는 이러한 의식에 의해서 신성한 장소가 된다.
요코즈나 도효이리: 매일 마쿠우치 시합 전에 게쇼마와시(化粧回し) 위에 시베나와(注連縄)를 요코즈나가 2명의 리키시(太刀持ち 露払い호위를 받으면서 도효에 오른다. 요코즈난 운류형(雲竜型)이나 시라누이형(不知火型)의 도효이리를 행한다. 운류형은 공격과 방어의 양쪽을 의미하는 것으로 힘차게 땅을 밟는 시코(四股) 동작을 한 후에 왼손을 겨드랑이에 대고 오른손을 아래로 뻗다가 올리는 동작을 말하고, 시라누이형은 적극적인 공격을 의미하는 것으로, 시코 후에 양손을 아래로 뻗다가 올리는 동작을 말한다. 도효이리는 신성한 도효를 지키기 위해서 나쁜 기운을 없애고 땅을 정화하는 의미와 시합이 무사히 진행되기를 바라는 의미를 지닌 의식이다.

을 넣기도 한다. 그것이 없으면 오오즈모가 아니라고 한다. 적절하게 전통이란 이름하에 옛날방식의 머리모양, 샅바와 화려한 게쇼마와시(化粧回し)를 보고 즐긴다.

스모 경기 개최 일수는 협회 수익과 직접적인 연관을 가지고 있다. 인기 있는 리키시에 환호하는 팬들로 대성황을 이루면 자연 흥행 일수에도 변화가 생긴다. 에도시대에는 1757년 이후의 반즈케에는 '흥행일수청천 8일간'으로 되어 있고, 1774년 3월 이후 '청천10일간흥행'이 국기관 개장까지 유지되었다. 맑은 날 10일간이기 때문에 중간에 비가 와서 경기가 쉬게 되면 그 날은 경기 일수에 포함되지 않는다. 때에 따라서는 한 경기 일정이 10일을 훨씬 넘기는 일도 많았다.[41] 1909년 국기관 개장되면서 날씨 관계없이 10일간 흥행이었다. 춘추원 사건 이후 하루가 연장되어 11일간, 후타바야마의 인기에 힙입어 1937년 5월부터 15일간 흥행이 되었다. 현재에도 15일간 흥행으로 유지되고 있다.

대회 횟수는 에코인에서는 연 2회가 정례적인 본대회였는데 1920년대에 들어서면서 반드시 연 2회는 아니었다. 3, 4회가 되는 경우도 있었다.[42] 이 또한 대중의 인기에 따라 변화를 겪게 된다.

유미토리식: 혼바쇼 경기 중 매일 마지막 경기가 끝나면 이긴 리키시를 대신하여 도효 위에서 활을 들고 하는 의식을 말한다. 전국시대 오다 노부나가가 이긴 리키시에게 활을 주었더니 그 리키시가 활을 가지고 춤을 추었다는 이야기가 전해지는데 그것이 유미토리의 시작으로 알려지고 있다. 원래는 혼바쇼 마지막 날에만 하는 것이었는데 현재는 경기기간 동안 매일 행하고 있다. 유미토리는 마쿠시타의 리키시 중에서 선발된 자가 한다.

41 草野えり, 「番附作成に関わる諸要所の現状及び歴史的考察」『相撲紀要』2(2003), pp.2-3.

42 金指基, 『相撲大事典　第三版』(東京: 現代書舘, 2002), p.301. 1953년 4월부터 연 4회 東京와 大阪에서 개최되다가, 1957년 11월 九州대회가 더해져 연 5회가 되었고,

1920년대 스모계는 약간의 침체기였다. 당시 야구[43]가 젊은 사람들에게 인기가 있어 관중이 그쪽으로 쏠리고 있었다. 스모의 인기가 하락하고, 관중이 적어지는 한 원인을 야구인기에 있으니 관람객을 의식한 스모계의 변화가 필요하다는 애호가의 애정어린 충고도 있다.[44]

지방 순회경기를 준교(巡業)라고 한다. 혼바쇼와 혼바쇼 사이에 준교를 하게 되는데 준교의 시작은 오사카, 교토, 에도에 스모흥행 단체가 생긴 에도중기 이후부터이다. 메이지 후기가 되면 지방준교도 합병형식으로 이루어졌다. 인기 리키시가 있는 곳과 없는 곳의 수익 차이가 커지면서 자연스럽게 불만도 극대화 되자 분리해서 실시하였다. 합병이든 분리이든 스모경기를 보는 지방 관객의 입장에서는 인기 리키시의 경기를 보는 즐거움도 있었지만 바닥에 선만 그어놓고 맹연습하는 모습을 보는 것은 일상이 아닌 특별한 것이었다.[45] 각 지역 유지들은 물론이지만 스모애호가를 자칭하는 게이샤(芸者)들의 호응 또한 적극적이었다.[46] 자신이 응원하는 리키시가 나오면 상대편 리키시를 향해서 져 달라고 큰소리로 외치는 애교어린

1958년 7월에 名古屋가 더해져 연 6회가 되었다. 이후 현재까지 연 6회 本場所가 열리고 있는데 1월, 5월, 9월 本場所는 東京에서 열리고 있고, 3월은 大阪, 7월은 福岡, 11월은 名古屋에서 각각 15일간 개최된다.

43 アレン・グットマン 著 谷川稔 外 3 訳, 『スポーツと帝国』(京都:昭和堂, 1997), pp.91-94. 일본에 야구가 소개된 것은 1873년이고, 1915년에는 大阪毎日新聞이 전국야구대회 스폰서가 될 정도로 확대되어 있었다. 1934년에는 일본에 처음으로 프로야구가 시작된다.

44 『角力雑誌』19호 p.13.

45 『国技』4년7호 pp.6-7.

46 『角力雑誌』15호 p.39, 『国技』3년7호 p.30, 8호 p.26, 10호 p.49.

응원도 한다.[47] 준교는 일본 국내뿐만 아니라 만주와 조선에도 건너가 순회경기를 갖는다.[48]

준교로 지방에 나가면 경기가 이루어지는 장소는 대개 소·중학교 교정을 비롯한 넓은 광장이나 하천가였다. 이때 반드시 별개의 도효를 만드는데 지면에 원만 그어 놓은 도효에서 연습하는 광경을 볼 수 있었다. 이것을 '야마케이코'(山稽古)라 한다. 혈기 왕성한 리키시들이 흙투성이가 되도록 연습하는 모습은 2겹 3겹을 둘러싸고 구경하는 사람들을 매료시켰고, 동시에 스모의 중요한 보급 활동이 되었다.[49]

야마케이코는 리키시들도 중요시 하였는데 선하나 그어놓고 연습을 하고 있으면 다른 헤야(部屋)의 오야가타나 리키시들이 보러 와서는 어드바이스를 해 주어서 개인역량 향상에 큰 도움이 되었기 때문이다.[50]

서민들에게 특별한 여흥거리가 없었던 시대에 인기있는 리키시의 지방 출현은 서민 생활에 자극이 되었을 뿐만 아니라 스모 관전을 위해 도쿄까지 갈 수 없는 입장에서는 최고의 볼거리였고, 화제거리이고 여흥거리가 되었다. 연일 많은 인원으로 북새통을 이루었다는 기사들은 그러한 상황을 대변해 주는 것이라 할 수 있다.

47 『国技』3년7호 p.32.

48 『相撲』(1936-1949)가 창간 된 이후 매 호마다 지방 순회경기를 자세하게 기사화하여 전하고 있다. 특히 朝鮮과 滿州에서의 경기는 많은 지면을 할애하여 경기일정뿐만 아니라 力士들의 감회, 현장묘사를 구체적으로 기사화 되어 있다.

49 草野えり, 「相撲の巡業」『相撲紀要』3(2004), p.16.

50 納谷幸喜, 「昭和30年代の地方場所について」『相撲紀要』6(2007), p.19.

4.2 국가체제에 의한 스모 소비

많은 사람이 모이는 집회나 경기에서 군중심리로 인해 행동이 과격해지는 것을 우려하여 그것을 통제하는 권력(국가나 기관)은 어느 집단에서나 존재해 왔다. 권력자의 입장에서는 치안유지라는 이유로 집회금지를 하거나 허가를 한다 해도 그 절차를 까다롭게 했다.

도쿄오스모협회(東京大角力協会, 1889), 재단법인대일본스모협회(財団法人大日本相撲協会, 1925)는 천황가와 군부, 정부 등 외부 권위에 편승하면서 조직의 통일을 꾀하고, 사업을 전개했다고 할 수 있다.

군국주의화를 서두르는 국정아래에서 국력증진을 목적으로 스모를 적극 장려 지원해야 한다며 1906년 중의원에서 '국고보조 건의안'을 제출하였다. 즉 스모계에 지원금을 줘야 한다는 법안인데 국력증진에 빠질 수 없는 강한 체력과 용감한 정신을 단련하기 위한 스모를 보호 장려해야 한다는 취지였다. 이 법안은 중의원에서는 가결되었으나 귀족원에는 제출하지 않고[51] 끝났지만 스모를 국가운영에 필요한 도구로서 사용하고자 했던 것은 분명하다.

강인한 군인은 강인한 체력에서 나온다는 입장에서 현역군인이 국민 개병제에 즈음하여 건강한 신체와 군인정신 함양을 위해서 스모를 적극 장려해야 한다고 기고하고 있다.[52] 좀 더 나아가 국민체조로서 강조하여 1936년 6월 3일부터 문부성의 훈령에 의해 스모가

51 風見明,『相撲、国技となる』(東京: 大修館, 2002), p.66.
52 『角力雑誌』9호 pp.6-7, 11호 pp.7-11.

'소학교 체조과교수 요목'으로 지정되었다. 또한 1930년대 후반에는 '국민정신작흥 체육대회'가 전국적으로 행해질 때 스모도 한 종목으로 되어 있었다.[53]

도효 위의 지붕아래 사방을 둘러싼 막을 미즈히키막(水引幕)이라고 하는데 보라색 천으로 되어 있고, 경기로 인해 뜨겁게 달구어진 도효와 리키시들의 열기를 식혀준다는 상징성을 가지고 있다. 이 막에 육군의 문장이 들어가자 즉각 해군측에서 반발하여 결국 해군측의 문장이 들어간 미즈히키 막을 설치하기도 했다. 이처럼 스모는 육해군과의 밀접한 관계에 있었다. 또한 쇼와 천황은 육군기념일에 해행사(偕行社)[54], 해군기념일에는 수교사(水交社)[55]에 참석하여 매회 여흥으로 스모를 관전했다. 천황의 참석은 군의 사기를 높이는 역할을 했다.[56]

당시 전시 상황임에도 불구하고 후타바야마의 연승은 일반인들에게 일상의 활기를 불어넣어 주었는데 이때 군부는 30년대 후반 매년 조선과 만주에 주둔하는 황국군의 위문을 위한 준교를 적극 지원하였다.

이런 분위기에 속에 1939년 스모협회 신임회장에 다케시타 이사무(竹下勇) 해군대장이 된다. 1933년 1월 사임한 오노 사사노부(尾野

53 『相撲』(1936) 4권1호 p.37.

54 일본제국 육군 창설과 함께 1877년 육군장교의 친목, 상호부조, 학술연구 조직으로 설립되었다. 그 후 사단사령부가 소재하는 지역에는 해행사가 만들어지고, 현재에는 공익재단법인해행사로서 운용되고 있다.

55 1876년 해군성 외곽단체로서 창설된 일본해군장교의 친목, 연구단체이다. 태평양전쟁 후 해군성과 함께 없어졌다가 1952년 재단법인수교사로서 재건되었다.

56 金指基, 『相撲大事典　第三版』 (東京: 現代書舘, 2002), p.376.

実伸) 육군대장 이후 공석으로 있던 자리에 다시 군부의 인사가 맡았다.[57]

군부의 성원과 국가에 공헌한다는 입장에서 스모계에서는 1939년 공군에 격투기 '스모호'를 헌납한다. 후타다야마를 비롯한 리키시들과 관계자들이 하네다 비행장에서 시험비행을 하는 것을 지켜보았다. 스모호의 정식 명칭은 '애국385스모호(愛国第三八五相撲号)'였다. 2년 전인 1937년부터 스모호 헌납을 위한 스모경기를 개최하여 마련한 것이었다.[58]

또한 30년대 후반 스모계에 발군의 리키시 후타바야마의 등장은 침체기에 들어있던 스모계에 활기를 불어넣었을 뿐만 아니라 중국 대륙에서 일본군의 진격과 동시에 이루어지는 69연승이라는 대기록은 '무적 후타바' '무적 황군'을 중첩하여 국가공인 영웅으로 탄생시켰다.[59] 전쟁준비와 군인정신을 강조하던 국가주의 분위기속에서 불패를 이어간 후타바야마는 정부에 의해 신국(神国)일본의 상징으로 선전되기도 했다.

57 『相撲』(1936) 4권8호, 日本相撲協会博物館運営委員(1975) 2巻 p.10.
58 荒井太郎, 『歴史ポケットスポーツ新聞　相撲』(東京: 大空出版, 2008), p.42.
59 新田一郎, 『相撲の歴史』(東京: 講談社, 2010), p.297.

05 맺음말

본고에서는 현재에도 인기를 구가하고 있는 일본의 전통적인 무예인 스모가 전간기에 근대적 스포츠로 바뀌는 과정을 '공간과 소비'라는 틀에서 알아 보았다. 여기서의 공간은 물리적인 공간을 비롯하여 법제나 규칙도 하나의 공간으로 작용하고 있다. 스모를 소비하는 주체는 관람자이며 시대적인 특성상 국가체제도 하나의 소비체로서 보았다.

스모계에서는 스모의 기원을 스이닌천황 재위기에 두고 있지만 현재의 일본스모의 원형이 되는 것은 에도시대 후기이다. 에도시대의 스모는 사사에 기진하는 간진스모에서 출발하여 흥행스모로 바뀌었다. 1833년부터 에코인에서 연 2회 경기가 정례화되었다. 이미 이 시대에 현재의 프로선수를 양성했다고 볼 수 있다. 메이지 시대가 되면 국체가 서구화일 때 잠시 스모부정론이 나오긴 하지만 후원자들과 서민들의 인기에 힘입어 스모계에서도 근대화로 일신하려는 움직임이 나온다.

날씨 관계없고, 한번에 많은 관객을 수용할 수 있는 근대식 4층 콘크리트 건물이 1909년 6월 2일에 국기관으로 개관한다. 국기관 건립 목적에서 서구를 의식한 면도 없지 않지만 새 건물에서 스모계가 거듭나려는 일련의 규칙을 정하고 예능인 같은 이미지를 불식하여, 스모선수의 권위를 높이기 위해, 행동이나 처신 등 사소한 부분까지 규제한다.

혼바쇼와 지방순회경기인 준교에서의 관객들은 단순하게 보여주는 경기를 보는 것이 아니라 개인의 오락과 여흥으로서 적극 참여하는 모습을 보여준다. 또한 군국주의를 지향하는 시기의 국가는 대중에게 인기있는 스모를 적절히 지원하고 통제하면서 전시 중 일선에 있는 군인들에게는 사기진작 시키고, 일반대중에게는 전시의 불안한 기분을 스모경기로 집중하게 하는 선전도구로 이용했었다.

이상에서 근대 공간과 소비에서 고찰한 스모는 전근대적인 관습에서 벗어나려고 했으며, 근대 스포츠에 맞는 법과 규칙을 정립하려고 했다. 혼바쇼와 준교를 관전하는 관람자는 단순 관람형태가 아닌 개인의 여흥과 오락으로서 적극 활용하는 모습을 보았다. 근대 공간의 창출에는 당시 천황제국가를 지향하는 영향을 받고 있었고, 국가권력에 의한 국민통제에도 적절하게 활용되었다.

이글은 「스모의 근대 공간형성과 근대 스포츠로서의 소비」 『일본근대학연구』45(2014.8)를 기초로 수정 보완하여 작성한 것이다.

스포츠가 역사를 말하다

|정치|계급|젠더|

제6장

미국 스포츠 문화의 새로운 지평

– 1920년대 여성 스포츠 기자의 등장 –

| 김 인 선 |

김인선

부경대학교 사학과 강사
부산대학교 여성연구소 전임연구원
부산대학교 사학과 박사(미국사 전공)

주요논저
「미국 노예제 시기 흑인여성노예에 대한 성적 착취」, (2015)
「흑인노예의 자식살해와 모성」, (2014)
「엘라 베이커, 역사가 망각한 흑인민권운동의 지도자」, (2013)
『서양 근현대사 탐색: 민중,혁명, 세계』, (공저, 2014)

01 머리말

1919년 7월 4일 오하이오 주 톨레도에 특별무대가 세워졌다. 3년간 경기가 없었던 챔피언 제스 윌라드(Jess Willard)와 떠오르는 신예 잭 뎀프시(Jack Dempsey)의 격돌을 앞두고 권투 팬들은 흥분을 가라앉히지 못했다. 이 날 경기를 위해 8만 석의 규모를 갖춘 대형 경기장이 야외에 건설되었다. 단 한차례 사용하고 철거될 임시 경기장 건설에 무려 10만 달러의 비용이 소요되었다. 시합 대전료는 백만 달러에 달했고 시합에 걸린 판돈이 대전료의 두 배로 치솟았다. 그리고 경기 당일, '넬리 블라이(Nellie Bly)' 기자가 여성 최초로 기자석에 앉아서 챔피언 결정전 보도 준비를 하고 있었다.[1] 20년 전 최전성기 때 돌연 은퇴를 선언한 넬리 블라이는 세기의 대결을 보도함으로써 화려하게 재기를 꿈꾸고 있었다. 1892년 '애니 로리(Annie Lourie)' 기자가 여성의 권투 관람 금지 규정을 어기고 경기장으로 몰래 숨어들어가 당시 시합을 취재했던 시절과 비교하면 참으로 크나큰 변화였다.[2]

20세기 초까지도 미국은 여성에게 권투경기 관람을 허용하지 않았다. 권투는 야만적인 남성 문화의 상징으로 여겨졌고 이 스포츠의 도덕성 논란이 끊이지 않았다. 품위 있는 여성에게 권투관람은 부적

1 Nellie Bly, "Nellie Bly Describes Fall of Ring Goliath," *New York Evening Journal* (5 July 1919), p.3.
2 Annie Laurie, "Annie Laurie at a Prize Fight," *San Francisco Examiner* (June 4, 1892), p.9.

절한 처신이었다. 일부 여성 참정권 운동가들조차 권투야말로 남성 우월주의 세계를 대표하는 부도덕의 상징이라고 날을 세워 공격했다. 이들은 여성 참정권을 획득하면 권투 경기를 폐지하겠다고 공언하기까지 했다.[3]

하지만 모든 미국인들이 이들의 대의를 지지한 것은 아니었다. 1차 세계 대전을 거치면서 빅토리아 도덕 질서에 기반을 둔 젠더 이데올로기에 균열이 시작되었다. 젠더에 따른 공간 분리가 도전받으며 스포츠와 젠더 사이의 경계가 서서히 무너지고 있었다. 스포츠에 대한 여성의 관심이 증대함에 따라 여성다움의 유지라는 명목 아래 여성을 육체적 영역에서 분리시켜왔던 관념이 고루하게 취급되기 시작했다. 20세기 초에는 운동이 건강한 모성에 도움이 된다는 의학적인 연구 결과를 토대로 여성의 건강 증진을 위하여 정기적인 운동이 필요하다는 인식이 점차 확산되었다. 게다가 1차 세계 대전을 거치며 건강한 육체는 조국에 이바지할 수 있는 시민의 기본 소양으로 인식되었다. 돌연 체력 단련의 중요성이 국가적인 관심사로 등장했다. 정부는 물론 교육기관과 사회단체가 앞장서 신체 단련 및 스포츠 활동을 대대적으로 장려했다. 이에 발맞추어 매스컴은 과거 어느 때보다 신체적 가치를 시각적으로 이미지화했다. 몸이 활력, 힘, 용기의 표본으로 간주되면서 단순한 복장이나 소양, 인성이 아니라 육

3 Charlotte Perkins Gilman, "Editorial Note," *Impress* 1 (June 1894), p.1; Gail Bederman, *Manliness & Civilization: A Cultural History of Gender and Race in the United States, 1880-1917* (Chicago and London: University of Chicago Press, 1995), p.157에서 재인용. 열렬한 여성 참정권운동가 샤롯 퍼킨스 길먼은 권투를 문명의 타락이자 남성다움을 과시하는 야만적인 방식이라고 규정했다.

체 자체가 미학적 관심의 대상으로 자리 잡았다.[4] 이내 건강한 육체의 이미지가 긍정적으로 받아들여지며 이 관념에 도덕적인 가치마저 내재되고 있었다. 이제 여성들은 가벼운 운동을 통해 몸의 긴장감을 유지하고 날씬한 몸매와 건강한 이미지 가꾸기를 욕망하기 시작했다. 한발 더 나아가 직접 스포츠 활동을 경험하고 경기 규칙을 파악하며 스포츠 관람을 즐기는 여성들이 늘고 있었다.

더불어 몇몇 권투 프로모터들은 상업적 이익을 염두에 두고 여성 관객을 권투경기장으로 불러들이기 시작했다. 19세기 말 서부 지역을 시작으로 전문 프로모터들이 시합용 대형 경기장을 건설하고 있었다. 이들은 대형 객석을 관중으로 꽉 채워야 했다. 그리고 권투 시합에 대한 부정적인 여론을 잠재우고 권투를 합법화해야 할 과제를 안고 있었다. 이런 상황에서 일부 프로모터들은 권투가 여성도 관전이 가능할 만큼 훌륭한 스포츠임을 대대적으로 선전하는 공격적인 마케팅을 전개했다. 이것은 두 마리 토끼를 잡으려는 전략이었다. 우선 여성이라는 새로운 관객층을 확보하려는 의도가 있었고, 더불어 여성들을 경기장에 입장시켜 권투 경기의 건전성을 선전함으로써 권투에 대한 비난을 잠재우려는 의도였다.[5] 상업주의가 여성의 스포츠 활동에 새로운 가능성을 제공하였다.

4 Stephanie L. Twin, *Out of the Bleachers* (Old Westbury, NY: The Feminist Press, 1979); 김정욱, 「19세기 말 스포츠로서 미국 복싱의 발전과 탈계급적 남성성의 형성」, 『미국사연구』33(2011. 5), pp.31-77.

5 19세기말부터 20세기 초까지 서부에서 프로 권투의 상업화 물결에 관한 상세한 설명으로는 Jeonguk Kim, "Fighting Men and Fighting Women: American Prizefighting and the Contested Gender Order in the Late Nineteenth and Early Twentieth Centuries," *Sport History Review* 43 (2012), pp.103-127 참조.

이런 분위기 속에서 1920년대 들어 30명이 넘는 여성 기자들이 금녀의 공간이었던 스포츠 보도 영역에서 활약하게 되었다.[6] 기존 연구는 통상 1970년대가 지나야 비로소 여성 스포츠 기자의 활약이 시작된다고 평가하지만,[7] 실제로 격동의 20년대에 30명 이상의 여성이 스포츠 기자로 활동했음이 확인된다. 이들 중 일부는 고정적으로, 나머지는 임시적으로 혹은 비정기적으로 스포츠 보도 활동을 수행했다. 이들은 여성이라는 이유로 참여가 배제되었던 금녀의 영역에서 두각을 나타내었다.

20세기 초까지 스포츠 보도 영역에서 성 차별은 노골적이었다. 우선 여성이 취재한 기사가 스포츠 면에 실리는 경우는 극히 드물었다. 또한 여성 스포츠 관련 기사조차 스포츠 면에 편성되기에 부적절하다는 통념이 지배적이었다. 게다가 여성 기자들은 취재 과정에서도 차별을 감내해야 했다. 여자 기자들은 시합장에서 남자 동료들과 달

6 20세기 초반 여성 기자의 경험을 최초로 소개한 이시벨 로스의 회고록과 여성 스포츠 저널리즘의 역사를 일목요연하게 정리한 파멜라 크리든의 연구를 토대로 데이빗 카추바는 '스포츠 보도의 황금기'로 불린 1920년대 30명 남짓의 여성들이 스포츠 기자로 활약했음을 확인했다. David Kaszuba, "There are Women, Hear Them Roar: Female Sportswriters of the Roaring Twenties," Pennsylvania State University, Ph. D. thesis, 2003; Ishbel Ross, *Ladies of the Press* (New York: Harper & Brothers, 1936); Pamela J. Creedon, "Women in Toyland: A Look at Women in American Newspaper Sports Journalism," in Pamela J. Creedon, ed. *Women, Media and Sport* (Thousand Oaks, CA: Sage 1994), pp.67-107.

7 통상 1970년대가 1세대 여성 스포츠 기자의 등장기로 설명될 만큼 미국 여성의 스포츠 참여에 대한 역사적 연구는 빈약하다. 스포츠 보도에서 여성의 활약이 1970년대부터 시작되었다고 보는 대표적 연구로는 Kay Mills, *A Place in the News: From the Women's Page to the Front Pages* (New York: Columbia University Press, 1990); Marion Marzolf, *Up From the Footnote* (New York: Hastings House 1977); Maurine Beasley and Sheila J. Gibbons, *Taking Their Place: A Documentary History of Women and Journalism* (Washington, D.C.: American University Press, 1993) 참조.

리 언론석이 아니라 별도로 지정된 동떨어진 장소에서 취재를 수행해야 했다. 언론석은 여성이 입장할 수 없는 신성불가침 구역이라는 인식이 강고했기 때문이다.[8] 낸시 스콧은 1920년대 여성들이 "참정권이라는 궁극적 목적을 달성하긴 했지만, 평등한 정치참여, 경제적 독립, '성에 대한 권리' 같은 보다 포괄적인 목표의 실현이 요원하다는 것을 깨달았다"고 지적하면서 1920년대를 미국 여성들이 "한층 사적인 관점에서 여성의 진보를 가늠해보는 시기"였다고 규정한다.[9] 이런 분위기 속에서 스포츠 보도의 영역은 빅토리아 시대의 가

8 여성 스포츠 연구가 진척되면서 론 라포포트(Ron Rapoport)는 메리 가버(Mary Garber)라는 주목할 예외가 있음을 발견했다. 메리 가버는 1944부터 1986년까지 노스캐롤라이나 윈스턴-세일럼의 『저널 센티널(*Journal Sentinel*)』에서 40년 이상 스포츠 전문 기자로 활동했다. 애초에 가버는 제2차 세계대전 동안 유럽 전장으로 떠난 남자 기자들의 빈자리를 메우기 위해 스포츠 보도를 담당했지만, 1946년부터 이후로는 스포츠 전문 기자로 본격적인 행보를 선보였다. 론 라포포트는 메리 가버가 40년 이상 닦아 놓은 길 덕분에 70년대 들어 여자 스포츠 기자의 활약들이 가능했을 것이라고 평가하며 1세대 여성 스포츠 기자의 등장을 1940년대로 소급할 것을 주장했다. Ron Rapoport, *A Kind of Grace: A Treasury of Sportswriting by Women* (Oakland, CA: Zenobia Press, 1994). 한편 마이크 소웰(Mike Sowell)은 메리 가버 훨씬 이전인 19세기 말에 이미 서너 명의 여성이 예외적으로 스포츠 보도를 담당했음을 발굴해 냈다. 그는 스포츠 저널리즘이 독자적 영역으로 막 부상하던 1880~1890년대에 이미 여성들 또한 최초의 스포츠 기자들 사이에 자리했다고 주장한다. 1892년 여성 최초로 미국 신문에 권투 시합을 보도한 위니프레드 블랙(Winifred Black), 존 셜리반부터 잭 뎀프시까지 헤비급 챔피언들을 취재한 넬리 블라이(Nellie Bly), 경마 경기와 가축 쇼를 보도한 『뉴욕 타임즈』의 미디 모간(Middy Morgan) 등이 바로 그들이다. 이러한 스포츠 여기자에 대한 발굴은 여성 스포츠 보도의 출발점을 거의 한 세기 앞당겼다는 데 의미가 있다. Mike Sowell, "A Woman in a Man's World: Annie Laurie," One of America's First Sportswriters," in Linda K. Fuller ed., *Sport, Rhetoric, and Gender: Historical Perspectives and Media Representations* (New York: Palgrave, 2006); "Nellie Bly's Forgotten Stunt: As the First Woman to Cover a Championship Prize Fight, She Claimed to Have Gained Rare Access to Jack Dempsey," *American Journalism* 21.3 (2004), pp.55-76.

9 Nancy F. Scott, *The Grounding of modern Feminism* (New Haven, Conn.: Yale Univ. Press, 1987), p.8.

치관을 거부한 미국 여성들이 새롭게 진입을 시도했던 미지의 공간 가운데 하나였다. 이들은 남성은 물론 여성 동료 기자의 비난과 더불어 독자의 편견과 반대라는 험난한 장애물을 뛰어넘어야 했다. 그 도전의 결과 여성과 스포츠가 무관하다는 오랜 통념에 균열이 가해진 것이다.

그렇다면 격동의 20년대 미국 스포츠 보도 부문에 여성 스포츠 기자가 등장한 것은 역사적으로 어떤 의미가 있을까? 이 글은 이 시기 등장한 여성 스포츠 기자들이 미국 스포츠 역사의 새로운 지평을 열었다고 본다. 그리고 이들의 활약이 가능했던 요인을 전후 미국 사회의 물질적 풍요 속에서 '소비주의'의 활성화와 관련지어 살펴보고자 한다.[10] 제1세대 여성 스포츠 기자의 등장은 소비사회의 도래와 젠더 공간의 지각 변동이라는 역사적 맥락 속에서 접근할 필요가 있다. 기실 여성과 소비주의의 연관성을 추적할만한 직접적인 사료가 극히 제한되어 있다. 이런 사료적 한계를 극복하고자 이 글은 신문, 잡지, 회고록, 전기와 같은 관련 자료를 최대한 활용하고자 노력했다. 이제 제1세대 여성 스포츠 기자들을 만나러 1920년대 미국으로 떠나보자.

10 여성과 소비의 연관성을 다룬 논문으로는 설혜심, 「여성과 소비의 역사」, 『여성과 역사』 20 (2014. 6), pp.255-285 참조.

02 '소비주의'와 최초의 여성 기자들

미국 역사에서 1920년대는 풍요의 시대, 광란의 시대, 퇴폐의 시대, 무분별의 시대, 놀랍고 황당한 행동의 시대, 재즈의 시대와 같이 그야말로 다채롭게 명명된다. 또한 1920년대는 소비의 시대였다.[11] 기업들은 상품을 생산하는 것뿐 아니라 소비자를 창출하는 능력에 따라 자신들의 미래가 결정된다는 것을 이미 간파했다. 지금껏 생산자였던 노동자와 대중이 이제 소비자로 간주되기 시작했다. 그 결과 '소비주의'라는 새로운 세계관이 탄생하였다. 이제 대중은 대량생산이 만들어낸 시장의 가치관을 추종하게 되었다. 1차 대전 이후 유례없는 경제적 번영이 가져다 준 물질적 풍요 속에서 미국인들은 일상의 탈출을 꿈꾸며 쇼핑, 스포츠, 영화와 같은 활동에 관심을 쏟았다. 노동시간이 줄어들고 임금이 인상되면서 노동자들은 두둑해진 주머니와 시간적, 심리적 여유를 바탕으로 스포츠와 같은 활동들에 눈을 돌리게 되었다.[12] 여기에 매스컴과 광고가 큰 역할을 수행했다. 당

11 이 글은 1920년대를 1차 대전 종전 이후부터 대공황 직전까지 시기로 보았다. 1920년대에 대한 소개로는 F. L. Allen, *Only Yesterday: An Informal History of the Nineteen Twenties* (New York: Perennial, 2000); F. L. 알렌, 『원더풀 아메리카』, 박진빈 옮김 (서울: 앨피, 2006); Warren Susman, *Culture as History: The Transformation of American Society in the Twentieth Century* (Washington D.C.: Smithsonian Institution Press, 2003); 워런 서스맨, 『역사로서의 문화』, 김덕호 옮김 (서울: 나남, 2015); Stuart Ewen, *Captains of Consciousness: Advertising and the Social Roots of the Consumer culture* (New York: McGraw-Hill, 1976); 스튜어트 유엔, 『광고와 대중소비문화』, 최현철 역 (서울: 나남, 2003) 참조.

12 린 두메닐은 생산노동자의 경우 주별 평균노동시간이 1919년 46.3시간에서 1929년 44.2시간으로 감소한데 반해, 임금이 동일 기간 14.5% 상승했음을 증거로 제시

시 라디오, 신문, 잡지는 대중의 소비와 여가 문화 촉진을 위해 발 벗고 나섰고, 대량생산 대량소비 사회의 문화적 흐름을 대중이 받아들이도록 조종함으로써 소비사회 만들기의 첨병 역할을 수행했다. '소비주의'는 당시 미국의 세계관이 되었다.

미국의 소비주의는 특히 스포츠 영역에서 그 위력을 유감없이 발휘했다. 1920년대가 소위 '스포츠의 황금기'라 불렸다고 하니, 스포츠에 대한 전 국민의 관심이 얼마나 지대했는지 짐작할 만하다. 역사가 워렌 서스맨은 1920년대 미국인들이 스포츠에 열광했던 상황을 스포츠가 수백만 미국 중산층의 관심사로 떠올라서 종교에 치명타를 가할 정도였다고 표현했다.[13] 이 시기 특히 권투, 야구, 미식축구의 인기는 어마어마했다. 불과 10년 전까지만 해도 스포츠를 가장한, 비이성적이고 자기 파괴적이며 가장 야만적인 폭력에 지나지 않는다고 비난 받던 권투가 이제 대중의 뜨거운 사랑을 받고 있었다. 헤비급 챔피언 잭 뎀프시가 쿨리지 대통령을 만난 사건은 이전에는 사람들이 상상조차 할 수 없던 일이었다. 권투는 언론매체를 능숙하게 이용하면서 획기적인 선전활동을 펼친 덕택에 대단한 인기를 얻는 대중 스포츠로 자리매김 하는 데 성공했다.[14] 권투뿐만 아니라 야구 또한 대단한 인기를 끌어서 메이저리그는 역사상 최대 관중을 유치하는 기염을 토했고 뉴욕 양키즈의

한다. Lynn Dumenil, *The Modern Temper: American Culture and Society in the 1920s* (New York: Hill and Wang, 1995), p.79.

13 Warren Susman, *Culture as History,* pp.191-192.

14 Randy Roberts, *Jack Dempsey: The Manassa Mauler* (Baton Rouge: Louisiana State University Press, 1979), p.195.

베이브 루스는 국민적 영웅이 되었다. 미식축구 역시 10년 사이 몸집이 세 배로 불어나 총 65팀이 활약하는 대중 스포츠로 성장하여서, 대학들이 대규모 관중을 수용하고자 앞 다투어 경기장을 지었고 총 55개의 대형 경기장이 신설되었다.[15] 이것은 스포츠가 전 국민의 최대 관심사가 되면서 미국 문화의 한 부분으로 자리 잡았다는 징표였다.

1920년대 '스포츠의 황금기'를 이끌어 낸 일등공신은 언론이었다. 스포츠사가 벤야민 레이더는 당시 분위기에 대해 "1920년대 신문처럼 대중과 스포츠의 뜨거운 로맨스를 창조해 낸 것은 전무후무했다"며 이러한 열정은 "심지어 TV 시대에도 가능하지 않았다"고 평가했다.[16] 스포츠 기사는 오랫동안 정치, 사회, 경제 지면에 실리는 정통 저널리즘 기사와 달리 가벼운 뉴스나 오락거리 정도로 여겨지며 홀대받았다. 미국에서 언론이 스포츠 기사에 주목하기 시작한 것은 그리 오래되지 않았다. 1883년 조지프 퓰리처(Joseph Pulitzer)가 『뉴욕 월드』에 최초로 스포츠 부서를 신설하여 주요 경기를 일면에 보도하고, 1895년 윌리엄 랜돌프 허스트(William Randolph Hearst)가 『뉴욕 저널』에 스포츠 면을 전격 도입한다. 이들의 파격적인 시도가 인기를 끌게 되자 이 변화는 주요 대도시로 확산되었고, 이것이 새로운 저널리즘 시대를 개막했다. 당시 언론들은 스포츠 보도를 통해 새로운 독자층을 끌어들일 가능성을 간파했다. 일간지 스포츠 면의

15 C. Lasch, *The Culture of Narcissism* (New York: W. W. Norton, 1978), pp.118-120.

16 Robert Lipsyte, *Sports World: An American Dreamland* (New York: Quadrangle, 1975), p.170; Benjamin Rader, *American Sports* (Englewood Cliffs, NJ: prentice-Hall, 1983), p.199.

비중은 스포츠에 대한 대중의 관심을 반영한다. 스포츠 지면은 1880년대 0.4%에 불과했으나 1900년대 4%를, 1920년대에 이르러 사실상 12~20%를 차지할 정도로 급성장했다. 바로 이 시기 그랜트랜드 라이스(Grantland Rice)를 비롯해 링 래드너(Ring Lardner), 데이먼 러니언(Damon Runyon), 웨스트브룩 페글러(Westbrook Pegler), 헤이우드 브라운, 폴 갤리코(Paul Gallico)와 같은 당대 최고의 스포츠 전문가들이 대거 배출되면서, 바야흐로 "스포츠 '보도'의 황금기" 또한 개막되었다.

그렇다면 왜 1920년대가 '스포츠의 황금기'가 된 것일까? 알프레드 맥클룽 리 역시 그 이유를 언론사의 상황과 연관지어 설명한다. 제1차 세계대전 후 "주요 신문사들이 거대해졌고 비교적 안정적으로 독점적 기업화"를 이루며 무수한 신문사가 통폐합 과정을 거친 결과, 전체 신문의 가지 수는 줄어든 반면 발행부수가 25% 증가했다는 것이다. 이러한 상황에서 당시 신문은 독자층을 확보하고자 '하드 뉴스'나 정치 보도를 줄이는 대신 현실도피성 보도나 선정적인 기사를 늘이는 추세였고, 스포츠 보도는 이러한 신문의 편집경향에 아주 잘 들어맞았다.[17]

정정당당한 경쟁과 품위를 요하는 스포츠맨십에 입각한 아마추어리즘보다는 금전적 이익을 추구하는 프로페셔널리즘이 이 시기 급격히 부상했다. 그리고 소비주의의 첨병이 된 매스컴은 기업주를

17 1890년대 광고가 이미 신문 수입원의 50%를 차지했고, 1929년이 되면 75%까지 증가한다. Alfred McClung Lee, *The Daily Newspaper in America* (New York: Macmillan, 1937), pp.173-174.

사로잡기 위해 여성 스포츠 기자들에 주목하기 시작했다. 여성 기자들은 대중의 소비 욕망을 자극하려는 신문사의 욕구를 충족시키려는 방편이었다. 이들은 신문 편집자들이 요구하는 특정 이데올로기를 재생산하면서 소비 자본주의 아래 독자들의 욕망을 무한히 부추겼다. 하지만 의도와 결과가 항상 일치하지는 않았다. 여성 스포츠 기자들은 소비주의의 도구로 이용되었지만, 바로 이 소비주의 덕택에 여성들이 남성의 전유물이었던 스포츠 보도 공간에 진출할 수 있었던 것이다. 소비가 여성을 공적 영역으로 소환한 매개체 역할을 한 것이다.

사실 언론이 여성 기자의 상업성에 주목한 것은 1920년대 이전부터 시작되었다. 1890년대 이후 언론사들은 신문 발행부수 및 광고수입을 두고 치열한 경쟁을 벌였다. 이 경쟁이 바로 '황색 저널리즘'이다. 이 시기 숙적 퓰리처와 허스트가 벌인 싸움은 혀를 내두를 정도였다. 반칙과 불법행위가 난무했고 비열한 짓도 서슴지 않았다. 허스트의 주특기는 '사람 빼내가기'였다. 1896년 허스트가 퓰리처의 『뉴욕월드』지 일요판 『선데이월드』에 대항해서 새로운 주간지를 만들려 했을 때, 아예 『선데이월드』지 발행진 전원을 매수해서 이 인력들로 『선데이저널』을 창간한 것은 유명한 일화이다. 이처럼 허스트는 퓰리처의 『뉴욕월드』소속 기자들을 돈으로 매수하는가 하면 『뉴욕월드』에 첩자까지 심어놓았다고 한다. 그래서 퓰리처가 기자들에게 취재 지시를 내릴 때 암호를 사용했다고 하니 실로 전쟁을 방불케 한 상황이었나 보다. 게다가 퓰리처와 허스트는 '열쇠구멍 저널리즘'이란 비난을 받을 정도로 선정성 경쟁을 벌였다. 1900년경 미국 도시에서 발행되던 신문의 최소 1/3 가량이 극도의 황색 저널리즘 성향을 보였다고 하니, 실로 황색 저널리즘은 저지하기 어려운 대세였던 듯하다.[18]

이 시기는 또한 광고의 전성시대이기도 했다. 1880년대 퓰리처가 처음 시도한 일요판 신문이 광고로 뒤덮이다시피 발행된 뒤, 언론 매체는 물론이고 건물의 한쪽, 운행 중인 전차, 종이 가방, 종이 성냥에까지 광고가 등장했다. 1900년대 초반에 벌써 '경품'이란 용어가 사용되었을 정도라고 하니 놀라울 따름이다. 미국 언론의 변천과정에서 상업주의 성향의 원형이란 것이 있다면, 바로 퓰리처와 허스트의 신문 전쟁 시기에 형성되었다고 해도 과언이 아니다.[19]

그런데 이 비열한 경쟁이 예기치 않게 여기자를 특별히 양성하는 신호탄이 될 줄이야. 퓰리처는 1887년 넬리 블라이라는 23세의 여기자를 앞세워 신문 독자의 시선을 강탈하는 새로운 경지를 선보였다. 블라이는 정신병자로 위장해 정신병원에 감금되거나 절도를 저질렀다는 허위 혐의를 만들어 교도소에 수감된 뒤, 그곳에서 벌어지는 인권 유린을 취재하고 폭로하는 기사를 통해서 유명세를 얻게 되었다. 이런 일련의 잠입 취재 기사와 이벤트 연출에 독자들은 열광했

18 황색 저널리즘(Yellow Journalism)은 독자의 시선을 끌기 위해 선정주의에 호소하는 경향을 말한다. 인간의 감정을 자극하는 범죄, 괴기사건, 성적추문 등이 주요 기사거리가 되었다. 이 시기 거대 신문사 간 경쟁은 실로 전쟁을 방불케 했다. 상세한 설명은 데니스 브라이언, 『퓰리처: 현대 저널리즘의 창시자, 혹은 신문왕』, 김승욱 옮김 (서울: 작가정신, 2002); 로버트 맥히스니, "미디어가 스포츠를 만든다: 미국 미디어 스포츠의 역사", 『미디어, 스포츠, 그리고 사회』, 로렌스 웨너 편저, 송해룡·김원제 옮김, (서울: 커뮤니케이션북스, 2007), pp.48-74 참조.

19 강준만, 『전쟁이 만든 나라 미국』, (서울: 인물과사상, 2015), pp.52-63.

고, 신문 부수는 쑥쑥 늘어났다. 이 와중에 넬리 블라이의 이름을 전국적으로 알린 가장 유명한 사건은 그녀가 소설『80일간의 세계 일주』기록에 도전한 사건이었다. 그녀의 세계 일주가 기사화되는 동안『월드』지는 독자의 관심을 계속 붙잡아 둘 수 있었다. 신문은 그녀가 가는 길을 추적해 연일 도표를 실었고, 블라이는 강도, 더위, 벌레, 호우 등 자신에게 닥친 갖가지 체험을 실감나게 전달함으로써 독자를 흥미진진하게 만들었다.[20]

당시 넬리 블라이에게 맡겨진 또 다른 임무가 스포츠 보도였던 것은 어쩌면 당연해 보인다. 그녀는 1889년 5월 권투 챔피언 존 설리반(John L. Sullivan)을 인터뷰하며 처음 스포츠 분야 취재를 시작했다.[21] 블라이는 설리반과의 만남에서도 그녀 특유의 재능을 한껏 발휘했다. 인터뷰 대상에 대한 세밀한 관찰을 토대로 허를 찌르는 질문을 던지는가 하면 특유의 친밀함을 발휘해 상대를 대화에 끌어들였다. 뿐만 아니라 1894년 8월 블라이가 새로운 복싱 챔피언 제임스 코벳(James J. Corbett)을 인터뷰했을 때는 아예 글러브를 끼고 스파링 수업을 받기위해 그와 함께 링으로 들어갔다. 그녀는 기사에서 자신이 코벳을 넉다운시켰고 그의 피를 보았다며 자랑하였다.[22] 넬

20 블라이는 1889년 11월 14일 뉴욕에서 출항하는 배를 타고 떠난 뒤 1890년 1월 25일 샌프란시스코에 도착할 때까지 총 72일 6시간 11분 안에 세계 일주를 완료했다. Brooke Kroeger, *Nellie Bly: Daredevil Reporter, Feminist* (New York: Tunes Books, 1994); Barbara Belford, "Elizabeth Cochrane Seaman "Nellie Bly" (1865~1922)," in Barbara Belford, *Brilliant Bylines: A Biographical Anthology of Notable Newspaperwomen in America* (New York: Columbia University Press, 1986), pp. 114-149.

21 Bly, "Nellie Bly and Sullivan," *New York World* (26 May 1889), p.13.

22 Bly, "Prizefighter James J. Corbett," *New York World* (12 August 1894), p.13.

리 블라이의 취재는 대다수 남자 동료들과는 차별적인 형태의 읽을 거리를 제공했다. 가령, 1889년 존 설리반 인터뷰 기사를 보자.

> "[상대선수]가 맞는 것을 보면 미안한 감정이 들지 않나요?"
>
> "시합이 끝날 때까지 절대로 미안하지 않습니다."
>
> "아주 심하게 맞았을 때는 어떤 느낌이 드나요?"
>
> 반짝이는 검은 눈이 오래도록 나를 응시하더니 아주 나지막한 목소리가 대답했다. "갚아줄 기회를 노릴 뿐이죠."[23]

이날 인터뷰 말미에 챔피언 설리반은 블라이에게 허심탄회하게 마음을 털어놓았다. "당신은 나와 인터뷰한 첫 번째 여성입니다. 내 평생 어떤 기자보다 당신에게 더 많은 이야기를 해줬어요. 아주 훌륭한 기자가 일부 있긴 했지만 나머진 천편일률적인 질문을 해댔죠."[24] 블라이는 당대 최고의 유명인사 설리반에게 단순하지만, 확실히 예기치 않은 당황스런 질문을 부지불식간에 건넸다. 콧대 높기로 유명했던 설리반은 그녀의 악의 없는 질문에 무장해제 되었고 내면 깊숙이 숨겨둔 이야기들을 자발적으로 꺼내놓았다. 넬리 블라이는 취재 대상이 막강한 정치인이든 범죄자든 혹은 평범한 사람이든 상대의 진면목을 끄집어내는 기술이 있었다. 게다가 블라이가 일인칭 시점으로 전개하는 기사 쓰기 방식은 그녀가 인터뷰 대상과 대면한 현장의 상황 속으로 독자들을 초대했고 인터뷰 대상에 대한 친밀감

23 Bly, "Nellie Bly and Sullivan," *New York World* (26 May 1889), p.13.
24 Ibid.

마저 끌어냈다.

블라이가 거둔 엄청난 성공은 언론사 내부의 성차별을 타파하는 데 기여했다. 그녀의 무모하리만치 과감한 뉴스 보도는 소위 '스턴트 저널리즘'이라는 새로운 취재열기를 유행시켰다. 블라이의 세계 일주가 세계적인 주목을 끈 이후 전국의 신문 편집자들이 제2의 '넬리 블라이'를 찾기 시작했다. 결과적으로 그녀의 대활약은 여성들에게 기자로 활약할 기회를 제공한 셈이다. 점점 더 많은 여기자들이 위험을 무릅쓰고 "걸인, 기구 여행자, 매춘부, 하녀, 철강노동자, 정신병자, 점원, 구세군 소녀"로 행세하며 기자로서 이름을 알리고자 했다.[25] 그 결과 1890년 전국 21,849명의 기자 가운데 888명에 불과하던 여기자의 수는 1900년이 되면 2,193명(7.3%)으로 두 배 이상 증가한다. 이 수치는 1870년 35명(0.7%), 1880년 288명(2.3%)에 비하면 괄목할 만한 성장이었다.[26] 이 '스턴트 걸즈' 가운데 '제2의 블라이'로 가장 유명했던 이는 1889년 퓰리처의 경쟁자 윌리엄 허스트에게 발탁되어 전폭적인 지원을 받았던 위니프레드 블랙 본필즈(Winifred Black Bonfils)였다.[27] 『샌프란시스코 이그재미너』에서 기자 생활을 시작한 그녀는 '애니 로리(Annie Laurie)'라는 필명으로 종횡무진 현

25 Ishbel Ross, *Ladies of the Press: The Story of Women in journalism by an Insider* (New York and London: Harper and Brothers, 2nd edition, 1936), p.17.

26 Department of Commerce and Labor, Bureau of the Census, S.N.D. North, Director, *Special Reports: Occupations at the Twelfth Census,* Vol. 13, Series Number 83 (Washington: Government Printing Office, 1904), U.S. Census, page L.

27 허스트는 능력 있는 여기자들에게 여러 기회를 제공했다. 이시벨 로스에 따르면 허스트는 1919~1934년 뉴욕 트리뷴지와 뉴욕 해럴드 트리뷴지에 여기자들이 1면 기사를 쓰도록 지원했다. Ross, *Ladies of the Press,* p.24.

장을 누비고 다녔고, 여기자 최초로 권투경기를 보도하기도 했다.[28]

애니 로리가 금녀의 경계를 넘나들며 벌인 탐험은 실로 스펙터클했다. 그 첫 관문은 권투경기였다. 1892년 6월 3일 로리는 샌프란시스코 퍼시픽 스포츠 클럽에서 열린 페더급 권투 경기장에 잠입했다. 경기장이 한 눈에 들어오는 높은 곳에 몸을 숨긴 그녀는 이날 시합을 숨죽인 채 관전했다. 다음날 『샌프란시스코 이그재미너』는 애니 로리의 기사를 내보냈다.

> 좀처럼 승부가 나지 않았다. 선수들 모두 체력이 완전히 고갈되었다. 얼굴이 부어올라 보기 흉하게 일그러졌고 몸을 가누지 못하고 다리가 휘청거렸다. 한 선수는 오른 손이 아예 부러진 상태였다. 결국 심판은 더 이상 시합을 지속할 수 없다고 판단하고 경기 중단을 선언했다. 관중석을 꽉 메운 관객들은 실망에 차서 엄청난 야유를 퍼부었다.[29]

이 기사로 애니는 미국 신문 역사상 최초로 권투시합을 보도한 여성이 되었다. 전석 매진을 기록했을 정도로 열기가 뜨거웠던 이 날 경기에서 선수들은 총 41라운드에 걸친 대접전을 펼쳤다. 대중의 눈을 피해서 경기장에 잠입했던 애니 로리는 이 날 단 한 번도 경험한 적 없는 신세계를 목격했다고 고백한다. 그리고 바로 이 역사적인

28 Patricia Schofler, "Annie Laurie: On a Sentimental Journalist," *Metro* (Summer 1981), pp.5-6, 8; "Winifred Black Bonfils Annie Laurie, Reformist Reporter (1863-1936)," in Madelon Golden Schilpp and Sharon M. Murphy, *Great women of the press* (Carbondale: Southern Illinois University Press, 1983), pp.148-157.

29 Laurie, "Annie Laurie at a Prize Fight," *San Francisco Examiner* (June 4, 1892), p.9.

취재를 시작으로 로리는 본격적으로 남자의 세계를 누비는 대탐험을 시작할 것이었다.

애니 로리는 1889년부터 무려 47년 간 기자로 활약하면서 여성에게 금기시된 영역을 줄기차게 누비고 다녔다. 대통령 전용 열차의 탁자 아래 장시간 숨어 있다가 벤자민 해리슨 대통령과의 개인 인터뷰를 끝내 성사시키는가 하면, 1900년에는 텍사스 갤브스톤(Galveston)을 휩쓴 대형 해일의 여파를 남장을 한 채 보도하기도 했다. 또한 그녀는 대학 풋볼시합에 잠입해서 관련 기사를 쓰고 헤비급 권투선수들과 인터뷰를 성사시키기도 했다. 여성의 기자실 출입이 공식적으로 허용되지 않던 시절이었지만, 로리는 동료들에게 최고의 기자로 인정받았다. 하지만, 그녀의 스포츠 기사는 전문적인 보도로 인정받기보다 '스턴트 저널리즘'의 한 부분으로 취급되었을 뿐이다.

1890년부터 20세기 초까지 넬리 블라이나 애니 로리 외에도 '스턴트 저널리즘'을 유행시킨 소수의 여성들이 있었다. 이들은 곡예와 같은 기행이나 무모한 도전을 통해 신문 독자들의 판타지를 충족시키는 '스턴트 걸즈'의 역할을 맡았다.[30] 이들은 예외 없이 모두 필명을 사용했는데, 독자를 의식한 신문사가 이 칼럼의 필자가 남자라고 여기게끔 의도했던 탓이다.

30 유명했던 다른 기자로는 『인디애나폴리스 스타지』에서 1914~1958년까지 근무했던 메리 보스트윅(Mary Bostwick)과 1916년 『뉴욕 이브닝 포스트』에서 골프 칼럼 연재를 시작한 낸 오렐리(Nan O'Reilly)가 있다. 상세한 설명은 Pamela J. Creedon, "Women in Toyland: A Look at Women in American Newspaper Sports Journalism," in Pamela J. Creedon, ed. *Women, Media and Sport* (Thousand Oaks, CA: Sage 1994), pp.67-107 참조.

이처럼 우리는 19세기 말부터 간헐적으로 신문 스포츠 기사를 쓰고 있는 소수 여성들을 확인할 수 있다. 이들의 등장은 기업과 광고의 목소리를 가장 잘 대변한 대중매체의 발 빠른 대응 덕택이었다. 이 시기 여성 기자들은 소비 공급자인 기업과 광고의 첨병으로서 역할을 충실히 수행함으로써 언론의 영역에 진입할 수 있었었다. 소비주의를 확산하던 언론이 여성 기자를 공적 영역으로 불러들이는 예기치 못한 결과를 낳은 것이다.

그러나 이 여성들이 산발적으로 스포츠 관련 보도를 수행했던 데 반해, 1920년대에는 30명 남짓의 여성들이 스포츠 보도 전문 기자로 활동한다. 앞서 언급했듯이 이들의 활약상은 이시벨 로스의 회고록을 비롯해 파멜라 크리든과 데이빗 카추바의 연구에서 확인된다. 우선 이시벨 로스의 회고록은 19세기 말 최초의 여성 기자들의 등장과 1940년대 메리 가버 활동 사이에 여성 스포츠 전문 기자들이 활약했음을 최초로 입증했다.[31] 『뉴욕 월드』의 기자였던 로스는 1930년대 이전에 활동한 여성 언론인을 소개하는 책을 1936년 출간했다. 저자는 기억을 더듬어 1919~1934년 활약했던 여성 기자들의 이름을 열거한다. 학문적 저술이라기보다는 한 개인의 회상을 토대로 저술된 이 책은 20세기 초 여성이 적극적으로 스포츠 기사를 보도했음을 입증하는 증거 자료들을 다수 담고 있으며 20세기 초반 여성 기자들의 활약상을 모은 최초의 자료로서 의미가 크다. 반면 아쉬운 점은 이 책이 여성 기자들에 대해 지나치게 간략한 정보를 제공하는 데 그쳤

31 Ishbel Ross, *Ladies of the Press* (New York: Harper & Brothers, 1936).

기 때문에 본 주제와 관련된 특정 인물의 구체적인 활약이나 신상 관련 정보를 정확히 파악하기 어렵다는 사실이다. 하지만 로스가 제1세대 여성 스포츠 기자의 명단을 제공한 덕분에 후대 연구자들이 여성 스포츠 기자의 역사를 추적하고 이들의 공헌을 확인할 수 있었다는 점에서 실로 중요한 의의가 있다.

이시벨 로스의 저작을 발판으로 언론학자 파멜라 크리든은 여성 스포츠 저널리즘의 역사를 집대성한 연구를 내놓았다.[32] 이시벨 로스가 여성 스포츠 저술 개척자들의 정보를 책 이곳저곳에서 산만하게 언급하는 데 반해, 크리든은 이 모든 정보를 한 편의 논문 안에 일목요연하게 담았다. 이 글의 장점은 1869년부터 20세기 말까지 여성 스포츠 기자들의 활약상을 시기별로 거의 균등한 비중을 두고 다루면서 스포츠 저널리즘에서 주목할 만한 "최초"의 여성 기자들의 목록을 제공한다는 점이다.

이시벨 로스가 던져준 단서들과 파멜라 크리든이 집대성한 연구 성과를 토대 삼아서 여성 스포츠 보도의 역사에서 1920년대가 지니는 중요성에 주목한 최초의 연구자는 스포츠 저널리스트 데이빗 카추바다.[33] 카추바는 '스포츠 저널리즘의 황금기'로 불린 1920년대 동안 주요 대도시에서 발간된 수백 종의 신문을 검토, 확인하는 수고를 마다하지 않았다. 이 과정에서 그는 그랜트랜드 라이스, W. O. 맥

32 Pamela J. Creedon, "Women in Toyland: A Look at Women in American Newspaper Sports Journalism," in Pamela J. Creedon, ed. *Women, Media and Sport* (Thousand Oaks, CA: Sage 1994), pp.67-107.

33 David Kaszuba, "They are Women, Hear Them Roar: Female Sportswriters of the Roaring Twenties," Pennsylvania State University, Ph. D. thesis, 2003.

기한(W. O. McGeehan), 헤이우드 브라운(Heywood Broun) 같은 전설적인 스포츠 기자들과 어깨를 나란히 한 채 활동한 여성들의 존재를 확인했다. 더불어 크리든이나 로스의 저작에서는 언급되지 않은 여성 기자들까지 추가 발굴하는 성과를 거두었다. 그가 제시한 광범위한 신문 기사들은 이 여성들이 스포츠 보도에서 젠더 차별을 뛰어넘은 스포츠 저널리즘의 여성 개척자들로 인정받아 마땅함을 입증한다.

이처럼 기존 연구들을 종합해 볼 때 우리는 1920년대에 최소 20명 이상의 여성이 전문 스포츠 기자로 활약했고 최소 9명 이상은 부정기적으로 스포츠 보도를 담당했음을 알 수 있다.[34] 다음 장들에서는 스포츠의 황금기였던 1920년대에 활약했던 여성 스포츠 기자 가운데 사료 확보가 상대적으로 용이했던 두 인물을 집중탐구해 보고자 한다. 그 주인공은 『뉴욕 텔레그램』의 제인 딕슨(Jane Dixson)과 『뉴욕 해럴드 트리뷴』의 마가렛 고스(Margaret Goss)다.

03 남성 스포츠를 취재한 최초의 전문 기자, 제인 딕슨

제인 딕슨은 『뉴욕 텔레그램(이하 '텔레그램')』에서 9년 간 기자로 활동하면서 잭 뎀프시가 치룬 8차례 챔피언전 가운데 최소 6차례

34 특히 데이빗 카추바는 19세기 중반부터 20세기 중반까지 활동한 여성 기자 가운데 스포츠 보도를 수행한 이들의 목록을 부록을 통해 일목요연하게 정리했다. David Kaszuba, "There are Women, Hear Them Roar," pp.133-140.

이상의 경기를 취재했다.[35] 권투를 야만성의 표상으로 보는 견해가 팽배하던 당시, 권투 시합의 안팎을 누비고 다니는 여성 기자의 존재는 젠더 통념에 대한 정면 도전이었다. 물론 딕슨보다 앞서 권투 시합을 보도한 위니프레드 블랙과 넬리 블라이 같은 여성들이 있긴 했지만 당대 기록을 살펴볼 때, 그녀만큼 꾸준하게 권투를 취재하고 많은 관련 기사를 쓴 이는 없었다. 1919년 톨레도 경기를 시작으로 1920년대 말 『텔레그램』을 떠날 때까지 그녀는 굵직굵직한 권투 챔피언전 취재를 도맡았다.[36]

빅토리아 시대의 젠더 이데올로기가 사회 전반을 지배하던 시절, 딕슨의 스포츠 취재는 실로 야심찬 도전이었다. 그녀가 1919년 7월

35 제인 딕슨의 첫 직장은 『매리언 데일리 스타』 였다. 오하이오 주 토박이었던 그녀는 훗날 대통령이 된 워렌 하딩이 운영한 신문사에서 기자직을 시작했다가 뉴욕으로 거처를 옮겼다. 1918년 말 『뉴욕 텔레그램』에 자리를 잡은 그녀는 이내 능력을 인정받았고, 편집장 앤디 포드(Andy Ford)의 지시로 1919년 윌라드-뎀프시 시합을 취재했다. 딕슨은 이렇게 스포츠 보도에 첫발을 들인 뒤 향후 9년간 권투는 물론 월드 시리즈, 경마, 테니스 시합을 비롯해 주요 스포츠 기사의 보도를 섭렵했다. 또한 1924년 뉴욕 신문여성협회(New York Newspaper Women's Club) 부의장을 거쳐 이듬해 의장에 선출된 딕슨은 여성기자들의 지위 향상을 위해 지속적으로 노력했다. Ross, *Ladies of the Press,* p.193; "Fourth Estate Women," *New York Tribune* (28 January 1924), sec.1, p.7; "Newspaper Women Open New Clubhouse Here," *New York Tribune* (11 February 1924), sec.1, p.2; "Newspaper Women Seek Fund For Home," *New York Telegram and Evening Mail* (5 February 1925), p.7.

36 제인 딕슨이 뎀프시의 헤비급 챔피언전을 몇 차례 보도했는지에 대하여 이견이 존재한다. 1926년 『뉴욕 텔레그램』은 제인 딕슨이 "1919년 윌라드-뎀프시 시합 이후 『뉴욕 텔레그램』에 세계 챔피언전전부를 보도"했다고 광고했다. 하지만 이시벨 로스는 1924년 7월 4일 몬테나 셸비에서 열린 토미 깁슨과의 시합을 제외하고 총 7차례 경기를 취재했다고 썼다. 반면 데이빗 카추바는 『텔레그램』의 "Sporting final" 조사 결과 1921년 9월 6일 미시간 벤튼 하버에서 열린 빌리 미스크 방어전과 24년 셸비 시합을 제외하고 총 6차례 경기를 보도했다고 주장한다. "New York Telegram Experts Who Will Cover Dempsey-Tunney Fight," *New York Telegram,* (22 September 1926), p.15; Ross, *Ladies of the Press,* p.193; David Kaszuba, "They are Women, Hear Them Roar," p.103.

4일 윌라드-뎀프시 경기를 앞두고 톨레도로 파견 나갔을 때, 미국 대부분의 지역에서는 프로 권투 경기가 전면 금지되어 있었다. 간혹 일부 지역에서 허용되었다 하더라도 경기에 대한 제약이 너무나 많은 탓에 프로 권투 경기는 변두리 지역에서 열리는 별 볼일 없는 스포츠에 불과했다. 이런 상황에서 권투 역사상 유례없는 8만의 관중을 끌어 모은 경기가 톨레도에서 성사된 것이다. 당시 오하이오 주의 톨레도가 경기장으로 선정된 것은 특별히 이 지역에서 권투의 인기가 높았다기보다 권투 경기가 합법화된 소수 대도시 중 한 곳이었기 때문이다. 권투 경기에 대한 여론은 그만큼 부정적이었다. 그런데 주최 측은 이 경기를 준비하면서 이례적으로 여성 특별석을 마련했고 최소 500여 명의 여성이 권투 경기장을 찾을 것으로 예상된다고 대대적인 선전을 쏟아냈다.[37] 이런 정황을 고려해 보면 제인 딕슨의 권투 시합 취재는 당시로서 시대를 앞서가는 보도였다. 그녀는 쏟아지는 비난에도 아랑곳없이 권투에 대한 보도를 지속적으로 수행했다. 그리고 여성이 권투와 같은 폭력적인 스포츠를 보도하는 것이 윤리적으로 올바르지 않다고 주장하는 사회의 통념에 정면으로 맞섰다.

이 시절 무수한 논평가들은 여성의 권투 시합 관람이 여성답지 못한 행실이라고 공공연히 비난했다. 우선 많은 사람들은 권투의 잔혹한 폭력성에 난색을 표했다. 존 로치 스트래턴 목사가 "사실상 벌거벗은 두 남자가 치고받으며 상처를 입히고 단지 동물처럼 이기기 위해 땀과 피범벅이 된 채 싸우는 모습을" 여성들이 지켜보는 것은 도

37 빌 브라이슨, 『여름, 1927, 미국: 꿈과 황금시대』, pp.311-316.

덕적으로 심각한 문제라고 우려했다. 『뉴욕 트리뷴』의 스포츠 전문 기자 맥기한이 권투를 "변종살인"이라고 말했듯이, 선수가 시합 도중 사망할 수도 있었다.[38] 게다가 경기장의 분위기가 가열되면 관객들 사이에서 싸움이 일어나기도 했다.[39] 실제로 1923년 잭 뎀프시의 셸비 경기에서는 관중의 폭동을 진압하기 위해 주최 측이 행정당국과 협의하여 "난동꾼" 200명을 수용할 특수 감옥을 설치했다.[40] 권투가 도박을 부추긴다는 문제제기도 잇달았다. 더구나 권투 경기에 술이 빠질 리 없었다. 관중들은 경기장 주변을 배회하며 불법적으로 주류를 구매하곤 했다. 그래서 금주법시대의 절정기였음에도 불구하고 1927년 뎀프시의 시카고 경기 당시, 관리당국은 팬들에게 주머니에 넣는 포켓 위스키의 소지를 이례적으로 허용했다. 불법 주류가 판매되는 범죄적 상황을 유발하느니 차라리 자체 소지를 허가하여 공급을 적절하게 규제하는 편이 낫다는 판단에서였다.[41]

하지만 비난에도 아랑곳없이 1920년대 들어 여성들 사이에서 권투의 인기가 날로 치솟고 있었다. 사실 그 이전부터 여성들은 끊임없이 남성이 정해놓은 금기를 넘어서려 했다. 여성의 권투 경기 관

38 맥기한(W. O. McGeehan)의 발언은 Stanley Walker, *City Editor* (New York: Frederick A. Stokes Company, 1934), p.127에서 재인용; 권투 선수 사망 기사는 "Timely News and Views in the World of Sport," *New York Evening Telegram* (8 December 1920), p.6 참조.

39 Ed Hughes, "Ed Hughes' Column," *New York Telegram and Evening Mail* (7 February 1925), p.12 참조.

40 "Shelby Builds Hoose Gow to Accommodate Fight Fans," *New York Evening Telegram* (21 June 1923), p.1.

41 "Safe For Fight Fans To Carry Hip Flasks," *New York Telegram* (22 September 1927), p.5.

전이 허용되지 않던 상황에서 권투 선수들의 아내나 일부 열혈 여성 팬들이 시합을 몰래 참관하곤 했다. 1887년 헤비급 챔피언 존 설리반의 연인 앤 리빙스턴(Ann Livingston)이 소년 복장으로 시합을 관전했던 일화는 유명하다. 또한 경찰들이 클럽 경기에서 남장을 한 일부 여성 관객을 "복장에 대한 시 규정 위반"으로 체포했다는 기사가 가끔 신문을 장식하기도 했다.[42] 여성에 대한 강도 높은 단속에도 불구하고 선구적인 여성 권투 팬들은 물러서지 않았다.

이런 상황에서 딕슨의 칼럼과 기사는 대담한 페미니즘을 선보였다. 그녀는 무엇보다 권투 경기 관람에서 젠더 차별을 불식시키고자 노력했다. 제인 딕슨은 다른 스포츠 시합과 마찬가지로 권투 경기 또한 여성의 관람이 허용되어야 한다고 주장했다. 그리고 권투 경기가 여성도 충분히 즐길 만큼 매력적인 스포츠임을 강조함으로써 여성들 사이에서 권투의 대중화에 앞장섰다. 1920년 12월 15일자 기사는 이러한 목표 아래 그녀의 보도가 치밀하게 기획되고 있음을 보여준다. 언뜻 보면 기사의 첫 줄은 프로모터 텍스 리카도에 대한 칭송으로 시작하는 듯 보이지만, 실은 "노동계급의 장터 유희"에 불과했던 권투 시합이 "정정당당한 스포츠 경기"로 탈바꿈했음을 강조하고 있다. 이것은 권투의 폭력성 및 유해성 논란으로 부정적이었던 여론을 전환하려는 의도였을 것이다. 다음 문장에서 그녀는 곧바로

42 Sam Andre and Nat Fleischer, *A Pictorial History of Boxing* (New York: Bonanza Books, 1981), p.61; Inez Haynes Gillmore, "A Woman at a Prize-fight," *The Century Magazine* (March 1915), pp.783~793. 19세기 말 서부 권투 클럽에 입장한 여성들에 대한 설명으로는 Kim, "Fighting Men and Fighting Women," *Sport History Review* 43 (2012), pp.113-114 참조.

"남편들에게" 아내를 사랑한다면 "권투 경기에 아내를 동반하라"며 속내를 노골적으로 드러낸다. 그리고 나서 이날 경기를 관전한 명망 있는 여배우, 정계 및 재계의 여성 유명인사는 물론 카운티 판사부터 상원의원, 검찰총장, 펜실베니아 주지사까지 거물급 관객들을 거명하는데 지나칠 정도로 많은 지면을 할애한다.[43] 그녀가 전체 기사의 1/4에 해당하는 분량을 유명인사 나열에 허비한 이유는 무엇일까? 독자들에게 프로 권투 경기가 명망가들이 즐길 만큼 충분히 세련된 스포츠임을 강조하려는 의도였으리라 짐작된다. 기사 말미에 딕슨은 "숙녀 여러분을 모시게 되어 대단히 영광입니다. 남편이 아내를 데려오고 오빠가 누이와 함께 오고 젊은 남성이 연인을 동반하길 바랍니다. 제 아내는 친구 19명과 권투 경기장에 왔습니다. 대부분 여성분들입니다. … 저는 그들의 참석에 경의를 표합니다. 그리고 백방으로 대책을 강구하여 이 분들이 시합에 흥미를 갖도록 최선을 다할 것을 약속합니다"라는 텍스 리카도의 발언을 인용한 뒤, 권투가 머지않아 여성이 즐길 수 있는 스포츠가 될 것이라는 예언으로 기사를 갈무리한다.[44]

딕슨의 예상대로 여성 팬들은 지속적으로 늘어났다. 1927년 뎀프

43 앨리스 루즈벨트(Alice Roosevelt), 시어도르 대령(Colonel Theodore, Jr.)과 동반 입장한 커미트(Kermit) 여사, 앤 모건(Anne Morgan) 양, 영화배우 루비 드 르메르(Rubye De Remer) 양, 에디스 보브(Edith Bobe) 양, 남편 칼 헤이슨(Carl Hyson)과 동행한 도로시 딕슨(Dorothy Dickson) 등이 거명된다. 남자 내빈으로는 카운티 판사 메이(May), 상원의원 포스딕(Fosdick), 킨케이드(J. Leslie Kincaid) 대령, 뉴튼(Newton) 검찰총장, 스프롤(Sproul) 펜실베니아 주지사, 워커(Walker) 부주지사 등이 언급된다.

44 Dixon, "Rickard Makes Boxing Appeal to Women, Says Jane Dixon," *New York Evening Telegram* (15 December 1920), p.2.

시-터너의 재대결을 보도하며 제인은 경기장에 모인 여성 팬의 수가 젠더 평등의 상징이라고 선언했다. 그리고 시합을 참관한 여성들이 남성만큼 "열광적이었다"고 단호하게 말했다. 여성들이 "땀 냄새, 피 비린내, 송진향이 느껴질 만큼 무대 앞좌석을 차지했다"고 보도하며, 여전히 권투 경기장은 여성이 올 곳이 아니라고 주장하는 반대론자들에게 남자와 마찬가지로 여자도 "똑같은 흙으로 빚어졌다. … 문명에는 성별이 없다"는 것을 기억하라고 일침을 가했다.[45] 제인 딕슨은 여성이 남성과 동등한 인간이기에 스포츠를 즐길 권리 또한 똑같이 갖고 있다고 외친 것이다.

딕슨은 여성 칼럼란에서도 여성이 스포츠 행사, 특히 권투에 참여할 권리를 열정적으로 옹호했다. 칼럼은 여성들에게 전통적인 빅토리아식의 여성다움이나 "숙녀다운" 행동을 거부하고 여성 역시 고등교육을 받아야 하며 직업을 갖고 정치에 참여하는 것은 물론 운동 시합이나 성을 즐기라고 설득했다. 그리고 경제적 안정을 바라며 결혼에 무모하게 뛰어드는 여성을 꾸짖었다. "남자에게 의존하는 구식 전통"을 거부하라고 외치면서 자신의 재능을 믿고 "노력에 노력을 거듭한 여성들"은 모두 자리를 잡는다며 확신에 찬 조언을 하곤 했다. 또한 사랑 없는 결혼보다 재정적 독립을 위해 직장을 구하는 것이 여성의 미덕이라고 찬양했다.[46] 당시 여성 칼럼들이 요리나 사교

45 Dixon, "Sauce for the Goose and Gander," *New York Telegram* (30 September 1927), p.6.

46 이하는 *New York Tribune*에 수록. "Rich Poor Women," (15 August 1920), p.16; "Kisses," (24 August 1920), p.4; "We Can Do It," (19 January 1925), p.9; "Quitters," (11 August 1921), p.7; "Steam Up," (5 June 1923), p.9; "Earn Your Own," (28

에 관한 기사가 대부분이었던 것과 대조적으로 딕슨의 여성란은 통념을 거부하고 기존 젠더 경계를 뛰어넘고자 했다는 점에서 당대 여성 언론인과 차별적이었다.

그렇다면 딕슨의 스포츠 기사들은 남성 동료의 기존 보도와 어떤 차별성을 보였을까? 우선 그녀의 스포츠 기사는 여성 독자층을 주로 공략했다. 그녀는 여성에게 호감이 갈 스포츠 기사를 생산하는 데 탁월한 감각을 보였다. 뎀프시 시합을 보도할 때 권투 경기 본연에 대한 보도나 기술적인 분석은 동료 남성 기자의 몫으로 남겨둔 채 그녀는 시합 외적인 부분에 초점을 맞추었다. 여성 독자들의 관심사를 파악한 전략적 판단이었다. 1919년 6월 25일자 기사를 보자. 그녀는 "여성들이 윌라드의 외모를 좋아한다"고 말한 뒤 그가 얼마나 "잘생겼는지" 쭉 열거한다.

> 챔피언의 머리는 마치 서리가 내려앉은 것 마냥 짙다.
> 진한 눈썹 아래 푸른 눈이 자리 잡고 있다.
> 얼굴은 길고 갸름하다.
> 귀는 조그마하고 입 또한 조막만하다.[47]

다음날 기사는 뎀프시에 초점을 맞추었는데, 외모에 대한 칭송 강도가 한층 더 강해졌다.

October 1920), p.11; "Drugged," (7 June 1923), p.7.

47 Dixon, "Jess is a Man Mountain and Voted Good Looking by Most of the Fair Sex," *New York Evening Telegram* (25 June 1919), p.14.

잭 뎀프시는 완벽한 인간 신체의 표본임에 틀림없다.

그는 완전무결한 몸을 갖고 있다.

가장 훌륭한 바이올린처럼 그의 몸매는 황홀하기 그지없다.[48]

기사는 계속해서 24세의 뎀프시를 "소년 같은 얼굴"에 "함박웃음"을 짓는 "완벽한 근육질 몸매"를 가진 남성으로 묘사하면서 칭송을 거듭한다. 심지어 두 선수의 승부를 예상하는 진지한 대목에서도 승자가 "구릿빛인가 핑크빛인가?"라며 외모를 노골적으로 비교한다.[49] 이처럼 남자선수의 외모, 근육질 몸매, 엄청난 체력에 대한 찬사들로 기사를 채움으로써 여성 독자층의 욕구를 자극하고 관심사를 공략하는 데 성공했다.

또 한편 그녀의 기사는 경기장을 찾은 유명 인사들의 면면을 보도하고 관객석에서 눈에 띄는 유행이나 패션을 보도하는 데 초점을 맞추었다. 1920년 12월 15일자 기사를 보자.

이날 최신 유행 복장으로 치장한 에디스 보브(Edith Bobe) 양은 친칠라 망토를 걸치고 금갈색 웨이브의 머리에 청록색과 은색의 터번을 감은 터키 스타일로 한껏 치장했다. 무대 가까이에는 푸른 모자를 쓴

48 Dixon, "Dempsey, Yankee Irishman, Must Stand for All Time as Credit to Human Body," *New York Evening Telegram,* 26 June 1919, 13.

49 이하는 *New York Evening Telegram*에 수록. Dixon, "Dempsey Has a Banshee Guarding Him: Willard's Faith Is in His Fists," (28 June 1919), p.10; "Jane Dixon Gives Reasons For Dempsey Victory," (29 June 1919), p.14; "Dempsey Is the Essence of Strong, Daring Youth and Worried by Nothing," (2 July 1919), p.12.

숙녀가 안경을 손에 들고 착석해 있었다.[50]

딕슨은 다양한 스포츠 행사에 참석한 연예인과 그들의 패션에 대한 동경에 찬 관찰 기록들, 유명 스포츠 스타를 보기 위해 몰려든 여성 팬들의 스타일을 열심히 소개했다. 운동 경기 자체보다는 사교계 인사와 패션 트렌드에 더 많은 지면을 할애했다. 이것은 남성 독자들이 기대하는 기존 스포츠 기사와 내용면에서 분명 거리가 있었지만 여성 독자의 취향을 저격하는 데는 분명 효과적이었을 것이다.

이런 보도방식은 프로 권투 경기 보도로 화려하게 재기를 선언한 넬리 블라이의 경우에도 예외가 아니었다. 1919년 7월 4일 윌라드-뎀프시 대결을 보도하는 블라이의 기사 역시 선수의 의상에 대한 묘사로 출발한다. 기사는 화씨 100도의 무더위 속에서 4시 8분 윌라드가 입장할 때 "푸른 모직 트렁크"를 입었고 심지어 햇빛을 가리기 위해 "갈색 양산"을 썼다. 반면 뎀프시는 "백색 모슬린 트렁크"를 걸쳤다고 기술한다. 뒤이어 그녀는 "갈색 실크 블라우스에 갈색 털을 터번처럼 쓴" 배우 베리모어를 시작으로 아름다운 옷차림의 여성들에게 찬사를 보낸 뒤 남성 관중들도 "똑같은 셔츠를 입은 사람이 하나도 없을" 정도로 품격이 있어서 "그들을 보는 것이 기쁨이었다"고 칭송한다.[51]

50 Dixon, "Rickard Makes Boxing Appeal to Women, Says Jane Dixon," *New York Evening Telegram* (15 December 1920), p.2.

51 Bly, "Nellie Bly Describes Fall of Ring Goliath," *New York Evening Journal* (5 July 1919), p.3.

기실 이러한 취재행태는 언론사의 취재 관행 및 당대 젠더 관념을 반영한 결과이기도 했다. 제인 딕슨처럼 이 시기 활동한 여성 스포츠 기자들이 권투는 물론 미식축구나 야구와 같은 다른 남성 스포츠 경기장에 파견되었을 때, 편집부는 반드시 "여성의 시선"으로 해당 경기를 보도하라는 주문을 내렸다. 이런 지침 탓에 여성 스포츠 기자들은 스포츠 경기 본연의 내용보다는 오히려 경기 외적 영역의 취재에 집중해야 했다.

이것은 신문 판매부수를 염두에 둔 언론사가 고안한 고도의 전략이었다. 이 시기 언론사는 여성 독자층을 확보하기 위해서 여성의 구미를 당길 기사거리를 개발해야 했다. 스포츠 보도에서도 여성 독자층 확보는 예외가 아니었다. 그래서 스포츠 보도국은 스포츠 보도의 외피를 두른 채 실상은 패션, 미용, 개인소품, 제화업 등 최신 유행에 대한 정보를 제공하는 역할을 톡톡히 함으로써 여성 독자층을 사로잡는 과제를 해결했다. 그리고 광고주의 환심을 사는데도 성공했다. 당시 우편 주문 카탈로그의 유행으로 이런 신문 기사가 상품의 매출을 직접 연결되는 고리가 된 것이다. 여성들은 신문을 통해 유행 경향을 읽고 우편으로 상품을 주문함으로써 굳이 도심 백화점까지 쇼핑을 가지 않아도 최신 유행을 따를 수 있었다. 게다가 언론은 여유 있고 소비지향적인 삶을 찬양하면서 유행을 따르는 것이 해방을 의미한다고 독자들을 부추겼다. 소비주의의 미덕이 1920년대 여성들의 욕망을 자극하는 상황이었다.[52] 여성 스포츠 기자들의 활

52 스튜어트 유엔, 『광고와 대중소비문화』, pp.110-167.

약은 곧장 신문사 광고 수입으로 연결되었고, 이런 보도 경향이 당시 상당히 유행하는 분위기가 형성되었다.

그런데 제인 딕슨은 단순히 여성 독자층의 구미에 맞는 기사를 공략하는 정도를 넘어서 새로운 스포츠 보도 방식을 선보였다. 남성 동료들의 통상적인 스포츠 보도 형태를 탈피해 스포츠 기사의 새 길을 개척한 것이다.

기존에 남자 동료들의 기사는 천편일률적이었다. 가령 잭 뎀프시에 대한 당대 대다수 기사들은 그를 "마나사의 난폭자(Manassa Mauler)"라고 부르며 그의 남성적 헤게모니를 과장하는 데 치중했다. 전기 작가 로저 칸은 뎀프시가 기분이 좋지 않았을 때 스파링 파트너들을 모조리 때려눕힌 적도 있었다고 말하며 "링 안에서 그는 사람들을 해치는 것을 즐기는 듯 보였다"고 평했다. 『뉴욕 데일리 뉴스』의 스포츠 기자 폴 갤리코 또한 챔피언과 대결하는 것이 어떤 것인지 보여주고자 뎀프시와 단시간 스파링을 했을 때, 생명의 위협을 느낄 정도로 뎀프시의 펀치가 위협적이었다고 묘사했다. 나중에 갤리코는 당시 상황에 대한 기억이 전혀 없으며 단지 건물이 자신을 덮치는 기분이었다고 술회했다. 비슷한 호기심이 발동한 앨 졸슨도 사진 촬영차 뎀프시와 장난 어린 스파링을 연출했다. 그 때 뎀프시는 졸슨의 얼굴을 제대로 쳐서 턱의 피부를 찢어놓았다.[53] 마치 투견처럼 인정사정없이 상대에게 달려들어 무자비하게 펀치를 꽂는 야수로, 또 믿기 어려울 정도로 파괴력이 강한 철인으로 언론이 뎀프

53 빌 브라이슨, 『여름, 1927, 미국: 꿈과 황금시대』, p.311.

시를 포장한 탓에 그는 잔인한 선수로 평판이 자자했다.

하지만 딕슨은 남자 동료들과 다른 방식으로 인터뷰 대상에 접근했다. 제인은 인터뷰 당사자보다 주변인들을 먼저 탐문하고 그들과 기사 주인공의 관계를 조사한 뒤 취재 대상의 특징을 파악했다. 가령 뎀프시를 취재했을 때 그녀는 뎀프시와 트레이너 잭 피언스 사이의 진한 우정, 그와 어머니의 애틋한 관계, 최연소 꼬마 팬과 챔피언 사이의 허물없는 친밀함을 소개하거나 뎀프시가 아내에게 표현하는 세심한 애정을 세세히 열거하면서 그가 얼마나 자상한 남편이자 부드럽고 따뜻한 마음을 지닌 사람인지를 집중 부각시켰다.[54] 딕슨이 소개한 뎀프시는 약간 소심한 면모가 있지만 놀랄 만큼 사려 깊고 의사표현이 분명하며 쾌활한 사람이었다. 이러한 일련의 기사들은 난폭자가 아니라 한 가정의 평범한 가장이며 동심을 간직한 때 묻지 않은 자연인으로서 뎀프시의 모습을 새롭게 조명하면서 여성 독자층의 호응을 끌어냈다.

덧붙여 제인 딕슨이 시도한 새로운 글쓰기 방식은 스포츠 기사의 새로운 방향을 제시했다. 남성 기자들이 사실 위주의 건조한 문체로 기사를 쓰는 반면, 딕슨은 취재 대상의 주변 상황을 고려하고 인터뷰 공간의 분위기를 조정하는 능력을 발휘하여 이야기를 풀어놓듯이 기사를 작성하는 데 탁월했다. 이것은 그녀가 자신의 젠더 인식 및 젠더 경험을 바탕으로 남성 중심 문화를 '여성의 시각'으로 새롭

54 Dixon, "Dempsey Got His Chance at Start of His Career in Kearns' Durango Gym," *New York Evening Telegram* (1 July 1919), p.12; "Dame Rumor States That Mrs. Jess May Be on Hand to See Hubby Sniff Rosin," *New York Evening Telegram* (3 July 1919), p.12.

게 해석하려고 노력한 결과였다. 하지만 이러한 이야기식 기사 작성은 오랫동안 남성 기자들에 의해 그 중요성이 폄하되었다. 여성 기자들이 전문성 부족 탓에 주변적인 문제나 잡다한 흥밋거리를 보도한다는 식이었다. 그러나 오늘날 우리는 신문 스포츠 면에서 이야기체 기사나 대화체 기사를 일상적으로 접한다. 이처럼 읽기 쉽고 흥미진진한 기사 쓰기가 딕슨과 같은 여성 스포츠 기자들의 노력에서 시작되었다는 사실은 결코 과장이 아니다.[55]

제인 딕슨의 노력으로 여성 독자들은 스포츠 소식을 좀 더 쉽게 접하고 스포츠를 즐기며 공감할 수 있었다. 또한 스포츠 기사는 여성들에게 바깥세상과 접촉할 매개체를 제공했다. 딕슨을 비롯한 능력 있는 여성 기자의 활약에 힘입어 스포츠 보도에 대한 여성 독자층이 확대되자 언론사는 점차 더 많은 여자들을 채용하게 되었고, 이는 여성에게 공적 영역에 진출할 기회를 제공했다. 기억할 점은 1920년대 여성 기자들이 소비주의의 필요에 따라 고용되긴 했지만 이들이 자신에게 주어진 역할에만 머물렀던 것이 아니라 주체적인 행위자로서 여성 기자로서 활약했다는 것이다. 소비주의가 애초에 이런 결과를 의도하진 않았겠지만 여성들은 공적 영역에서 자유를 향유할 공간을 주체적으로 활용한 것이다.

55 Kay Mills, "Stylizing the News," in *A Place in the News: From the Women's Pages to the Front Page* (New York: Columbia University Press, 1990), pp.110-126.

04 여성 스포츠를 전파한 최초의 전문 기자, 마가렛 고스

마가렛 고스는 1924년 2월부터 1925년 9월까지 『뉴욕 트리뷴(이하 '트리뷴')』의 스포츠 국에 소속된 유일한 여성 스포츠 기자였다. 고스는 1924년 2월 17일 『트리뷴』의 제1면에 여자대학에 불고 있는 스포츠 열기를 보도하며 기자 생활을 시작했다.[56] 당시 '여성'이 작성한 기사가 신문 1면에 게재되는 것은 흔치 않은 일이었다. 게다가 더 이례적인 것은 기사의 내용이었다. 그녀는 월드 시리즈나 대학 풋볼 시합과 같이 전국민의 관심이 집중된 대형 경기가 아닌 여대생들 사이에 확산되고 있던 운동 열풍을 보도했다.

그녀의 이후 행보 역시 놀랍기는 매한가지였다. 마가렛 고스의 칼럼 "위민 인 스포츠(Women in Sport)"는 일요일자 스포츠 면의 고정란으로 편성되었고 결혼으로 퇴직하기 전까지 거의 1년 반 동안 그녀는 『트리뷴』 스포츠 국에서 활약하며 스포츠 칼럼을 정기적으로 연재했다.[57] 여성이 자기 이름을 내걸고 스포츠 고정 칼럼을 담당한다는 것은 당시로서 파격적인 조치였다. 언론학자 데이빗 카추바는 마가렛 고스의 칼럼이 자기 이름을 내걸고 여성이 연재한 미국 최초의 스포츠 칼럼이었다고 말한다.[58]

56 Margaret Goss, "College Girls' Growing Activity in Sports Forcing Schools to Broaden out Athletic Codes," *New York Tribune* (17 February 1924), sec.1, p.1.
57 이 칼럼은 애초 "The Sportswoman"로 시작하여 "The Sportswomen"로 명칭이 변경되었다가 최종적으로 "Women in Sport"라는 명칭으로 확정된다.
58 1920년대 뉴욕에서 활동한 여성 기자들 가운데 낸 오릴리(Nan O'Reilly), 자넷 오

사실 1920년대 초반까지 여성의 스포츠 활동은 전문적인 스포츠 기사로 취급되지 않았다. 당시 신문들은 여성 스포츠 기사를 스포츠 면이 아니라 사회 면이나 여성 면에 편성했다. 『트리뷴』의 경우 또한 다를 바 없었다. 마가렛 고스가 여자대학의 운동 열풍을 다룬 기사를 보도했던 1924년 2월 17일자 『트리뷴』지 역시 고스의 기사를 제외하면 다른 여성 스포츠 관련 기사들을 모조리 사회 면에 게재했다. 이 날 신문에는 플로리다 휴양지에서 테니스를 친 동북부 사교계 여성들, 사우스캐롤라이나 컨츄리 클럽의 골프 시합에 참가한 뉴욕 여성들, 레이크 플레이시드에서 휴가를 보내며 줄다리기와 눈 가리기 경주를 한 이들에 대한 소식이 눈에 띄는데, "스포츠"를 즐기는 이 숙녀들에 대한 기사들 모두가 스포츠 지면에 실리지 않았다.[59] 1924년 2월 한 달 간 『트리뷴』지를 살펴 본 결과, 여성 스포츠 소식은 대개 시합을 알리는 공지가 전부이거나 몇 줄 채 되지 않는 단신에 머물렀고 심지어 기사를 작성한 기자의 이름조차 없었다. 당시 사람들이 여성의 스포츠를 체계적이고 조직적인 수준에서 신체 기술을 겨루는 순수한 활동으로 인정하지 않던 탓에 신문들은 이것이 스포츠 면의 기사로는 부적절하다고 판단했을 것이다. 이런 분위기에서 『트리뷴』이 여성 풋내기 기자가 작성한 여자대학 운동선수에 대한 연재

웬(Janet Owen), 테오도라 소스트(Theodora Sohst) 또한 스포츠 칼럼을 작성했다. 데이빗 카추바는 이들의 활약이 바로 고스의 성공에 힘입어 가능했다고 본다. David Kaszuba, "There are Women, Hear Them Roar," p.48.

59 이하는 *New York Tribune*에 수록. "The Social World," (17 February 1924), sec.5, p.1; "Camden Stages Series of Golf Tournaments," (17 February 1924), sec.5, p.8; "Jolly Crowds at Lake Placid Enjoy Days of Winter Sports," (17 February 1924), sec. 5, p.1.

기사를 일주일 간격으로 신문 1면의 뉴스 면에 보도한 것은 두고두고 회자될 정도로 이례적인 편집이었다.[60]

변화의 바람이 1차 세계대전을 거치면서 시작되었다. 빅토리아 도덕 질서 아래서 신체 활동은 오랫동안 여성과는 무관한 영역으로 간주되었다. 하지만 전쟁 기간 동안 스포츠 활동의 중요성이 급격히 부각되면서 여성의 신체 활동에 대한 인식에서도 변화의 조짐이 나타난다. 여성도 신체 단련이 필요하며 스포츠를 통해 더욱 여성다워질 뿐 아니라 유행을 추구하고 건강한 의식을 함양하게 된다는 논리가 등장했다. 불과 십년 전까지 여성의 미덕이란 우아함이라고 주장하던 이들이 여성의 '건강미'를 칭송하는 상황이 연출되고 있었다. 이러한 분위기에서 1917년 걸스카웃이 설립되고 1918년 캠파이어 걸즈가 전국적인 지부조직을 갖추게 되었다. 정부 또한 여자 고등학교나 여자 대학에서 운동선수 육성 프로그램을 추진하였다. 빅토리아 시대와 비교할 때 상상도 못할 조치였다. 1920년대 중반이 되자 고교나 대학이 후원하는 운동 시합 개최가 활기를 띠며 여학생들의 운동시합을 취재한 기사들이 차츰 뉴스거리가 되었다. 스테파니 트윈(Stephanie L. Twin)은 1차 대전 이후의 이런 변화를 '제1차 스포츠 페미니즘의 시대'의 개막이라 명명한다.[61] 1920년 들어 여성은 참정권 획득과 더불어 스포츠에 참여할 권리 또한 쟁취하고 있었다.

이 10년의 기간 동안 여성의 신체 활동과 스포츠 참여 열기가 실

60 Ishbell Ross, *Ladies of the Press,* pp.469-470.

61 Stephanie L. Twin, *Out of the Bleachers* (Old Westbury, NY: The Feminist Press, 1979).

로 뜨거웠다는 정황은 곳곳에서 포착된다. 스포츠학자 앨리소 포우는 주간지 및 일간지에 실린 광고 분석을 통해 1956년이나 1972년보다 오히려 1920년대 여성의 스포츠 활동이 더욱 활발했다고 주장했다.[62] 여성이 선수는 물론 열혈 관객으로 스포츠 공간에 적극 진출했다는 것이다. 승마, 수영, 골프, 테니스와 같이 전통적으로 여성에게 허용된 종목뿐만 아니라 전통적인 남성 스포츠였던 풋볼, 야구, 권투 시합에도 여성들이 관심을 갖기 시작했다. 포우는 이 시기 광고를 통해 자신의 주장을 입증한다. 1924년 한 광고에는 남자로 꽉 찬 야구경기 관중석에서 편안하게 앉아 있는 여성의 모습이 등장하는가 하면, 경마 트랙 근처에서 카멜 담배를 즐기는 선남선녀 6명이 화면을 채운 1926년 광고도 눈에 띈다. 1927년 광고는 한 여성과 두 남성이 라디오 옆에 앉아 권투 시합중계를 청취 중인데, 라디오 방송을 신청하면 "온 가족이 가정에서 시합을 즐길 수 있다"고 선전한다.[63] 이처럼 1920년대 광고들은 풋볼, 야구, 권투 경기에 대한 여성의 관람 열기를 활용해서 특정 상품을 홍보했다. 이러한 광고는 당시 사회가 여성의 스포츠 참여를 권장했음을 간접적으로 드러내는 증거일 것이다.

62 Alliso Poe, "Active Women in Ads," *Journal of Communication,* 26.3 (1975), pp.185-192.

63 이하는 *New York Telegram*에 수록. "Fashions that Add Points to Saturday's Big Games," advertisement for Lord and Taylor (20 October 1924), sec.1, p.4; "Out of the lot!" advertisement for Chesterfield cigarettes (23 September 1926), p.13; "All The World Is Saying 'Have a Camel,'" advertisement for Camel cigarettes, (23 September 1926), p.15; "Tune In On WJZ Or WEAF And Enjoy The Fight At Home," advertisement for WJZ and WEAF radio stations (22 September 1927), p.7.

이런 분위기 속에서 고스는 『트리뷴』의 전격적인 지원을 받으며 스포츠 전문 기자로서 실력을 쌓아 나갔다. 우선 그녀는 여성 스포츠 소식을 줄기차게 보도했다. 테니스 스타 수잔 렌글렌(Suzanne Lenglen)이나 골프 신동 글레나 콜렛(Glenna Collett)부터 농구와 필드하키와 같은 여자대학 팀 스포츠 보도에 이르기까지 독자들에게 여자 스포츠 소식을 전달했고 이 과정에서 여성의 스포츠 활동을 적극 옹호하려고 애썼다. 물론 그녀의 기사 대부분은 골프, 테니스, 수영, 농구, 필드하키와 같은 전통적으로 여성에게 허용된 시합에 집중되었다. 그리고 남자선수에 비교하면 그 비중이 비할 데 없이 미미했다. 당시 『트리뷴』 스포츠 국에는 복싱 담당 잭 로렌스와 샌포트 재럴, 야구 보도 슬로컴(W. J. Slocum), 테니스 전문 프레드 호손(Fred Hawthorne)과 더불어 전설적인 스포츠 칼럼리스트 그랜트랜드 라이스와 맥기한이 포진하여 "스포츠 보도의 황금기"를 구가하고 있었다. 그 끝자락에서 마가렛 고스는 홀로 여성 스포츠 보도를 전담해야 했다. 이런 상황에도 불구하고 고스는 "여자 스포츠 칼럼이 스포츠 저널리즘 분야의 새로운 발전을 상징한다"고 자부했다.[64]

고스의 자부심은 그리 틀리지 않았다. 여성 스포츠 전문 기자로서 고스는 줄곧 자신의 색깔을 분명히 하며 여성 스포츠 분야의 발전에 초석을 다졌다. 무엇보다 고스는 여성의 스포츠 활동을 정열적으로 주창했다. 그녀는 야외 스포츠 활동에 반대하는 항간의 우려를 정면으로 반박했다. "지나친 공기 접촉과 햇볕 노출이 여성의 피부를 거

64 Goss, "Women in Sport," *New York Herald Tribune* (23 March 1924), sec.4, p.5.

칠게 하고 미모를 손상시킨다"는 세간의 우려를 불식하며 "오히려 실외 운동은 여성의 인격을 향상시킨다"고 설득한다. 그리고 "실외 운동이 거칠고 까끌까끌한 얼굴을 만든다면 우리는 거칠고 까끌까끌한 채 기꺼이 최후를 맞이 하겠다"고 선언한다. 고스는 여성 대중에게 신체는 물론 정신 건강을 위하여 스포츠에 참여하라고 당당히 권고했다. 또한 여성이 경쟁적이고 육체적인 스포츠에 참여하는 것이 전혀 부끄러운 일이 아니라고 주장하며 여성의 스포츠 활동을 적극 독려했다.[65]

나아가 여성들에게 경쟁적인 스포츠에 적극 참여해서 전통적인 여성다움의 한계를 뛰어넘으라고 촉구했다. 고스는 여성 운동선수들을 격려하여 자신감을 불어넣으려 애썼다. 여자 운동선수 역시 남자 선수와 마찬가지로 존중 받아 마땅하며 몇몇 스포츠 종목에서는 동일한 수준의 경쟁이 가능할 만큼 뛰어난 실력을 갖추었다고 추켜세웠다. 덧붙여 그녀는 여성 스포츠가 여성들의 힘으로 조직되어야 한다고 일관되게 주장했다. 가령 미국실외테니스협회 여성위원회가 그 명칭에도 불구하고 남성들 일색으로 운영진이 구성된 상황에서 고스는 여성들이 이 조직에 운영위원으로 더 많이 참여해야 한다고 역설했다. 또 테니스 협회에 로비를 하여 혼성 복식경기를 더 자주 개최하도록 촉구했다. 그녀는 명목상 복식 시합이 독자들에게 "최고의 흥분"을 제공할 것이라고 주장했지만, 기실 복식 시합을 활성화하면 여자 선수도 남자 선수와 공정하게 겨룰만한 실력을 갖췄음을

65 Goss, "Women in Sport," *New York Herald Tribune* (11 September 1925), p.19, and (6 September 1925), sec.10, p.2.

입증할 것이라고 확신했다.[66]

다음으로 마가렛 고스는 여성 스포츠 선수들을 발굴해서 그들의 매력을 독자들에게 전달하고자 했다. 그녀는 여자 선수에게 대중의 관심을 유도하는 새로운 유형의 스포츠 보도를 고안했다. 이 시기 남자 스포츠 기자들은 경기 결과에 집착하여 운동선수의 성적을 예측하고 평가하며 분석하는 데 몰두했다. 남자 동료들이 통계 수치를 동원해서 "누가 최고인가"에 대해 떠들어 대고, 박식한 논평으로 그날 경기에 대한 분석을 내놓을 때, 고스는 스포츠 스타의 드러나지 않은 성격이나 프로 선수가 된 동기와 같은 색다른 화제에 주목했다. 또한 스포츠 영웅의 인간적인 면모를 독자에게 진솔하게 드러내는 데 집중했다. 그녀의 이러한 차별화 전략은 상당한 호응을 얻어 여성 선수의 이미지를 개선하고 널리 알리는 데 톡톡한 몫을 해냈다.

가령 영국 해협을 횡단한 19세의 수영선수 거투드 에델(Gertude Ederle)과의 독점 인터뷰는 세간에 알려진 것과 다른 이 영웅의 진면모를 독자들에게 선 보였다. 1924년 12월 14일자 고스의 기사는 8월 27일자 『뉴욕 타임즈』에 실린 자연교육의 창시자 위니프레드 색빌 스토너(Winifred Sackville Stoner)의 발언을 계기로 촉발되었다. 스토너는 "거투드 에델이 영국해협을 건너는 데 성공했을지라도 세상에 무슨 도움이 되느냐"고 말하면서 "운동선수는 인류에게 아무런 공

66 Goss, "Women in Sport," *New York Herald Tribune* (9 July 1925), p.17 and (2 November 1924), sec.4, p.6. 또한 필드하키가 원래 규칙과 달리 여자경기 규칙에만 여러 제약을 가하자 이러한 차별에 대해 공개적으로 항의하면서 대중의 반대 여론을 촉구했다. Goss, "Women in Sport," *New York Herald Tribune* (21 December 1924), sec.4, p.7.

헌도 하지 않는다"고 주장했다. 계속해서 "우리 소년 소녀들이 하찮은 갈채와 변변찮은 트로피에 목숨 걸고 인생을 망치는 것에 반대하는 캠페인을 벌이자"고 촉구하고 "근육의 과도한 발달로 자연미를 잃어버린 여자 선수들을 보라"며 스포츠 활동을 비하하기도 했다.

그러자 고스는 에델의 영국해협 횡단 직전 그녀를 쉘튼 호텔에서 만났던 일화를 소개한다. 19세의 소녀 에델과의 인터뷰를 토대로 그녀가 무모한 도전을 시도한 이유가 명성을 얻기 위한 것이 아니라 "불가능한 도전에 성공하기를 간절히 갈망했기" 때문이라고 분석한다. 이어서 "대다수 선수는 운동을 사랑하기 때문에 운동을 하고 있다. 트로피나 갈채는 그들이 이룬 성취에 대한 징표의 일부일 뿐"이라고 일갈한다.[67] 그리고 영국 해협을 건너는 도전 그 자체가 인류에게 값진 의미가 있다고 설득하면서 우리는 과연 자신의 재능을 펼치기 위해 에델만큼 피 땀 어린 노력을 하고 있는지 되묻는다. 이러한 그녀의 기사는 여성 스포츠 선수에 대한 항간의 편견이나 오해를 불식시키고 이들의 진면모를 드러내는 데 기여했다.

끝으로 마가렛 고스는 대다수 남자 기자들과 차별적인 방식의 스포츠 보도를 시도했다. 당시 스포츠 기사들이 대개 일방적인 뉴스 전달의 형식을 취함으로써 독자들을 수동적인 존재로 머물게 한 것과 달리 고스는 독자들을 기사 속으로 초대했다. 남자 동료들이 대개 세세한 정보와 의견 전달에 몰두할 때 그녀는 독자들을 다양한 스포츠 시합이 펼쳐지는 무대로 데려가 경기장의 열기에 흠뻑 취하

67 Goss, "Women in Sport," *New York Herald Tribune* (14 December 1924), sec.4, p.41.

게 만들었다. 고스의 기사를 접하면서 독자들은 특정 시간 특정 장소의 스포츠 현장에서 시합 중인 선수들의 몸짓과 경기장의 공기까지 느낄 수 있었다. 예를 들어 농구 챔피언전 기사에서 그녀는 팬들의 함성에 파묻혀 "심판의 날카로운 호각소리가 묻혀버린" 경기장 모습을 생생하게 묘사했다. 강적이 맞대결을 펼친 치열한 테니스 시합을 보도할 때는 독자가 마치 선수의 신발을 신고 네트 너머로 공을 힘겹게 넘기는 양 착각하게 만들었다.[68] 고스 역시 박식한 논평을 내놓고 경기 내용을 분석할 능력이 충분했지만, 상투적인 정보를 나열하는 대신 선수의 인간적인 면모를 강조하거나 독자들이 마치 고스와 나란히 경기를 관람하는 듯 만들어 스포츠에 대한 관심과 흥미를 유발했다. 이렇게 마가렛 고스는 차별적인 글쓰기를 선보임으로써 그녀에게 쏟아졌던 초창기 의구심과 논란을 잠재웠고, '스포츠 보도의 황금기'를 수놓은 남자 동료들 속에서 독보적인 자리를 차지할 수 있었다.

애초 주간 소식으로 출발했던 고스의 칼럼은 일일 칼럼으로 진화했다. 다른 신문의 여자 스포츠 관련 기사가 재미없고 상투적이었던 것과 달리 고스의 칼럼이 상당히 인상적이었기 때문이다. 나아가 그녀의 칼럼 "위민 인 스포츠"는 전설적인 스포츠 기자 그랜트랜드 라이스의 칼럼 "스포츠라이트(Sportlight)"와 나란히 배치되었다. 이는 고스의 칼럼이 "스포츠 보도의 황금기"에 요구된 기사의 수준을 충족했을 뿐 아니라 당대 최고의 스포츠 전문가에 뒤지지 않는 실력을 갖췄음을 반증한다. 게다가 고스 외에 이 신문에서 일일 칼럼을 가

68 Goss, "Women in Sport," *New York Herald Tribune* (12 April 1925), sec.10, p.2; (12 September 1925), p.15, and (14 December 1924), sec.4, p.41.

진 단 한 사람이 거트랜드 라이스였다는 사실은 『트리뷴』에서 마가렛 고스의 위치를 단적으로 드러낸다.[69]

하지만 마가렛 고스는 빅토리아 젠더 규범에서 완전히 자유롭지 못했다. 1924년 7월 20일자 칼럼에서 마가렛은 여성이 운동경기에서 여성답지 못한 행동을 해서는 안된다고 못 박았다. "여성으로서 우리는 처신을 잘 해야 한다"고 조언하면서 여자선수가 심판과 논쟁하는 것은 여성의 본분을 망각한 일이라고 주장했다.[70] 또한 여성의 권투 참여, 심지어 권투 관람에 대한 관심조차 여성다움을 훼손하는 행위라고 단언한다. 한 칼럼에서 그녀는 스포츠 기자인 자신조차 권투를 가장 가까이서 접한 것이 "라디오 청취"를 통해서였다고 주장하며 경기장에 앉아서 권투 선수에게 소리치고 있는 여성의 이미지는 "환멸을 자아낸다"고 덧붙였다.[71] 여성의 스포츠 참여 권리를 주창하던 그녀였지만 빅토리아 시대의 젠더 관념을 드러내기도 했다.

1925년 9월 고스는 결혼을 하면서 신문사를 떠났다. 그녀에게는 정말 힘겹게 쌓아온 스포츠 기자로서의 이력보다 결혼이 우선 순위였다. 하지만 그녀는 후임 여기자들을 위한 길을 터주었다. 고스의 활동 이전 뉴욕 신문사들은 필요할 때 여성을 임시로 고용하여 스포츠 취재를 주문했지만, 그녀의 등장 이후로 여성이 스포츠 전문 기

69 당시 『헤럴드 트리뷴』의 기자이자 동료였던 이시벨 로스는 그녀의 칼럼을 대단히 칭찬하며 마가렛 고스가 당대 최고의 남자 동료들만큼 자유롭게 견해를 펼쳤다고 회상했다. Ross, *Ladies of the Press,* pp.469-470.

70 Goss, "Women in Sport," *New York Herald Tribune* (20 July 1924), sec.4, p.7, and (30 November 1924), sec.4, p.30.

71 Goss, "Women in Sport," *New York Herald Tribune* (7 July 1925), p.16.

자로 채용되기 시작했다. 『뉴욕 저널』, 『뉴욕 포스트』, 『뉴욕 월드』 모두 마가렛 고스 이후 여성 스포츠 기자를 고용했다. 또한 넬리 블라이나 애니 로리가 필명을 사용한 것과 달리 고스 이후로 여성 스포츠 기자들은 자신의 이름으로 스포츠 칼럼을 정식 기고했다. 그녀의 뒤를 이어서 『뉴욕 월드』의 자넷 오웬(Janet Owen)과 『뉴욕 포스트』의 낸 오랠리(Nan O'Reilly) 또한 당당히 자기 이름을 내건 스포츠 칼럼을 선보일 수 있었다.[72] 이런 유의미한 변화는 여성 스포츠 기자에게 안팎으로 곱지 않은 시선이 쏟아지던 시절, 마가렛 고스가 전문 스포츠 기자로서 당대의 제도적 관행과 문화적 규범에 도전한 덕분이었다.

05 맺음말

20세기 초까지 미국 사회는 여성에게 권투경기 관람조차 허용하지 않았지만, 1920년대 들어 여성은 스포츠 보도라는 금녀의 영역에 본격 진출하였다. 당대 기자들에게 '스포츠의 황금기'로 기억된 이 기간은 사실 여성사적 측면에서 대단히 주목할 만한 순간이었다. 당시 사람들은 여성이 남성에 비해 지적 능력이나 판단력, 재능, 육체적 힘이 부족한 탓에 기자와 같은 전문직을 수행하기에 부적절하다고 여겼다. 이런 통념을 깨고 이례적으로 일간지에서 스포츠 기사를

72 Ross, *Ladies of the Press,* p.470.

담당한 여성 기자들이 등장한 것이다. 1920년대 미국에서 여성 스포츠 기자로 분류될 만한 여성 언론인은 대략 30명 남짓으로 추산될 정도였기에 결코 미미한 수가 아니었다. 이들은 운동시합을 취재하고 운동선수를 인터뷰하는 것은 물론 정기적으로 혹은 간헐적으로 스포츠 칼럼을 연재했다.

그렇다면 빅토리아적 관념으로 볼 때 극한의 신체적 파괴를 견뎌내는 무모하고 야만적인 도전과 육체적 전투, 위험과 고통에 직면한 극한의 상황이나 무질서가 혼재된 스포츠 시합을 어떻게 여성이 취재하게 되었을까? 미국에서 젠더를 초월해 스포츠가 미국민 모두의 가치에 조응하게 된 것과 1920년대 여성 스포츠 기자의 등장은 어떤 상관관계가 있을까?

본 논문은 이 질문의 실마리를 1920년대 소비주의와의 연관성 속에서 찾고자 했다. 기실 여성 기자들이 스포츠보도 분야로 진출할 수 있었던 것은 개인적 의지와 걸출한 능력 뿐 아니라 이들을 필요로 했던 당대 언론사의 이해관계가 절묘하게 결합된 결과였다. 당시 신문사간 경쟁이 과열되면서 편집인들은 구독자 확보에 밀리지 않기 위해서 갖가지 수단을 동원했다. 이 와중에 특종 경쟁에서 밀리지 않으려는 편집인의 자구책 중 하나로 여자 스포츠 기자 채용이라는 아이디어가 채택되었다. 언론은 여자 스포츠 기자의 존재를 최대한 부각시켜서 독자의 관심을 끈 다음 신문을 대대적으로 홍보하고자 했다. 이 와중에 여성 스포츠 기자들의 예상치 못한 대활약과 더불어 여성 스포츠 기자의 희소가치 및 이에 따른 상품성이 이들을 더욱 유명하게 만들었고, 기존 남성 구독자층 뿐만 아니라 여성 구독자층을 새롭게 확보하는 데 톡톡히 기여했다. 그 결과 신문사들이 여성 스포츠 기자를 연쇄적으로 고용했던 것이다.

이것은 기실 '소비주의'가 여성을 공적 공간으로 소환한 매개체가 되었음을 보여준다. 하지만 의도와 결과가 항상 일치하는 것은 아니다. 이 여성들은 언론사가 부여한 임무를 뛰어넘어 한 걸음 더 나아갔다. 이들 스스로 스포츠 보도 영역을 개척한 것이다. 이 와중에 여성 스포츠 기자들은 여성의 스포츠 참여를 독려하고 여성 스포츠 선수의 이미지를 쇄신하며 여성 독자층을 새롭게 창출함으로써 새로운 여성상을 만들어 나갔다. 남성과 다를 바 없이 스포츠를 즐기는 주체적 인간으로서 당당한 여성의 이미지를 창출하는 데 한몫을 담당한 것이다. 이러한 결과는 스포츠 영역으로 여성을 소환했던 소비문화가 의도치 못한 상황이었을 것이다. 사회학자 피터 손더스는 『도시와 사회이론』에서 소비하는 개인의 행위 주체성을 강조하면서, "소비가 진정 중요한 이유는 자신의 삶에 대한 통제의 확장 가능성"을 부여하기 때문이라고 말했다.[73] 이처럼 1920년대 여성 스포츠 기자들은 스포츠라는 남성 독점 공간에 문제를 제기함으로써 인간으로서 여성의 스포츠 향유 권리와 동등한 스포츠 참여 보장권 실현을 요구했다는 점에서 미국 스포츠 문화에 새로운 지평을 제시했다 하겠다.

이글은 「미국 스포츠 문화의 새로운 지평 − 1920년대 여성 스포츠 기자의 등장 − 」 『역사와 경계』98(2016.3)을 기초로 수정 보완하여 작성한 것이다.

73 피터 손더스, 『도시와 사회이론』 (서울: 한울, 1998), pp.219-239.

제7장

전후 일본 가라테의 세계화과정을 통해 본 무도문화에 관한 고찰

|최 성 곤|

최성곤

계명대학교 체육대학 교수
계명대학교 코리아태권도센터장
일본 히로시마대학 교육학연구과 박사

주요논저
「サッカ一教育における教師の言葉かけ研究」, (2014)
「한.일 학교교육과정 중 무도교육 편성에 관한연구」, (2011)
「日本體育授業における形成的評價研究」, (2010)
『태권도와 체조』, (2015)
『태권도 교육론』, (2014)

01 머리말

전후 일본은 패전 직후로부터 약 10년간은 허탈과 실의, 그리고 정신적 공황상태를 경험하면서도 재건과 전후부흥에 몸부림쳤고, 1950년대 중반 이후에는 경제부흥의 토대를 다지는 저력을 발휘했다. 1960년대에는 공업화와 고도경제성장의 열기로 일본열도는 밤낮이 없을 정도였고, 1970년대에는 고성장의 후유증과 가치관의 다양화, 그리고 세대 간의 갈등에도 불구하고 일본적인 아이덴티티의 추구에 열을 올렸으며, 1980년대에는 하이테크 시대를 선도하며 세계 경제대국으로 성장하였다. 그 과정에서 일본사회는 폐허로부터의 탈출과 세계가 주목하는 번영과 성공을 이룩하는데 무도정신이 국민을 결속 시키고 강한 일본인의 정신으로 자리매김했다. 역사적으로 볼 때11세기 이후 일본은 중앙집권적 국가 체제로 변모하였으나 각 지방에 평민들의 생명과 재산을 보호 할 수 있는 강력한 체제를 갖추지 못하였으므로 지방에서는 지역 주민 스스로가 사회 질서를 유지해야만 했다. 헤이안(平安)시대 후반, 지방에서는 호족과 부농들이 자신들이 개간한 농지를 사유화하고 이를 지키려고 스스로 무장하게 되었는데 이것이 발전하여 무사(武士) 계층이 되었다. 처음에는 지방 호족들을 위해 움직이던 무사들은 점차 실력을 인정받아 중앙 정부에서 탈락되어 지방으로 내려온 방계 후손을 중심으로 강력한 세력을 형성하게 된다.

그러나 통일을 완수한 도요토미 히데요시(豊臣秀吉)는 일본 본토

에서 1588년에 백성들로부터 무기를 몰수하는 가타나가리(刀狩り·칼사냥)라는 금무정책(禁武政策)을 시행한다(이규형 2001:104-112). 맨손무술인 가라테는 금무정책으로 인해 무기휴대를 금하는 정책이 펼쳐지자 자위를 위한 수단으로 몸을 단련하고 격투기술을 다양하게 구사할 수 있는 신체움직임을 익혀 무술로 발달하게 된 것 중의 하나이다.[1]

일본의 가라테(空手)는 신체의 모든 부분, 특히 손과 발을 조직적으로 단련하여 뛰고, 차고, 지르고, 막고, 피하는 등의 기술을 적절히 적용하고 구사해 냄으로써 움직이는 목표물을 재빨리 포착하는 동시에, 일격필살의 신념으로 상대방을 제압할 수 있는 호신술이자 무도이다. 이러한 무도는 인체의 관절을 무기화하는 기본동작과 기술을 적시에 활용할 수 있도록 가상의 적(敵)방향에 대한 공격과 방어의 기술을 연결한 품새가 있고, 이러한 기술을 사용하여 상대와 함께 정중동, 동중정의 수련을 통해 종합적인 측면에서 인간완성을 위한 노력을 시도했다.

이런 가라테가 전 세계에 알려지게 된 것은 1950년대 초기에 오야마 마스타쓰(大山倍達)에 의해서 이루어지기 시작한다(송형석 2008: 180-189). 최배달(大山倍達)의 본명은 최영의(崔永宜)이다. 그는 1922년 전라북도 김제에서 출생했다. 16세에 도일, 야마나시(山梨)소년항공학교에 재학하던 1939년 공수도(가라테)에 입문, 1947년 24세에 전후 최초로 열린 전 일본 공수도 선수권 대회에 우승했다. 1948년

1 무기휴대 금지령은 지배층이 피 지배층을 대상으로 한 제한적인 것이었고 지배층은 여전히 무기를 가질 수 있었다(최영의 1996:6-28).

에는 기요즈미산(淸澄山)에서 18개월 동안 수도생활을 하면서 몸을 단련하였는데, 폭포수 밑에서 좌선을 하고 야생동물과 싸우고 맨손으로 나무와 바위를 치는 고행 끝에 극진가라테(極真空手)를 완성했다. 이후 세계를 돌며 중국의 쿵푸, 프랑스의 사바테, 브라질의 카포에라, 발리송 권법, 미국의 프로레슬러, 태국의 킥복서 등과 실전을 벌여 무패행진을 계속해 나갔다. '신의 손' 이라 불리기 시작한 그는 미국의 프로레슬러 톰 라이스(Tom Rice)가 150연승을 달리던 한국계 레슬러 역도산(力道山)을 이기자 대결을 자청 승리 했으며, 사바트의 고수 버몬과의 대결에서 삼단차기로 한방으로 눕혀 버리기도 했다. 그런가 하면 진검(真劍)을 든 상대와도 맨손으로 대결, 승리한 적도 있다. 이와 같은 과정을 거치며 가라테는 세계 각국으로 전파되어갔으며, 일본 청소년들이 뽑은"위대한 인물 10걸"의 한사람이다(최배달 저·이정환 역 2004:8-46). 그러나 한국에서는 오야마 마스터쓰는 한국에서는 잘 알려지지 않았고 만화"바람의 파이터"나 2004년에 개봉된 영화로 양윤호 감독의 "바람의 파이터" 정도로 그의 기록이나 연구는 미흡하여 선행연구 자료가 부족하다. 한국에 가라테가 일려지게 된 것은 한국의 광복을 전후하여 일본에서 유학하던 학생들이 귀국하여, 일본 유학시절 익힌 가라테를 서울을 중심으로 지도하면서 일본의 무도(가라테)가 한국에 정착하기 시작한다. 한국에 정착한 일본의 가라테가 현대 한국태권도에도 영향을 미쳤으며, 특히 한국에서 가라테를 지도했던 일본에서 유학한 귀국생들이 대부분 일본 가라테의 아버지라 할 수 있는 후나코시 기친에게서 전수받은 가라테를 지도하였다.

또한 무도를 수련함에 있어서 무도의 전수와 교습이 돈독한 사제 관계하에서 이루어지고, 그러한 정체성을 가진 사람들이 하나의 유파로 전승되는 동양무도의 특성을 볼 때, 한국에 정착한 일본의 가라테가 현대 한국태권도에 미친 영향은 부정할 수 없다.

본 연구는 전후 일본 가라테의 세계화과정을 통해 일본의 무도 문화를 이해하는데 기여하고자 한다.

02 가라테의 발생과 변천

일본 가라테는 오키나와(沖縄)에서 연원한 무술로 알려져 있다. 오키나와의 역사를 보면, 8세기경 농경문화가 정착되고 11세기부터 고대 성읍국가로 출현, 3국 시대를 거쳐 15세기에 쇼 하시(尚巴志)에 의해 통일 왕조인 류쿠(琉球)왕국이 수립되어 중국, 일본으로의 조공 무역으로 번영하나 17세기 봉건영주인 싸스마 번(薩摩 蕃)의 침략을 받고 식민지가 되었다가 1879년 메이지시대에 일본 영토로 병합된다.

그러나 오키나와는 가타나가리로 표현되는 금무정책으로 무기휴대를 금하게 된다(송형석2008:162-185). 식민지화된 오키나와의 국민들에게 무기를 빼앗는 2차 금무정책은 신분고하를 막론하고 전국민을 대상으로 이루어진다.

오키나와 인에 대한 사쓰마 사무라이(武士)들의 수탈은 상상을 초월하였고, 무기를 가지거나 무술 수련하는 것이 발각되면 사형에 처해졌다. 당시의 사무라이들은 평민이 단지 예의가 없다는 이유로 재판 없이 현장에서 목을 벨 수 있는 특권이 있었으며 평민들에게는 공포의 대상이었다.

무기 없는 자가 선택할 수 있는 마지막 저항수단은 맨손(空手)무술이었고 류쿠 사람들은 비밀리에 맨손을 무기화하는 수련을 하려한 것이 현재 가라테라고 불리는 무술의 원형이 태동한다. 이러한 상황은 메이지천황이 오키나와를 일본의 일부로 병합 하고 봉건시대가 해체되는 19세기 말 까지 약 300년간 지속된다. 대개 통일 대업을 완수한 국가는 반란을 억제하기 위해 무사를 억압하고 문치를 시행하게 되는데, 일본본토에서도 도요토미 히데요시의 통일 후 1588년에 백성들로부터 무기를 몰수하는 정책이 시행된 바 있다.

가라테는 오키나와에서 연원한 무술이다. 한자로 당수(唐手)또는 공수(空手)라고 쓰고 일본식으로는 "가라테"라고 읽는다. 당나라 당(唐)자나 빌 공(空)자 모두 발음상으로는 "카라"라고 읽고, 손 수(手)자는 "테"라고 읽기 때문이다. 당수는 말 그대로 당나라의 손이란 뜻으로, 오키나와에서는 예전부터 그냥 테(手), 가라테(唐手) 또는 오키나와데라는 이름으로 불려왔다. 무술의 명칭에'도(道)'를 붙여쓰기 좋아하는 일본인들의 습성에 따라 요즘은 "가라테도(空手道)"라고도 불려지고 있다.

가라테의 형 가운데 공상군이 있는데, 이 형은 후나고시 기친이 오키나와에서 일본 본토로 전달하면서 "관공(觀空)"이란 명칭으로, 그 형의 첫 동작이 양손을 모아 엄지와 검지를 맞붙인 후에 서서 위로 들면서 그 사이 공간으로 하늘을 바라보는 것이기 때문에 허공을

본다는 의미의 관공(觀空)이란 이름을 붙이고 있다.[2]

가라테는 오키나와에 토착적으로 존재하던 "테"와 중국남방계열의 권법이 섞여서 발전한 것으로서 그것이 일본전역으로 퍼진 결정적 계기는 1908년 10월 오키나와의 사범학교와 정립제일중학에 유도 및 검도와 함께 정식교과로 채택된 데에 있다. 1936년 오키나와의 수도 나하에서 회의가 열려 가라테의 공식명칭을 空手로 통일하였다. 그 후 1956년 5월 "오키나와 공수도 연맹(空手道聯盟)"이 조직되었으며, 1960년 최초로 공인 급단 심사가 이루어졌고,1967년 2월에는 "전오키나와 공수도 연맹(全空手道聯盟)"으로 발전하였다.

후나코시는 시범단을 조직하여 오키나와 전역에서 시범을 보였으며, 일본 본토에서 온 관리의 눈에 인상적으로 보여 그는 일본 본토로 진출할 기회를 얻는다. 1917년 쿄토의 무덕전에서 최초로 본토에서 가라테시범을 보인 이후 그는 카노 지고로가 설립한 고도칸 유도장의 한편에 가라테 반을 만들어 지도하게 된다.[3]

특히 후나고시 스타일은 빠르게 일본화 되어 갔다. 1922년에 문부성 주최 고무도 박람회에도 참가하였고 1924년 최초로 게이오(慶応)대학에 당수부를 만들고 이어 그 경쟁 대학인 와세다(早稲田)대학 등으로 대학 당수부를 조직해 나갔다. 1934년 자기의 호를 따서 쇼토칸을 창립, 일본 본토에서 가장 영향력 있는 단체로 자리 잡으며 쇼토칸 가라테는 본토에 완전히 정착한다.

2 内藤三徳『新空手道入門』(東京 : 新星出版社, 1995), pp.27-30.
3 うしろkんじ『空手と気』(東京 : 合気ニュース, 2008), pp.13~41.

03 가라테의 유파

무도의 전수와 교습이 돈독한 사제관계하에서 이루어지고, 그러한 정체성을 가진 사람들이 하나의 유파로 전승되는 동양무도의 특성을 볼 수 있다. 이러한 현상들은 무도를 연구할 수 있는 문헌이나 자료가 부족한 이유 중의 하나이다. 가라테 역시 민중들의 애환을 담은 시대적 배경 속에서 서민들에 의해 수련 되었던 무술이므로 가라테 유파의 연구는 한계가 있다. 그러나 일본내의 가라테 유파는 각 파의 특성을 가지고 가라테 보급에 기여 하였다. 다만 세계화되어 가는 데는 미흡하였으며, 가라테 유파중 극진 가라테만 오야마 마스타쓰의 활약으로 세계에 알려지게 된다.

3.1 슈리테(首里手)

공상군이 가르쳤던 것이 진화된 것이며 빠르고 경쾌한 중국 북파 권법과 많이 닮아 있다.

슈리테는 시간이 흐르면서 후에 쇼린류(少林流)로 발전하며 쇼토칸 가라테에 영향을 미치게 된다. 슈리테의 계보와 전개를 보면 사쿠가와 간가는 공상군 뿐만 아니라 다카하라 페이진으로부터 세이션 가타를 전수 받았고, 후나코시 기친은 아자토 야스쓰네(安里安恒) 외에도 마쓰무라 소콘의 또다른 제자인 이토스 야스쓰네(糸州安恒)로부터 슈리테와 도마리데를 전수 받는다.

3.2 나하테(那覇手)

기초를 잡은 몇 안 되는 유파로 평가 받게 되어 당시 대일본체육협회장이었던 가노 지고로의 도움을 받아 일본 황실에까지 전해져 유도, 검도와 더불어 일본을 대표하는 가라테로써 그 이름이 알려지기 시작하여 오늘날까지 이르게 된다.

이 가라테 유파들은 쇼토칸 외에도 마츠무라 명인의 유명한 제자였던 구와에 요시마사, 이토스 야사토, 야스쓰네 형제 등에 의해 집대성 되었다가 다시 그의 제자들에 의해 나뉘게 되어 실동류, 현우류, 고바야시류 등의 많은 가라데 유파가 만들어졌고 이중 이토스 계열의 후나코시 기친의 쇼토칸이 가장 널리 알려졌다. 결론적으로 극진회를 제외한 나머지 유파중 가장 널리 알려진 쇼토칸은 그 계보상으로 볼 때 중국 북파권법의 영향을 받았다.

중국무술가에 의해 권법을 배운 히가시온나 간료에 의해 만들어져 그의 관문 제자 미야기 초준(宮城長順)이 강유류로 집대성하였는데, 또 다시 그의 제자들에 의해 오끼나와 강유류가 나뉘어졌고 미야기 초준의 제자 중 야마구치 고겐은 미야기의 강유류를 현대적으로 체계화시켜 전 일본 가라테 강유회의 회장으로 활동했다.[4]

4 아라가키세이쇼, 도데(1840-1920), 히가오나간료(東恩納, 1853-1916), 마부니 겐와(摩文仁賢和, 1889-1952)와 류쿠류 (중국인), 백학권 나하데 시도류(糸東流) 창시하고, 미야기 쵸준(宮城長順, 1888-1953) 고쥬류(剛柔流) 창시했다.

3.3 도마리테(泊手)

남권 계통의 테로서 도마리 지역에서 전승 되었다. 이토스 야스쓰네는 마쓰무라 고사쿠로부터 도마리데를 전수 받았으며, 또다른 스승인 마쓰무라 소콘으로부터 슈리테를 전수 받고, 친구인 아자토 야스쓰네와 동문 수학했다. 이 두사람은 후나코시의 스승이 된다.[5]

3.4 쇼토칸 가라테(松濤館 空手)

가라테의 아버지라고 불리는 송도(松涛) 후나코시 기친는 쇼토칸 가라테를 창시하였다. 송도는 서예가로도 활동하였던 후나고시의 호이며, 고향 나하의 해안에 소나무 숲이 유명하고 바람이 불면 소나무 물결이 장관을 이루어 호를 소나무의 파도를 의미하여 송도라 지었다.

어릴 적 아자토 야스쓰네(1828-1906)로 부터 데를 전수받았고 이후 또 다른 스승인 이토스 야스쓰네(1831-1915)의 사사를 받게 된다. 후나코시는 슈리테, 나하테, 도마리테의 모든 특징을 아우르지만, 쇼토칸의 특징은 빠르고 경쾌한 슈리테를 특징으로 하며 후에 이것은 태권도에 가장 큰 영향을 준 스타일이 된다.

그의 유년기는 몰락한 무사 집안에서 가난하고 불우하였으나, 학

5 아라가키세이쇼, 도데(1840-1920), 히가오나간료(東恩納, 1853-1916), 마부니겐와(摩文仁賢和, 1889-1952)와 류쿠류(중국인), 백학권 나하데 시도류(糸東流) 창시하고, 미야기 쵸준(宮城長順, 1888-1953) 고쥬류(剛柔流) 창시했다.

교 졸업 후 공립학교 교사로서 아이들에게 한문을 가르치고 그 중에 자신의 도데(唐手)를 가르치게 된다. 마침 제국주의 팽창정책을 취하고 있던 일본 정부는 유도등 무술종목을 학교체육으로 도입하고 가라테도 오키나와의 학교에서 정식으로 가르치게 된다.

후나코시는 가라테 시범을 통하여 오키나와 전역에 가라테를 전파 하였고, 1917년 교토 무덕전에서 가라테 시범을 보인 것이 계기가 되어 후나코시는 가노 지고로의 도움으로 고도칸 유도장에서 가라테를 지도하게 된다.[6]

6 사쿠가와 간가(1762-1843) 슈리 출신으로 공상군으로 부터 중국 권법을 배우고 가타를 수련의 한 요소로 도입. 쿠샹쿠 (공상군, 公相君)형과 파싸이 (발새, 抜塞=밧싸이)형을 만들었다고 하는 사람도 있으나 확실하진 않다.
쓰무라 소곤(1809-1899) 사쿠가와의 제자로 슈리데의 창시자. 어릴 때 한학을 배웠고 글씨에도 능해다고 한다. 중국 복건성에 세차례나 여행, 추안파(권법, 拳法=일본어 발음은 켐포)를 수업하였으며 류쿠왕실의 무술교사로 활동하였다. 도장훈(道場訓)을 처음 사용했으며 그로부터 가라데가 지금과 유사한 형태가 되었다. 류쿠왕으로부터 무사칭호를 받았고 확실하진 않으나 나이푸안친(내보진, 内歩進=나이한치)형을 창안하고 파싸이 다이(大), 쿠샹쿠 다이(大) 버전을 개발했다고 알려져있다. 그의 가장 유명한 제자가 이토스와 아자토인데 이 둘은 후나고시의 스승이된다.
마쓰무라 고사쿠(1828-1898) 도마리 출신으로 기코 유쿠,기신 데유라에게서 도마리데를 배웠고 봉술, 창술에도 능했다고 한다. 사쓰마 사무라이를 맨손으로 대적, 그를 물에 집어 던져 버리고 손가락 하나를 잃는다. 그 후 수배자가 되어 도피생활을 하다 명치시대에 복권. 이토스에게 도마리데를 가르치고 사쓰마 사무라이와 싸운 일로 오키나와인들 사이에 영웅화 된 인물.
이토스 야스쓰네 (糸洲安恒, 1831-1915) 마쓰무라 소곤으로부터 슈리데를, 마쓰무라 고사쿠에게서 도마리데를 전수받았고 근대 가라데의 원형을 만들었다. 가라데를 학교체육으로 도입하였고(1905) 가장 대중적인 가타인 피난(평안, 平安=헤이안) 1단-5단을 창시하였다. 학교체육의 대중성과 수련의 효율성을 위해 쉬운 가타를 창안한 것이며 그때까지 연결된 긴 가타였던 나이한치를 1,2,3단으로 쪼개고 밧싸이와 공상군 가타의 쇼(小) 버전을 개발했다. 이토스 때 봉건제도가 무너지고 가라데가 지상으로 나타 날 수 있었으며 권성(拳聖)으로 불릴만큼 대단한 실력을 가지고 또 대단한 제자들을 배출하였다.친구인 아자토 야스쓰네와 함께 후나고시 기찐을 가르친다.
히가오나(東恩納) 간료(1853-1915) 오키나와어 발음으로는 히가쇼나라고 하며 또한 후나코시는 일본에서 가라테를 가르치기 시작한 1920년대 가타의 이름도 일본화 시켰다. 쿠샹쿠는 간쿠(관공)로, 나이판치는 데키(철기)로, 세이션은 한게츠(반월)로, 완슈는 엠피(연비)로, 친토는 간가쿠(암학)로 새로운 이름을 창안하여 붙였다. 더불어 오키나와 말로 된 명칭을 비슷한 일본어 발음의 한자어로 표기하였다.

이후 후나코시 스타일의 가라테는 게이오(慶応)대학과 와세다(早稲田)대학 등으로 대학 당수부를 조직해 당시 지식계급인 대학생들에게 가라테를 가르친 것이 일본 본토에서 가장 영향력 있는 단체로 자리 잡게 된 결정적 계기가 되었으며, 특히 한국인 유학생으로 한국 청도관 창시자 이원국, 송무관 창시자 노병직 등이 후나코시 기친의 제자로서 가라테를 배움으로서 해방 후 한국내 무도 보급에 큰 영향을 주었다.

특히 이원국은 19세 때인 1926년 일본을 건너가 중학교와 고등학교를 마친 뒤 중앙대 법학과에 진학하면서 가라테 본관인 쇼토칸에 입문하여 후나코시 기친으로부터 가라테를 배웠다. 광복 이전에 귀국한 그는 자신이 배웠던 쇼토칸에서 토자를 한 글자를 빌려와 청도관이란 관명을 만들고 가라테를 보급하기 시작했다.

청도관 출신의 인물로는 유응준, 손덕성, 엄운규, 현종명, 민운식, 한인숙, 정영택, 강서종, 백준기, 우종림, 남태희, 고재천, 곽근식, 김석규, 한차교, 조성일, 이사만, 이준구, 김봉식 등이 있다. 청도관에

나하출신으로 아라가키 세이쇼(1840-1920)라는 인물로부터 나하데를 배웠고 1870년대에 약 3년간중국 복건성에 무술유학을 하면서 류 쿠류라는 중국인 사부로부터 백학권을 전수 받음. 그 제자인 마부니 겐와(摩文仁 賢和)와 미야기 초준(宮城長順)은 각각 시도류와 고쥬류를 창시한다.

서 분리, 새롭게 설립된 관으로는 강서종이 인천에 설립한 국무관, 이용우가 서울 서대문구에 세운 정도관, 고재천이 광주에 설립한 청룡관, 최홍희가 주로 청도관 출신의 군인들을 중심으로 설립한 오도관 등이 있다. 초대 관장은 이원국이었으며, 2대 관장은 손덕성이었고, 3대 관장은 엄운규였는데, 1970년대 초 중앙도장 국기원으로 통폐합되었다

전상섭은 1946년 3월 3일 "조선연무관 공수도부"를 만들어 가라테를 가르치기 시작했다. 1943년 귀국하여 소공동에 있던 유도학교인 조선연무관에서 유도와 가라테를 교습하였다. 광복 이듬해인 1946년 그는 "조선연무관" 간판을 내걸고 관원을 모집하였다. 또한 노병직은 일본 유학 시절 이원국과 송도관에서 후나코시에게서 가라테를 배웠으며, 해방직전 개성에 돌아와 송무관을 창설했다.

송무관 출신 인물로서는 이회순, 이영섭, 김홍빈, 한상민, 이희진, 조규창, 홍영찬, 강원식 등이 있다.

특히 전 국기원 원장 엄운규, 강원식 등, 태권도의 원로들이 후나코시 기친의 제자가 설립한 청도관, 송무관 등의 출신임을 볼 때, 또한 경기화 되면서 사라진 태권도의 동작과 술기를 비교해 보면 가라테가 한국인 유학생들을 통하여 한국에서 지도 되면서 태권도에 직간접적으로 영향을 미쳤다는 것을 알 수 있다.

3.5 극진가라테

극진가라테를 창시한 오야마 마스타쓰(본명: 최영의)는 가라테를

실전에 활용하고자 했다. 극진가라테는 다른 공수도와는 다르게 '순도메'[7]형식이 아닌 몸에 직접 타격하는 방법으로서 보호장구를 하지않고 경기를 했다. 오야마 마스타쓰는 1923년 전라북도 김제에서 출생했다. 1937년 16세에 도일, 야마나시현 소년항공학교에 입교하여 재학하던 1939년 가라테에 입문한다, 1947년 경도에서 전후 최초로 열린 전 일본 공수도 선수권 대회를 제패 한 후, 1948년에 지바현(千葉県)에 있는 기요즈미산에 입산하여 18개월 동안 수련생활을 하면서 몸을 단련한다. 폭포수 밑에서 좌선, 야생동물과 싸움은 하는가 하면 맨손으로 나무와 바위를치는고행끝에 자기만 극진가라테를 완성했다.

1951년 가라테의 위력을 문명세계에 전할 결심으로 실전 격투를 시작한 오먀마 마스타쓰는 52마리의 황소와 맨손으로 격투하여 36개의 소뿔을 뽑고 세 마리의 황소를 즉사시킨다. 이 장면을 쇼치쿠(松竹) 영화사가 20분짜리 영화로 제작하여 일본 전역에 방영했다. 쇼치쿠(松竹) 영화사는 1920년대부터 서민들의 생활상과 여성 멜로드라마를 제작, 가족의 갈등과 화해를 다룬 가정문제나 소시민의 일상을 주된 소재로 다루었으나 1951년 기노시다 게이스케가 감독한 "카르멘 고향에 돌아오다"는 일본최초의 칼라영화가 되었고, 일본영화 칼라무비 시대의 전성기로 진입하게 된다. 이런 시점에 오먀마 마쓰다쓰의 실전 격투 장면 방영은 극진가라테의 위력과 함께 전국적으로 주목을 받게 했다.

7 순도메 가라테는 무도로서 경기 시 직접 상대의 몸에 타격하지 않고 몸 앞에서 멈추는 방식

04 가라테의 한국 정착

광복을 전후하여 일본에서 유학하던 학생들이 귀국하여, 일본 유학시절 익힌 가라테를 서울을 중심으로 지도하면서 일본의 무도(가라테)가 한국에 정착하기 시작한다.

1947년 말 경에는 청도관, 무덕관, 송무관, 조선연무관, YMCA권법부 등 5개 계파로 나누어진다.[8]

4.1 청도관

한국에서 최초로 가라테를 가르친 사람은 이원국이다. 그는 1944년 9월 서대문구 옥천동에 있는 영신학교 강당에서 가라테를 가르치기 시작했으며, 나중에 "당수도 청도관을 설립하였다. 청도란 문자 그대로 청년의 기상과 활동력을 상징하는 푸른 파도를 의미한다.

이원국은 19세 때인 1926년 일본을 건너가 중학교와 고등학교 를 마친 뒤 중앙대 법학과에 진학하였으며, 이 때 가라테 본관인 쇼토칸에 입문하여 후나코시 기친으로부터 가라테를 배웠다. 광복 이전에 귀국한 그는 자신이 배웠던 쇼토칸에서 토자를 한 글자를 빌려와 청도관이란 관명을 만들고 가라테를 보급하기 시작했다.

전쟁 후 친일파로 몰린 이원국이 일본으로 망명하자 약200명 정

8 이창우『태권도의 철학적 원리』(서울 : 지성사, 2000), pp.96-108.

도의 관원을 확보하고 있던 청도관은 손덕성이 맡게 되었으며, 수련 지도는 유응준과 손덕성이 함께 하였다. 청도관 출신의 인물로는 유응준, 손덕성, 엄운규, 현종명, 민운식, 한인숙, 정영택, 강서종, 백준기, 우종림, 남태희, 고재천, 곽근식, 김석규, 한차교, 조성일, 이사만, 이준구, 김봉식 등이 있다. 청도관으로부터 떨어져 나와 새롭게 설립된 관으로는 강서종이 인천에 설립한 국무관, 이용우가 서울 서대문구에 세운 정도관, 고재천이 광주에 설립한 청룡관, 최홍희가 주로 청도관 출신의 군인들을 중심으로 설립한 오도관 등이 있다. 초대 관장은 이원국이었으며, 2대 관장은 손덕성이었고, 3대 관장은 엄운규였는데, 1970년대 초 중앙도장 국기원으로 통폐합되었다.[9]

4.2 무덕관

황기는 1946년 용산역 부근 철도국에 "운수부회 당수도부"를 창설하여 무덕관의 기초를 마련하였다. 그는 자신이 1935년 남만주 철도국에 입사하여 그 때부터 국술을 수련했다고 주장하고 있으나 그 근거는 희박하다. 무덕관은 철도국 부근에 있어서 "철도국 도장"이라고도 불리었다. 무덕관 출신자로는 김운창, 홍종수, 최희석, 유화영, 남삼현, 김인석, 이복성, 황진태, 원용법, 정창영, 이강익 등을 들 수 있으며, 이들은 모두 철도국 직원이었다. 무덕관은 전국의 기차역 창고에 도장을 개관하면서 관세를 넓혀나갔다.

9 이창우 『태권도의 철학적 원리』(서울 : 지성사, 2000), pp.86-88.

승급심사 때는 청도관의 이원국과 송무관의 노병직을 초청하기도 했다. 황기는 1955년 서울 중구 동자동 서울역 부근에 무덕관 중앙본관을 신설하고 같은 해 전국에 9개 지관을 신설하였으며, 그 기념으로 한중친선 국제 당수도 연무대회를 개최하였다. 황기는 1953년 대한당수도협회를 설립하였으며, 1960년 대한수박도협회로 개칭하였다. 무덕관은 5대 기간 도장 중에서 관세가 가장 강했다. 초대 관장은 황기였으며, 다음으로 이강익, 홍종수, 오세준 등이 관장직을 이어받았다.[10]

4.3 송무관

송무관은 1946년 노병직이 개성에 창설한 가라테 유파로서 전쟁이 끝난 후 서울로 관을 이전하였다. 노병직은 일본 유학 시절 이원국과 송도관에서 후나코시에게서 카라테를 배웠다. 해방직전 개성에 돌아와 활터인 관덕정에서 젊은이들에게 가라테를 가르친 것이 계기가 되어 송무관을 창설했다고 한다. 송무관 출신 인물로서는 이회순, 이영섭, 김홍빈, 한상민, 이희진, 조규창, 홍영찬, 강원식 등이 있다.

4.4 조선연무관(지도관)

한편 유도관이었던 조선연무관에 전상섭이 1946년 3월 3일 "조선

10 최홍희 『태권도와 나』(서울 : 도서출판 사람다움, 1997), pp.45-62.

연무관 공수도부"를 만들어 가라테를 가르치기 시작했다. 전상섭은 청소년시절 유도를 연마한 인물로서 일본 유학 중 가라테를 배웠으며, 1943년 귀국하여 소공동에 있던 유도학교인 조선연무관에서 유도와 가라테를 교습하였다. 광복 이듬해인 1946년 그는 "조선연무관" 간판을 내걸고 관원을 모집하였다. 호리호리한 체격에 늘 정장 차림으로 다녔던 그는 한국전쟁 중에 행방불명되었고, 전쟁이 끝난 후 조선연무관의 지도사범으로 있던 윤쾌병과 이종우가 지혜로운 길을 뜻하는 "지도관"으로 관명을 개명하여 1968년까지 관을 이끌었다. 지도관은 1961년 대한태수도협회 통합과정에서 내분을 겪었는데 당시 이종우는 이남석, 엄운규, 현종명 등과 협회통합을 추진하였고, 윤쾌병은 황기와 함께 "종신제 최고 심사위원"을 고집하며 통합에 반대하였다. 지도관의 대표적인 출신자로는 배영기, 이종우, 김복남, 박현정, 이수진, 정진영, 이교윤, 이병로, 홍창진, 박영근 등이 있다. 지도관은 다른 관에 비해 대련을 중시하여 경기화 초기인 1960년대 초부터 1970년대까지 각종 대회에서 두각을 나타냈다. 당시의 대표적인 경기인으로는 이승완, 조점선, 황대진, 최영렬 등을 들 수 있다. 조선연무관은 서울에서 태동하였지만, 발전은 전북 전주를 중심으로 이루어졌다. 지도관의 분관으로는 이교윤이 설립한 한무관이 있다. 지도관 초대관장은 전상섭이었고, 2대는 윤쾌병이, 3대는 이종우가 맡았다.[11]

11 김철『태권도의 구조탐구』(전북: 원광대학교 출판국, 1997), pp.27-31.

4.5 YMCA권법부(창무관, 강덕원)

조선연무관서 전상섭과 함께 무도를 가르치던 윤병인이 1946년 서울 종로에 위치한 기독교청년회관에서 YMCA권법부란 이름의 가라테 교습단체를 창설하였다. 윤병인은 어린 시절 만주로 건너가 중국권법을 익힌 인물로서 해방직전 일본에 건너가 유학하면서 공수도를 배워 5단을 인정받았다. 일본대학의 가라테 사범 도야마 간켄과 서로의 무술을 교류하며 우의를 다졌으며, 무술성취도가 높아 일본인을 제치고 일본대학 가라테부 주장을 맡기도 했다.[12] 광복 후 경성농업학교체육교사로 재직하다 서울 종로에 권법부를 설치하였다. 그는 조선연무관의 초대 관장인 전상섭과 친분이 두터워 형제지간으로 알려질 정도였다. 정통 무도인으로 알려진 윤병인은 불행히도 전쟁중 행방불명이 되었고, YMCA권법부는 윤병인의 제자 이남석이 이미 전쟁 전에 따로 창설하였던 창문관과 1956년에 홍정표와 박철희가 창설한 강덕원의 두 줄기로 명맥을 이어간다. YMCA권법부 출신 인물로서는 이남석, 김선구, 홍정표, 박철희, 박기태, 김주갑, 송석주, 이주호, 김순배 등이 있다.

12 최홍희 『태권도와 나』(서울 : 도서출판 사람다움, 1997), pp.41-53.

05 가라테의 세계화

일본 무도가 세계에 알려지기 시작한 것은 전후 50년대 부터였다. 1952년 3월부터 11월까지 극진가라테의 아버지"신의 손"오야마 마스타쓰는 일본유도대표 엔도 코이키치와 함께 미국 순회시범공연을 가졌는데 공연 중에 병목날리기, 송판쪼개기, 복서 및 레슬러와의 실전겨루기 등을 통해 주최측을 놀라게 하였고, 이 장면들이 텔레비전에 여과 없이 방영되어 미국인들을 경악시켰다. 이 순회공연은 가라테가 신비한 동양무술로서 미국 매스미디어에 등장하는 최초의 계기가 되었으며, 오야마 마스타쓰는 이로써 세계에서 가장 유명한 가라테 마이스터가 되었다. 다음 글은 오야마 마스타쓰가 미국 순회공연 당시에 겪은 바를 직접 진술한 내용이다.

도쿄에서 하와이를 거쳐 로스앤젤레스로, 그리고 로스앤젤레스에 도착한 다음 날에는 시카고로... 그야말로 눈코 뜰 새 없이 바쁜 여행이었다. 일본에서 함께 날아온 엔도 고키치와 나는 완전히 지쳐 있었다.

우리를 미국으로 불러준 그레이트 도고의 지시를 따라 우리는 일본식 의상 을 걸치고 있었는데 그 모습이 우리를 더욱 외롭고 공허하게 만들었다. 일본의상을 걸친 남자 두 명이 시카고의 호텔 방에서 멍한 표정으로 앉아 있는 광경은 아무리 생각해도 낯설고 어색하기만 하다.

나는 두께 1인치의 송판 대여섯 장과 벽돌(두께 10~15센티미터에 폭이 5~10센티미터 정도 되는)을 준비해달라고 통역에게 부탁했다.

시카고의 레슬링경기장은 1만 5천 명의 관객을 수용할 수 있다고 하는데 그 홀이 거의 만원을 이루고 있었다.

도복을 입고 링으로 올라가자 메인이벤트에 출전할 예정인 그레이트 도고가 관객에게 나를 소개해주었다. 물론 영어이기 때문에 나는 거의 알아들을 수 없었다. 하지만 강한 억양이 풍기는 그 목소리를 듣고 있는 동안에 내 마음은 완전히 안정을 되찾았다. 링으로 오르기 전만 해도 나는, 비록 프로레슬링 경기 이전의 구경거리인 오픈쇼에 불과하다고 해도 내가 일생을 걸 가라테를 전 세계에 알리고 가라테가 얼마나 강한 무술인지 알리겠다는 의욕에 가득 차 상당히 들떠 있었다.

프로레슬러의 일행으로서 미국으로 건너가 시범경기에서 형을 보여 주었을 때 동전이 날아왔다. 관중들이 고함을 지르고 통역은 이렇게 전해준다.

"차라리 음악에 맞추어 춤을 추라고 소리지르는 것입니다."

즉, 관중들은 가라테의 형을 동양의 댄스로 잘못 이해했던 것이다.

이때, 오야마 마스타쓰가 실제로 강한 상대를 골라 실력을 겨루어 승리했다. 송판을 깨고 벽돌을 격파하고 해머로 자신의 주먹을 내리치게 하고 도전자와 싸워 쓰러뜨리는 모습을 보여주지 않았다면 그들은 가라테가 동양의 기묘한 댄스나 시대에 뒤 떨이진 무술 따위를 팔기 위해 물질주의인 미국으로 건너 온 이상한 일본인으로서 인식될 수 있었을 것이다.

오야마 마스타쓰는 중국, 프랑스, 브라질, 미국, 태국 등, 세계각국을 돌며 그만의 가라테 기술을 실전에 적용하여 무패행진을 계속해 나갔다. 또한 진검(真剣)이나 다른 무기를 든 상대와도 맨손으로 대결하여 승리는 등, '신의 손'을 방불케 했다.

초인적인 스피드로 허공에 떠 있는 종이에 구멍을 뚫었으며 맨주먹으로 20cm의 자연석을 격파하고, 일격의 주먹으로 맥주병 14개의 목을 날리는 등 도저히 믿기 어려운 신화를 남기기도 했다. 황소와 맨손으로 대결, 3마리를 즉사시키고 소들의 뿔을 꺾기도 했다. 1961년, 극진회를 창립했으며 1959년과 1962년에 시카고 뉴욕 캘리포니아 등지에 분관을 설립, 30개의 기왓장을 격파하는 등, 격파술 시범이 전파를 타면서 미국 대중의 지대한 관심을 이끌어냈다.

브라질에서 우루가이를 거쳐 아르헨티나, 그리고 칠레, 페루, 콜럼비아, 푸에르토리코를 순회하고 미국으로 돌아온다.

극진가라테 도장인 극진회관은 북미지구 본부를 뉴욕에 두고 오야마 시게루(大山茂)가 책임자로 90개의 도장을 가지고 있으며, 중미지구 본부를 멕시코시티에 두고 클라메 큐바를 책임자로 멕시코, 과테말라, 니카라과, 자메이카, 푸에르토리코, 파나마, 도미니카, 엘살바도르, 크로사오, 온두라스, 아이티, 아루바에 70개 도장을 가지고 있으며 캐나다 지구 본부를 온타리오에 두고 안드레 길버트를 책임자로 40개 도장, 남미지구 본부를 상파울로에 두고 브라질, 아르헨티나, 가이아나, 우루과이, 수리랑, 파라과이, 칠레, 베네수엘라, 콜롬비아, 에콰도르, 페루, 볼리비아에 이소베 세이지를 책임자로 175개 도장을 가지고 있으며 유럽지구 본부를 로테르담에 두고, 덴마크, 영국, 네덜란드, 프랑스, 서독, 스웨덴, 노르웨이, 벨기에, 스페인, 스위스, 그리스, 오스트리아, 이탈리아, 아일랜드, 핀란드, 포르투칼, 모나코, 룩셈부르크, 리히텐슈타인에 룩홀란도를 책임자로 245개의 도장을 가지고 있고, 동유럽지구 본부를 브라페스트에 두고 유고슬라비아, 루마니아, 폴란드, 헝가리, 불가리아, 체코슬라바키아, 러시아, 알바니아, 우즈베키스탄에 아마디를 책임자로 50개의 도장을, 중동지구 본부를 사우디아라비아에 두고, 레바논, 이스라엘, 시리아, 요르단, 이라크, 아랍 수장국연방, 쿠웨이트, 이란, 사우디아라비아, 남예멘, 터키에 아나돈 타샤로 90개의 도장, 동남아시아지구 본부를 싱가포르에 두고 인도네시아, 싱가포르, 말레이시아, 필리핀, 스리랑카, 대만, 미얀마, 태국, 파키스탄, 아프가니스탄, 인도, 네팔, 방글라데시, 보르네오에 피터 창을 책임자로 70개의도장을, 남태평양지구 본부를 오스트레일리아에 두고 오스트레일리아, 뉴질랜드, 파푸아뉴기니, 타히피, 피지, 뉴카르도니아에 존 틸러를 책임자로 55개 도장을, 남아프리카지구 본부를 케이프다운에 두고 남아프리카, 잠바브웨, 잠비아, 모잠비크, 마다가스카르, 앙골라, 스와질란드, 보츠와나, 트란스케이, 나미비아, 모리셔스에 레인 벤스를 책임자로 30개의 도장을, 북아프리카지구에 알제리, 모로코, 이집트, 리비아 왕실에 30개의 극진가라테 도장을 운영하고 있다. 전 세계에 등록되지 않은 도장을 포함하면 그 두 배는 된다. 이와 같이 일본의 가라테는 극진가라테를 통하여 오야마 마스타쓰에 의해 세계화 되어있다.

06 맺음말

일본의 맨손 무술 가라테는 오키나와의 시대적 상황과 지리적 여건으로 인하여 민중 무술로 자리 잡았고, 이런 무술이 후나코시 기친에 의해 체계화 되었다.

후나코시 기친은 쇼토칸 가라테 창시하여 일본 가라테의 아버지라고 불리며, 일본 무도의 기초를 다져갔다. 그는 학교 졸업 후 공립학교 교사로서 재직하면서 가라테를 학교체육으로 도입하여 학교 교육과정 속에서 학생들에게 정식으로 가르침으로서 더욱 발전한다.

1917년 최초로 본토에서 가라테 시범과 1922년에 문부성 주최 고무도 박람회에 참가는 일본 본토에 가라테를 정착하게 하였고, 1924년 최초로 게이오대학과 와세다대학 등에 당수부를 창단 하면서 일본 본토에서 가장 영향력 있는 무도단체로 자리 잡는다. 그러나 후나코시 기친의 쇼토칸 가라테는 순도메 형식으로 세계화 되지는 못했다.

그러나 오야마 마스터쓰는 후나코시 기친에게서 가라테를 배웠으나 지금까지 행해지고 있던 순도메 형식이 아니라 몸에 직접 타격하는 방법으로 보호장구를 하지 않고 대련을 하는 실전적 가라테인 극진가라테를 정착시켰다. 오야마 마스터쓰는 한국인으로 1923년 전라북도 김제에서 출생, 1937년 16세에 도일하여 1939년 가라테에 입문 후나코시 기친의 제자가 된다. 일제 강점기 한국인에 대한 차별이 심했던 시기에 가라테를 통하여 조선인의 고뇌를 표출하였다.

1947년 전후 최초로 열린 전 일본 공수도 선수권 대회를 제패 한 후, 1948년에 지바현에 있는 기요즈미산에 입산하여 18개월 동안의 오로지 수련생활을 통한 고행 끝에 자기만 극진가라테를 완성하였으나 부나 명예를 추구하기보다는 오로지 강함만을 추구해온 파이터였다.

1951년 가라테의 위력을 문명세계에 전하기 위하여 실전 격투를 시작한 오야마 마스타쓰의 활약은 영화로 제작되어 일본 전역에 방영되었다. 특히 일본은 1950년대 영화의 전성기를 맞이하는 시점에 쇼치쿠 영화사가 방영한 오야마 마스타쓰의 활약상은 극진가라테 위력을 전국적으로 주목을 받게했다. 이후 세계적으로 일본 가라테의 위력을 증명하기 시작했다. 중국의 쿵푸, 프랑스의 사바테 브라질의 카포에라, 바리손구 권법 미국의 프로 레슬러, 태국의 어벤저와 실전에서 무패를 이어 갔으며, 현재 극진가라테라는 일본의 무도가 전 세계에 전파 되었다.

본 연구는 전후 일본사회가 폐허로부터의 탈출과 세계가 주목하는 번영과 성공을 이룩하는데 무도정신이 국민을 결속 시키고 강한 일본인의 정신으로 자리매김하면서 '신의 손' 으로 불리는 오야마 마스타쓰 극진 가라테를 통하여 일본의 가라테가 세계화 되어 강한 일본을 만들어가는 과정을 제시하고 고찰함으로서 일본 무술 문화를 이해하는데 그 의의가 있다.

이글은「후나코시 기친을 통해 본 한·일 무도 관련성 연구－태권도와 가라테를 중심으로－」『일본어문학』55(2011.11)를 기초로 수정 보완하여 작성한 것이다.

참고문헌

제1장 | 1930년대 러시아 스포츠 관람문화 박원용

골드블라트, 데이비드 지음, 서강목, 이정진, 천지현 옮김, 『축구의 세계사』(서울: 실천문학사, 2014).

김영준, 「스포츠 소비자의 개념과 유형」『한국스포츠행정 · 경영학회지』 제3권, 2호(1990), pp.149-161.

박원용, 「'소비에트 인간형'의 창조: 네프기 '신체문화' 정책을 중심으로」『러시아연구』 16권(2006), pp.213-243.

_____, 「'신체문화'에서 '선수 양성공장'으로-소비에트 러시아의 체육정책 변화」『서양사론』 91호(2006), pp.193-220.

Ежемесячный статистический бюллетень (январь, 1925), отд. 5, таб. 2, с. 12-13: (декабрь, 1928), отд. 5, таб. 2, с. 13.

Иттин, Арон. "Плановость в проведении Соревновании", *Известия физической культуры,* no. 1 (1926), с. 5.

Знаменский , Н. "Навстречу зрителю", *Спартакиада,* но. 3(1928), с. 4.

Красный спорт (май 2, 1926).

Красный спорт (ноябрь 1, 1936).

Луначарский , А. *Мысли о спорте* (Москва, 1930).

Мехношин, К. "Физическое воспитание трудящихся", *Физическая Культура,* no. 3-4(1923), с.2

"Нужны ли нам чемпионы?" *Физкультура и спорт,* но. 18(Мая, 1928), с.11.

Правда (14 август, 1928), с. 3.

Разенко, Д. "Культурная революция и физикультура", *Физкультура и спорт,* но. 20(Мая, 1928), с.1.

Сталин, И. В. "Речи на I всесоюзном совещании Стахановцев", *Сочинения* 1{XIV} 1934-40, ed. by Robert H. McNeal (Stanford, Calif: Hoover Institution, 1967), p. 89.

Старостин, Николай . *Футболь сквозь годы* (Москва: Советская Россия, 1989).

Физкультактивист, но. 8 (1931), с.81.

Ball, Alan M. *Russia's Last Capitalists: The Nepmen, 1921-1929* (Berkeley: University of California Press, 1987).

Bakhtin, M. M. *Rabelais and His World,* translated by Helen Iswolsky (Cambridge, Mass.: MIT Press, 1968).

Cliff, Tony. *State Capitalism in Russia* (Surrey: Pluto Press, 1974).

Dunning, Eric. *Sport Matters: Sociological Studies of Sport,* Violence and Civilization (London: Routledge, 1999).

Edelman, Robert. *Serious Fun: A History of Spectator Sports in the USSR* (New York: Oxford University Press, 1993).

______________. *Spartak Moscow: A History of the People's Team in the Workers' State* (New York, Cornell University Press, 2012), Kindle Edition.

______________. "A Small Way of Saying "No": Moscow Working Men, Spartak Soccer, and the Communist Party, 1900-1945", *American Historical Review* (November, 2002), pp.1441-1474.

Geertz, Clifford. "Deep Play: The Balinese Cock fight", *in The Interpretation of Culture* (New York: Basic Books, 1973).

Gorsuch, Anne E. *Youth in Revolutionary Russia: Enthusiasts, Bohemians, Delinquents* (Bloomington: Indiana University Press, 2000).

Gronow, Jukka. *Caviar with Champagne: Common Luxury and the Ideals of the Good Life in Stalin's Russia* (Oxford, 2003).

Katzer, Nikolaus and Sandra Budy, Alexander Kohring, Manfred Zeller eds., *Euphoria and Exhaustion: Modern Sport in Soviet Culture and Society* (New York: Campus Verlag, 2010).

Kuper, Simon. *Football against the Enemy* (London: Orion, 1994)

Lane, Christel. *The Rites of Rulers: Ritual in Industrial Society: The Soviet Case* (Cambridge: Cambridge University Press, 1981).

Mertin, Evelyn. "Presenting Heroes: Athletes as Role Models for the New Soviet Person", *The International Journal of the History of Sport,* vol.26, no.4 (2009), pp.469-483.

Morton, Henry W. *Soviet Sport: Mirrors of Soviet Society* (New York: Collier Books, 1963).

Murray, Bill. *Football: A History of the World Game* (Aldershot, England: Scolar Press, 1994).

O'Mahony, Mike. *Sport in the USSR: Physical Culture-Visual Culture* (London: Reaktion Books, 2006).

Petrone, Karen. *Life Has Become More Joyous, Comrades: Celebrations in the Time of Stalin* (Bloomington, IN: 2000).

Shaw, Calire. "A Fairground for "Building the New Man": Gorky Park as a Site of Soviet Acculturation", *Urban History,* vol.38, issue2(2011), pp.324-344.

Riordan, Jim. *Sport in Soviet Society: Development of Sport and Physical Education in Russia and the USSR,* London: Cambridge University Press, 1977.

__________. "The Strange Story of Nikolai Starostin, Football and Lavrentii Beria", *Europe-Asia Studies,* vol.46, no.4(1994), pp.681-690.

Taylor, Rogan. *Football and Its Fans: Supporters and Their Relations with the Game, 1885-1985* (Leicester, England: Leicester University Press, 1992).

Trumbour, Robert. "Epilogue- Cathedrals of Sport: Reflections on the Past, Present and future", *The International Journal of the History of Sport,* vol.25, no.11 (2008), pp.1583-1590.

Tumblety, Joan. "Rethinking the Fascist Aesthetic: Mass Gymnastics, Political Spectacle and the Stadium in 1930s France", *European History Quarterly,* vol.43, no.4(2013), pp.707-730.

Wünshe, Isabel. "Homo Sovieticus: The AThletic Motif in the Design of the Dynamo Metro Station", Studies in the Decorative Arts, vol.7, no.2(2000), pp.65-90.

제2장 | 1930년대 독일 나치 정부시기의 축구 관람 문화 박상욱

1차 사료

"Rede Hitlers zur Eroeffnung des Winterhilfswerks", *13. 9. 1933. in Fueher Rede zum* Winterhilfswerk 1933-1936.

Der Reichskanzler: Adolf Hitler, *Aufruf zur "Stiftung für die Opfer der Arbeit"*, den 4. Mai 1933 Berlin.

G. Kaβmann u. G. Pfefferkorn ed. *Sportfest des Deutschen Ostens in Breslau vom 29. September bis 1. Oktober 1933,* (Breslau, 1933).

Martin Mutschmann, *Markante Worte aus den Reden des Gauleiter und Reichsstatthalter PG.: Aus der Zeiten Kampfes um Macht bis zur Vollendg d. Grossdt. Reiches,* (Dresden 1939).

I 저서

Arthur Heinrich. *Der Deutsche Fuβball-Bund: Eine politische Geschichte,* (Köln 1999).

Buschmann, Jürgen, ed. *Sepp Herberger und Otto Nerz : die Chefdenker und ihre Theorien ; ihre Diplomarbeiten* /Carl-und-Liselott-Diem-Archiv der Deutschen Sporthochschule Köln, (Kassel 2003).

Chris Rojek, *Capitalism and Leisure Theory,* (London 1985).

David Riseman, "Leisure and Work in Post-Industrial Society," in Eric Larrabee, ed. *Mass Leisure,* (Glencoe: Free Press, 1958).

Deutscher Fuβball-Bund ed. *100 Jahre DFB-Die Geschichte des Deutschen Fuβball-Bundes. Sportverlag Berlin,* (Berlin 1999).

Dirk Bitzer, Bernd Wilting, *Stürmen für Deutschland. Die Geschichte des deutschen Fuβballs von 1933 bis 1954.* (Campus Verlag, 2003).

Gerhard Fischer, *Ulrich Lindner, Stürmer für Hitler. Vom Zusammenspiel zwischen Fuβball und Nationalsozialismus.* Verlag die Werkstatt, (Göttingen 2002)

Hajo Bernett, *Der Weg des Sports in die nationalsozialistische Diktatur. Die Entstehung des Deutschen (Nationalsozialistischen) Reichsbundes für Leibesübungen,* (Schorndorf 1983).

Hans U Thamer, *Nationalsozialismus,* (Stuttgart 2002).

Hardy Gruene, 100 Jahre Deutsche Meisterschaft. Die Geschichte des Fussalls in Deutschland, (Goettingen 2003), p.192.

Hardy Grüne, *Enzyklopädie des deutschen Ligafuβballs 1. Vom Kronprinzen bis zur Bundesliga 1890 bis 1963.* Agon-Sportverlag, (Kassel 1996).

Hardy Grüne, *Matthias Weinrich, Deutsche Pokalgeschichte. Enzyklopädie des deutschen Ligafuβballs.* Band 6, (Kassel 2001).

Hardy Grüne, Matthias Weinrich, *Deutsche Pokalgeschichte. Enzyklopädie des deutschen Ligafuβballs.* Band 6, Sportverlag (Kassel 2001).

Hardy Grünes, *100 Jahre Deutsche Meisterschaft Gebundene Ausgabe,* (Goettingen 2003).

Johannes Gieβauf, Walter M. Iber, Harald Knoll ed, *Fuβball, Macht und Diktatur: Streiflichter auf den Stand der historischen Forschung,* (Innsbruck, Wien 2014).

Katharina Wuetinger, *Sport als Medium der Politik. Die Instrumentalisierung des (Medien) Sports zu Zwecken der politischen (Selbst)Darstellung am Beispiel der Olympischen Spiele, unter besonderer Berueksichtigung der Olympiade 1936,* (Wien 1998).

Magnus Reitschuster, "Unser Julius. Liturgische Farce." in Junge & Sohn, (Erlangen 1997).

Markwart Herzog, ""Eigenwelt" Fuβball: Unterhaltung für die Massen", in Markwart Herzog ed. *Fuβball zur Zeit des Nationalsozialismus. Alltag-Medien-Küste-Stars,* (Stuttgart 2008).

Michael John, *Donaufussall und Ostmarkpolitik; Fussallstile und nationale Identitaeten, in: Peiffer/Schulze-Marmeling, Hakenkreuz und rundes Leder,* (Goettingen 2008).

Mike Schmeitzner, *Der Fall Mutschmann-Sachsens Gauleiter vor Stalins Tribunal',* (Beucha 2011).

Nils havemann, *Fuβball unterm Hakenkreuz: Der DFB zwischen Sport, Politik und Kommerz.* (Frankfurt am Main/New York 2005), p.43.

Rudolf Oswald, *Fuβball-Volksgemeinschaft. Ideologie, Politik und Fanatismus im deutschen Fussball 1919-1964,* (Frankfurt, New York 2008).

T. Adorno and M. Horkheimer, *Dialectic of Enlightement,* (London 1979).

Thorstein Veblen, *The Theory of Leisure Class: An Economic Study,* (London 1899).

Wahl Alfred, *Fussball und Nation in Frankreich und Deutschland, Etienne François, Hannes Siegrist, Jakob Vogel, Nation und Emotion: Deutschland und Frankreich im Vergleich 19. und 20. Jahrhundert Bensheimer Hefte Kritische Studien zur Geschichtswissenschaft,* (Goettingen 1995).

논문

Peter Langer, "Paul Reusch und die Gleichschaltung der "Münchner Neuesten Nachrichten" 1933" in *Vierteljahrshefte für Zeitgeschichte* 2005, Heft 2.

Harry Bravaman, *Labor and Monopoly Capital-The Degradation of Work in Twentieth Century,* (Monthly Review Press 1974).

Hubert Dwertmann, "Sportler-Funktionäre-Beteiligte am Massenmord: das Beispiel des DFB-Präsidenten Felix Linnemann." in *Sport Zeiten* 5. Nr. 1, Die Werkstatt, (Göttingen 2005).

Dieter Rebentisch, "Frankfurt am Main in der Weimarer Republik und im Dritten Reich 1918-1945" in Frankfurter Historische Kommission ed. *Frankfurt am Main. Die Geschichte der Stadt in neun Beiträgen,* (Sigmaringen 1991),

Dietrich Schulze-Marmeling, *Von Neuberger bis Zwanziger - Der lange Marsch des DFB, in: Peiffer/Schulze-Marmeling, Hakenkreuz und rundes Leder,* (Goettingen 2008).

Ralf Gebel, *"Heim ins Reich!" Konrad Henlein und der Reichsgau Sudetenland (1938-1945),* (Bonn, Univ. Diss. 1997).

Stefan Goch, "Aufstieg der Konsumgesellschaft-Niedergang der Milieus? Viele Fragen", in Michael Prinz ed. *Der lange Weg in den Überfluss. Anfänge und Entwicklung der Konsumgesellschaft seit der Vormoderne,* (Paderborn 2003).

Susanne Schlösser, "The Heilbronner NSDAP and its Leaders," in *Heilbronnica* 2, 2003.

Walter M. Iber, Harald Knoll, Alexander Fritz, "Der steirische Fuβball und seine Traditionsvereine in der NS-Zeit 1938-45. Schlaglichter auf erste Forschungsergebnisse", in David Forster, Jakob Rosenberg, Georg Spitaler ed. *Fuβball unterm Hakenkreuz in der 'Ostmark',* (Göttingen 2014).

신문 인터넷, (비)정기간행 잡지

"Bayern - Sieger im Hitler Pokal", *Muenchner Neueste Nachrichten,* 7.8.1933.

"Endspiel um den Mutschmann-Pokal", *Leipziger Neueste Nachrichten* 21.12.1933.

"Schlesien Fussballsieg", *Schleisien Zeitung* 15.10.1934.

"Schoener Kampf mit gerechten Ausgang" *Hanauer Anzeiger* 18.11.1937.

"Sport und Winterhilfe", *Leipzig neuesten Nachrichten* 22.11.1934.

"Winterhilfe-Spiel in Hanau", *Hanauer Anzeiger* 19.11.1934.

British and Irish Clubs-Overseas Tours 1890-1939, www.rsssf.com/tablesb/brit-ier-tours-prewwii.html.

"Eine grossse Kundgebung der Fussballer", *Der Kicker* 14(1933), "Aufmarsch der Zehntausends, 17.06.1934.

한국서

소스타인 베블런, 『유한계급론』, (서울: 우물이 있는 집, 2012).

에드위 윌슨, 앨빈 골드패르브, 김동욱 역, 『세계 연극사』, (한신문화사 2000).

이한주, 강남훈 옮김, 『노동과 독점자본–20세기 노동의 쇠퇴』, (서울: 까치 1989).
책임연구자 박원용, 전간기 스포츠 관람의 '공간'과 '소비' 프로젝트, 연구계획서, 2013년 6월(부경대).
김학이, 얀 아스만의 문화적 기억, 서양사 연구 33집(2005).
김학이, 김기봉 등저 현대의 기억속에서 민족을 상상하다: 한·중·일의 사회적 기억과 동아시아, (세종출판사(이길안) 2006).
김기봉 기억과 망각 사이의 역사-역사교육의 새로운 패러다임 모색을 위한 역사이론적 성찰- 호서사학회, 역사와 담론, 제27집 (1999.9).
에드가 볼프룸(이병련/김승렬), 무기가 된 역사, (역사비평사 2007).
김유경, 국민국가의 집단기억과역사교육 역사교과서, (창작과 비평 115 2002).
안병직, 과거청산과 역사서술-독일과 한국의 비교, 역사학보 177, (2003).

제3장 | 영국 근대축구의 사회 · 문화적 역할과 1928년 웸블리(Wembley) 민족 대항전 정영주

1차 사료

The Scotsman
The Times
The Sunday Times
The Guardian
The Observer
The Manchester Guardian
BBC 다큐멘터리 http://www.bbc.co.uk/programmes/b01c7pqj
BBC Radio
이영석, 『유럽사의 이해』 공개강의.

단행본

데이비드 골드블라트, 『축구의 세계사: 공은 둥글다』 서강목, 이정진, 천지현 역 (서울: 실천문학사, 2014).
알프레드 바알, 『축구의 역사』 지현 역(서울: 시공사, 1999).
노르베르트 엘리아스, 에릭 더닝, 『스포츠와 문명화 - 즐거움에 대한 탐구』 송해룡 역(서울: 성균관대학교 출판부, 2014).
비린더 칼라, 라민더 카우르, 존 허트닉, 『디아스포라와 혼종성』 정영주 역 (서울:

에코리브르, 2014).
Birley, D., *Playing the Game, Sport and British Society, 1910-45* (Manchester: Manchester University Press, 1995).
Brailsford, D., *Sport, time, and society: the British at play* (London: Routledge, 1991).
Carter, N., *The Football Manager: A history* (Londond, New York: Routledge, 2006).
Dunning, D. Sport Matters: Sociological studies of sport, violence and civilization (London & New York: Routledge, 1999).
Hill, J., *Sport, leisure and culture in twentieth-century Britain* (Basingstoke: Palgrave, 2002).
Huggins, M. and J. Williams, *Sport and the English, 1918-1939* (London, New York: Routledge, 2006).
Martin J., *Resource Guide in Sports History,* LTSN(Learning and Teaching Support Network) Hospitality, Leisure, Sport & Tourism, Feb. 2003.
Tebbutt, M., *Being boys: youth, leisure and identity in the inter-war years* (Manchester: Manchester University Press, 2012).

논문

김세기·하남길, 「영국 축구의 사회사: 사회 계급적 통제와 지배」 『한국체육사회학지』 17. 1(2012), pp.1-20.
김영준, 「스포츠소비자의 개념과 유형」 『한국스포츠행정 · 경영학회지』 3. 2(1998), pp.149-161.
Beck, P.J., "Going to war, peaceful co existence or virtual membership? British football and FIFA, 1928-46," *The International Journal of the History of Sport* 17. 1(2000), pp.113-134.
Bennet, G, Mauricio Frerreira, Jaedeock Lee and Fritz Polite, "The role of Involvement in Sports and Sport Spectatorship in Sponsor's Brand Use: The Case of Mountain Dew and Action Sports Sponsorship," *Sport Marketing Quarterly* 18(2009), pp.14-24.
Bolz, D., "Creating Places for Sport in Interwar Europe. A Comparison of the Provision of Sports Venues in Italy, Germany and England," *The International Journal of the History of Sport* 29. 14(2012), pp.1998-2012.
Bradley, J.M., "Football in Scotland: a history of political and ethnic identity," *The International Journal of the History of Sport* 12. 1(1995), pp.81-98.
Casper, J.M. and W. Chadwick Menefee, "Prior Sport Participation and Spectator Sport Consumption: Socialization and Soccer," *European Sport Management*

Quarterly 10. 5(2010), pp.595-611.

Chance, H., "Mobilising the Modern Industrial Landscape for Sports and Leisure in the Early Twentieth Century," *The International Journal of the History of Sport* 29. 11(2012), pp.1600-1625.

Efron, John M., "Critique of Pure Football" *Sport in History* 28. 1(2008), pp.123-150.

Freeman, M., "Sport, health and the body in the history of education," *Journal of the History of Education* 41. 6(2012), pp.709-711.

Hill, J., "British Sports in History: A Post-Modern Future?" *Journal of Sport History* 23. 1(1996), pp.1-19.

Hill, J., "Cocks, cats, caps and cups: A semiotic approach to sport and national identity," *Culture, Sport, Society: Cultures, Commerce, Media, Politics* 2. 2(1999), pp. 1-21.

Holt, R., "Sport and History: The State of the Subject in Britain," *Twentieth Century British History* 7. 2(1996), pp.231-252.

Huggins, M., "Second class citizens? english middle class culture and sport, 1850-1910: a reconsideration," *The International Journal of the History of Sport* 17. 1(2000), pp.1-35.

Huggins, M., "Projecting the visual: British newsreels, soccer and popular culture 1918-39," *The International Journal of the History of Sport* 24. 1(2007), pp.80-102.

Huggins, M., "'And Now, Something for the Ladies': representations of women's sport in cinema newsreels 1918-1939," *Women's History Review* 16. 5 (2007), pp.681-700.

Huggins, M., "BBC Radio and Sport 1922-39," *Contemporary British History 21. 4 (2007), pp.491-515.*

Hughson, J., "The working class and the making of sport," *Sport in Society: Cultures, Commerce, Media, Politics* 12. 1(2009), pp.53-68.

Jarvie, G and I.A. Reid, "Sport, Nationalism and Culture in Scotland," *The sports Historian* 19. 1(1999), pp.97-124.

Jarvie, G. and I.A. Reid, "Scottish sport, nationalist politics and culture," *Culture, Sport, Society: Cultures, Commerce, Media, Politics* 2. 2(1999), pp.22-43.

Johnes, M.. "Eighty minute patriots? National identity and sport in modern Wales," *The International Journal of the History of Sport* 17. 4(2000), pp.93-110.

Jones, S. G., "The economic aspects of association football in England, 1918-39," *The International Journal of the History of Sport* 1. 3(1984), pp.286-299.

McDowell, M. L., "Sports History: Outside of the Mainstream? A Response to

Ward's 'Last Man Picked'," *The International Journal of the History of Sport* 30. 1(2013), pp.4-20.

McDowell, M. L., "Bigotry, Football and Scotland," *The International Journal of the History of Sport* 31. 9(2014), pp.1194-1196.

Mellor, G., "The Social and Geographical Make-Up of Football Crowds in the North-West of England, 1946-1962: 'Super-Clubs', Local Loyalty and Regional Identities," *The Sports Historian* 19. 2(1999), pp.25-42.

Moorhouse, H. F., "Scotland against England: football and popular culture," *The International Journal of the History of Sport* 4. 2(1987), pp.189-202.

Moorhouse, H. F., "One State, Several Countries: Soccer and Nationality in a 'United' Kingdom," *The International Journal of the History of Sport* 12. 2(1995), pp.55-74.

Murray, B., ""Amateurs at Play": Sport and the Making of the British Ruling Class," Review Article, *Sporting Traditions* 16. 2(2000), pp.117-126.

Murray, Bill. book review. Richard G. and J. Williams, eds, Game Without Frontiers: Football, Identity and Modernity. Arena, Aldershot, 1994, *Sporting Traditions* 14. 2(1998), p.351.

Nicholas S., "Media History of Media Histories? Re-addressing the history of the mass media in inter-war Britain," *Media History* 18. 3~4(2012), pp.379-394.

Robinson, J. S. R., "Tackling the anxieties of the English: searching for the nation through football," *Soccer & Society* 9. 2(2008), pp.215-230.

Skillen, F., "'Woman and the Sport Fetish': Modernity, Consumerism and Sports Participation in Inter-War Britain," *The International Journal of the History of Sport* 29. 5(2012), pp.750-765.

Snape, R. and Pussard, H., "Theorisations of leisure in inter-war Britain," *Leisure Studies* 32. 1(2013), pp.1-18.

Vamplew, W., "Sports Crowd Disorder in Britain, 1870-1914: Causes and Controls." *Journal of Sport History* 7. 1(1980), pp.5-20.

Walton, J. K., "The Origins of Working-Class Spectator Sport: Lancashire, England, 1870-1914," *Historia y Comunicación Social* 17(2012), pp.125-140.

Ward, P., "Last Man Picked. Do Mainstream Historians Need to Play with Sports Historians?," *The International Journal of the History of Sport* 30. 1(2012), pp.6-13.

Ward, T., "Sports images in a time of turmoil 1910-40," *Soccer & Society* 10. 5 (2009), pp.614-630.

Woolbridge, J., "Mapping the Stars: Stardom in English Professional Football 1890-1946," *Soccer & Society* 3. 2(2002), pp.51-69.

제4장 | 19세기 말 미식축구와 계급경계의 유동성 김정욱

1차 사료

신문

Boston Daily Globe
Boston Sunday Globe
Daily Alta California
National Police Gazette
New York Times
New York Sun
New York World
San Francisco Morning Call
St. Paul Daily Globe

단행본

Beecher, Henry Ward. *Lectures to Young Men: on Various Important Subjects* Indianapolis: Thoma B. Culter, 1844.

Camp, Walter. *American Football* New York: Harper and Brothers, 1891.

Holmes, Oliver W. *The Autocrat of the Breakfast-Table* Vol. 2 Boston: Houghton, 1894.

Veblen, Thorstein, *The Theory of the Leisure Class: An Economic Study of Institutions* 1899; reprint, New York: Macmillan Company, 1912.

정기 간행물

Camp, Walter. "College Athletics," New Englander and Yale Review vol.4 no.184 (Jan. 1885).

__________. "Football," *Outing* vol.11 no.4(Jan. 1888).

__________. "Hints to Football Captain," *Outing* vol.13 no.5(Jan. 1889).

__________. "Intercollegiate Football in America 1," *St. Nicholas and Illustrated*

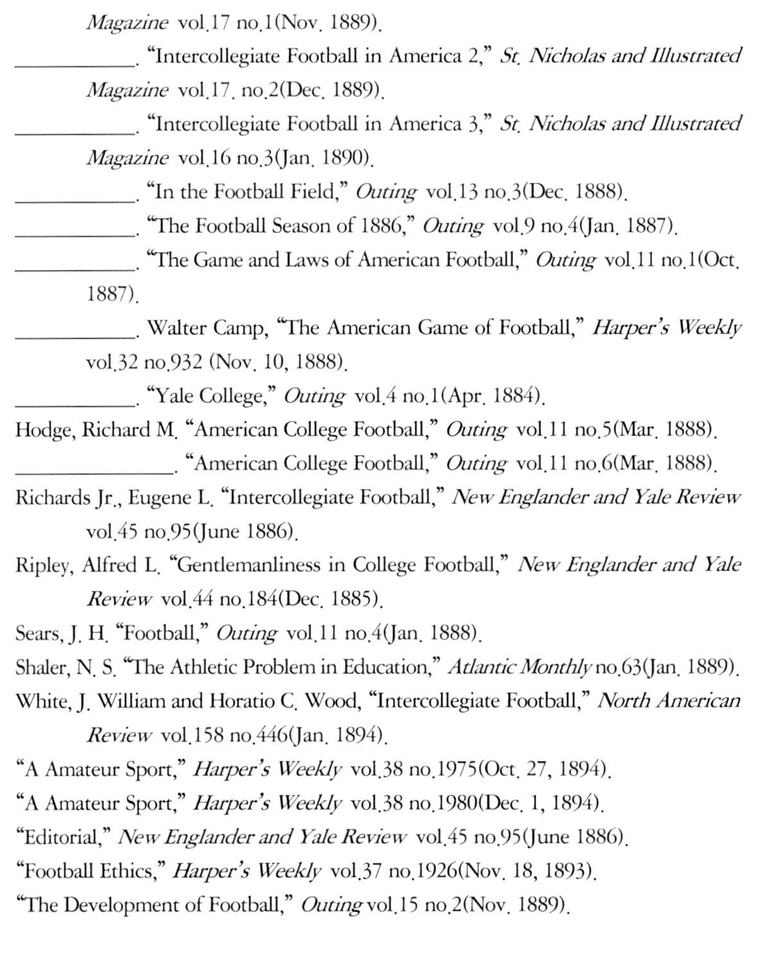

Magazine vol.17 no.1(Nov. 1889).

__________. "Intercollegiate Football in America 2," *St. Nicholas and Illustrated Magazine* vol.17. no.2(Dec. 1889).

__________. "Intercollegiate Football in America 3," *St. Nicholas and Illustrated Magazine* vol.16 no.3(Jan. 1890).

__________. "In the Football Field," *Outing* vol.13 no.3(Dec. 1888).

__________. "The Football Season of 1886," *Outing* vol.9 no.4(Jan. 1887).

__________. "The Game and Laws of American Football," *Outing* vol.11 no.1(Oct. 1887).

__________. Walter Camp, "The American Game of Football," *Harper's Weekly* vol.32 no.932 (Nov. 10, 1888).

__________. "Yale College," *Outing* vol.4 no.1(Apr. 1884).

Hodge, Richard M. "American College Football," *Outing* vol.11 no.5(Mar. 1888).

______________. "American College Football," *Outing* vol.11 no.6(Mar. 1888).

Richards Jr., Eugene L. "Intercollegiate Football," *New Englander and Yale Review* vol.45 no.95(June 1886).

Ripley, Alfred L. "Gentlemanliness in College Football," *New Englander and Yale Review* vol.44 no.184(Dec. 1885).

Sears, J. H. "Football," *Outing* vol.11 no.4(Jan. 1888).

Shaler, N. S. "The Athletic Problem in Education," *Atlantic Monthly* no.63(Jan. 1889).

White, J. William and Horatio C. Wood, "Intercollegiate Football," *North American Review* vol.158 no.446(Jan. 1894).

"A Amateur Sport," *Harper's Weekly* vol.38 no.1975(Oct. 27, 1894).

"A Amateur Sport," *Harper's Weekly* vol.38 no.1980(Dec. 1, 1894).

"Editorial," *New Englander and Yale Review* vol.45 no.95(June 1886).

"Football Ethics," *Harper's Weekly* vol.37 no.1926(Nov. 18, 1893).

"The Development of Football," *Outing* vol.15 no.2(Nov. 1889).

| 2차 자료

Burstyn, Varda. *The Rise of Men: Manhood, Politics, and the Culture of Sport* Toronto: University. of Toronto Press, 1999.

Dizikes, John. *Sportsmen & Gamesmen* Colombia: University of Missouri Press, 2002.

Fabian, Ann. *Card Sharps, Dream Books, and Bucket Shops: Gambling in 19th Century America* Ithaca: Cornell University Press, 1990.

Halttunen, Karen. *Confidence Men and Painted* Women New Haven; Yale University Press, 1986.

Holt, Richard. *Sport and the British: A Modern History* Oxford: Oxford University Press, 1992.

Jardins, Julie D. *Walter Camp: Football and the Modern Man* New York: Oxford University Press, 2015.

Kimmel, Michael. *Manhood in America: A Cultural History* New York: Free Press, 1996.

Oriard, Michael. *Reading the Football: How the Popular Press Created an American Spectacle* Chapel Hill: North Carolina University Press 1993.

____________. *Sporting with the Gods: The Rhetoric of Play and Game in American Literature* New York: Cambridge University Press, 1931.

Pettegrew, John, *Brutes in Suits: Male Sensibility in America 1890-1920* Baltimore: Johns Hopkins University Press, 2007

Smith, Ronald A. *Sport & Freedom: The Rise of Big-Time College Athletics* New York: Oxford University Press, 1988.

Watterson, John S. *College Football* Baltimore: Johns Hopkins University Press, 2000.

김정욱, 「19세기 말 스포츠로서 미국 복싱의 발전과 탈계급적 남성성의 형성」 『미국사연구』 33(2011), pp.34-35.

제5장 | 스모의 근대 공간형성과 근대 스포츠로서의 소비 우정미

1차 사료

『角力世界』(角力世界社, 1915-1919)

『角力雑誌』(角道奨励会, 1920-1923)

『国技』(相撲通信社, 1914-1919)

『相撲』(日本大相撲協会, 1936-1949)

日本相撲協会博物館運営委員, 『近世日本相撲史』1巻~5巻, (東京: ベースボール·マガジン社, 1975)

金指基, 『相撲大事典 第三版』 (東京: 現代書舘, 2002), p.54, 253, 301, 376, 395-403.

2차 사료

단행본

이지선, 『일본의 전통문화』(서울: 제이앤씨, 2008), p.198.
荒井太郎, 『歴史ポケットスポーツ新聞 相撲』(東京: 大空出版, 2008), p.30, 42.
アレン・グットマン 著 谷川稔 外 3 訳, 『スポーツと帝国』(京都:昭和堂, 1997), pp.91-94.
アレン・グートマン 著 清水哲男 訳, 『スポーツと現代アメリカ』(東京: TBSブリタニカ, 1981), pp.33-34.
アンリルフェー 著, 斎藤日出治 訳, 『空間の生産』 (東京: 青木書店, 2000), p.50, 72, 613-617.
生沼芳弘, 『相撲社会の研究』(東京: 不昧堂出版, 1994), p.17, 90, 128.
風見明, 『相撲、国技となる』(東京: 大修館, 2002), p.47, 66, 100, 101.
校注・訳者 小島憲之, 『日本書紀①』 新編日本古典文学全集 2 (東京: 小学館, 1994), p.314.
酒井忠正, 『日本相撲史』(東京: 日本相撲協会, 1964).
玉木正之, 『大相撲八百長批判を嗤う』(東京: 飛鳥新社, 2011).
高埜利彦, 『近世日本の国家権力と宗教』(東京: 東京大学出版会, 1989), p.10.
新田一郎, 『相撲の歴史』(東京: 講談社, 2010), p.297.
根間弘海, 『大相撲行司の伝統と変化』(東京: 専修大学出版局, 2010).
根間弘海, 『大相撲行司の世界』(東京: 吉川弘文館, 2011).
根間弘海,『大相撲の歴史に見る秘話とその検証』(東京: 専修大学出版局, 2013), p.91.
林利彦, 『経済学入門』(東京: 放送大学教育振興会, 2008), p.33.
松木信也, 『富岡八番宮と江戸勧進相撲』(東京: 富岡八番宮権禰宜, 2013), p.32.
武藤泰明, 『大相撲のマネジメント』(東京: 東洋経済新報社, 2012).

논문

草野えり, 「番附作成に関わる諸要所の現状及び歴史的考察」『相撲紀要』2(2003), pp.2-3.
草野えり,「相撲の巡業」『相撲紀要』3(2004), p.16.
草野えり, 「国技館」『相撲紀要』5(2006), p.1.
高津勝, 「民衆史としての大相撲」『現代思想』(東京: 青土社, 2010), p.153.
デーモン閣下, 「国技と称され続けるために」『現代思想』(東京: 青土社, 2010).
納谷幸喜, 「昭和30年代の地方場所について」『相撲紀要』6(2007), p.19.
松原隆一郎, 「興行としての大相撲」『現代思想』(東京: 青土社, 2010).
吉田満梨, 「大相撲の観戦行動に影響する要因についての実証研究」『立命館経営学』(大阪: 立命館大学経営学会, 2011).
リー トンプソン, 「スポーツ近代化論から見た相撲」『スポーツの社会学』 (京都: 世界思想社, 1990).

제6장 | 미국 스포츠 문화의 새로운 지평 김인선

1차 사료

New York Evening Journal
New York Evening Telegram
New York Herald Tribune
New York Telegram
New York Telegram and Evening Mail
San Francisco Examiner

2차 사료

단행본

Beasley, Maurine, and Sheila J. Gibbons, *Taking Their Place: A Documentary History of Women and Journalism* (Washington, D.C.: American University Press, 1993).

Boughner, Genevieve Jackson, *Women in Journalism* (New York: D. Appleton and Company, 1926; reprint, New York: D. Appleton-Century Company, 1942).

Cairns, Kathleen A., *Front-Page Women Journalists,* 1920-1950 (Lincoln: University of Nebraska Press, 2003).

Creedon, Pamela J., *Women, Media and Sport* (Thousand Oaks, CA: Sage, 1999).

Danzig, Allison, and Peter Brandwein, eds., *Sports Golden Age: A Close-Up of the Fabulous Twenties* (New York: Harper and Brothers, 1948).

Dumenil, Lynn, *The Modern Temper: American Culture and Society in the 1920s* (New York: Hill and Wang, 1995).

Ewen, Stuart, *Captains of Consciousness: Advertising and the Social Roots of the Consumer culture* (New York: McGraw-Hill, 1976); 유엔, 스튜어트, 『광고와 대중소비문화』, 최현철 역 (서울: 나남, 2003).

Kroeger, Brooke, *Nellie Bly: Daredevil Reporter, Feminist* (New York: Tunes Books, 1994).

Marzolf, Marion, *Up From the Footnote: A History of Women Journalists* (New York: Hastings House, 1977).

Mills, Kay, *A Place in the News: From the Women' Pages to the Front Page* (New York: Columbia University Press, 1988).

Parrish, Michael E., *Anxious Decades: America in Prosperity and Depression, 1920-1940* (New York: W. W. Norton and Company, 1992).

Ross, Ishbel, *Ladies of the press: the story of women in journalism by an insider* (New York: Harper, 1936).

Twin, Stephanie L., *Out of the Bleachers* (Old Westbury, NY: The Feminist Press, 1979).

Wenner, Lawrence A., ed. *Media, Sports, and Society* (Newbury Park, CA: Sage, 1989); 웨너, 로렌스, 『미디어, 스포츠, 그리고 사회』, 송해룡 엮음 (서울: 커뮤니케이션북스, 2007).

논문

김정욱, 「19세기 말 스포츠로서 미국 복싱의 발전과 탈계급적 남성성의 형성」, 『미국사연구』33(2011. 5), pp.31-77.

Belford, Barbara, "Elizabeth Cochrane Seaman "Nellie Bly"(1865~1922)," in Barbara Belford, *Brilliant Bylines: A Biographical Anthology of Notable* Newspaperwomen in America (New York: Columbia University Press, 1986), pp.114-149.

Kaszuba, David, "Bring Women to the Sports Pages: Margaret Goss and the 1920s," *American Journalism,* 23:2 (Spring 2006), pp.13-44.

______________, "There are Women, Hear Them Roar: Female Sportswriters of the Roaring Twenties," Pennsylvania State University, Ph. D. thesis, 2003.

Kim, Jeonguk, "Fighting Men and Fighting Women: American Prizefighting and the Contested Gender Order in the Late Nineteenth and Early Twentieth Centuries," *Sport History Review* 43 (2012), pp.103-127.

McChesney, Robert W., "Media Made Sport: A History of Sports Coverage the United States," in Lawrence A. Wenner ed. *Media, Sports, and Society* (Newbury Park, CA: Sage, 1989), pp.49-69.

Poe, Alliso, "Active Women in Ads," *Journal of Communication,* 26:3 (1975), pp. 185-192.

Schofler, Patricia, "Annie Laurie: On a Sentimental Journalist," *Metro* (Summer 1981), pp.5-6, 8

Sowell, Mike, "A woman in a man's world: 'Annie Laurie,' one of America's first sportswriters," in Linda K. Fuller ed., *Sport, rhetoric, and gender: Historical perspectives and media representations* (New York: Palgrave Macmillan, 2006), pp.65-70.

Sowell, Mike, "Nellie Bly's Forgotten Stunt: As the First Woman to Cover a Championship Prize Fight, She Claimed to Have Gained Rare Access to Jack Dempsey," *American Journalism,* 21.3 (2004), pp.55-76.

第7장 | 전후 일본 가라테의 세계화과정을 통해 본 무도문화에 관한 고찰 최성곤

김용호, 「바람의 파이터 최영의의 무도활동에 관한 연구」(서울: 중앙대학교 석사논문, 2012), pp.1-3.
김정례, 『영화로 읽는 일본』(전남: 전남대학교 출판부, 2015), pp.56-65.
김철, 『태권도의 구조탐구』(전북: 원광대학교 출판국, 1997), pp.27-31.
김형석, 『일본영화길라잡이』(서울: 문지사, 1999), pp.72-79.
송형석, 『태권도사 신론』(서울: 이문출판사, 2008), pp.162-185.
이규형, 『오늘에 다시보는 태권도』(서울: 이문출판사, 2002), pp.104-112.
이진수, 『일본무사연구』(서울: 교학연구사, 1997), pp.78-81.
이창우, 『태권도의 철학적 원리』(서울 : 지성사, 2000), pp.86-88.
최배달저·이정환역, 『 세계격투기』(서울:(주)자음과모음, 2004). pp.8-46.
최영의, 『실전 공수도교범』(서울: 서림문화사, 1996), pp.6-28.
최홍희, 『태권도와 나』(서울: 사람다움, 1997). pp.31-53.
井上正孝, 『剣道と人間教育』(東京: 玉川大学出版社, 1994), pp.60-72.
うしろかんじ, 『空手と気』(東京: 合気ニュース, 2008). pp.13-41.
国分利人, 『もっとうまくなる空手』(東京: ナツメ社, 2009), pp.14-22.
長嶺長真, 『空手道』(東京: 新人物住来社, 1998), pp.67-98.
高橋健夫, 『体育授業をつくる』(東京: 大修館書店, 1997), pp.11-20.
中山正梅, 『空手道新教程』(東京: 東京書店, 1995), pp.14-29.
内藤三徳, 『新空手道入門』(東京: 新星出版社, 1995), pp.27-30.
内藤武宣, 『空手道秘要社』(東京: 東京書店, 1993), pp.22-31.
村田栄一, 『戦後教育論』(東京: 社会評論社, 1973), pp.51-65.
文部省, 『高等学校学習指道要領解説保建体育編』(東京: 大日本図書, 1997), pp.16-37.
______, 『中学校指道書保建体育編』(東京: 大日本図書, 1996), pp.6-40.
盧山初雄, 『極真空手空手』(東京: ナツメ社, 1993), pp.33-45.
山崎照賭, 『実戦空手』(東京: 池田書店, 1998). pp.19-28.

스포츠가 역사를 말하다

|정치|계급|젠더|

찾아보기

(ㄱ)

(ㄴ)

(ㄷ)

(ㄹ)

(ㅁ)

(ㅂ)

(ㅅ)

(ㅇ)

스포츠가 역사를 말하다

|정치|계급|젠더|